Le mal

Shakespeare, *Macbeth*

Rousseau, *Profession de foi du Vicaire savoyard*

Giono, *Les Âmes fortes*

Dominique Carlat est ancien élève de l'École normale supérieure (Ulm), agrégé de Lettres modernes, professeur de Littérature française moderne et contemporaine à l'université Lyon 2. Il est notamment l'auteur, aux éditions José Corti, de *Gherasim Luca l'intempestif* et de *Témoins de l'inactuel. Quatre écrivains face au deuil*. Dans le présent volume, il est l'auteur des pages consacrées à Giono.

Pierre Crétois est agrégé de philosophie, doctorant en philosophie de l'Unité mixte de recherche LIRE (CNRS-université Lyon 2). Spécialisé dans le domaine des *cultural studies*, il travaille en particulier sur le XVIIIe siècle, Rousseau, l'histoire de la propriété et plus généralement sur l'histoire des idées et la philosophie politique. Dans le présent volume, il est l'auteur des pages consacrées à Rousseau.

Michèle Narvaez est ancienne élève de l'École normale supérieure de Sèvres, agrégée de Lettres, professeur de chaire supérieure en classes préparatoires aux grandes écoles scientifiques au lycée La Martinière-Monplaisir de Lyon. Elle a signé entre autres ouvrages la synthèse sur "l'argent" dans la collection "Clefs concours Français/Philo" en 2009. Dans le présent volume, elle a rédigé, en collaboration avec Madeleine Robert, les Repères et la Synthèse du présent ouvrage.

Madeleine Robert est ancienne élève de l'École normale supérieure de Fontenay-Saint-Cloud, agrégée de Lettres modernes et titulaire d'un DEA, a été professeur en lycée et enseigne actuellement en classes préparatoires scientifiques au lycée Jean Perrin de Lyon. Elle a rédigé, en collaboration avec Michèle Narvaez, les Repères et la Synthèse du présent ouvrage.

Michèle Vignaux est ancienne élève de l'École normale supérieure (Ulm-Sèvres), agrégée d'Anglais, et professeur d'études élisabéthaines à l'université Lumière Lyon 2. Elle est notamment l'auteur de *L'Invention de la responsabilité : la deuxième tétralogie historique de Shakespeare* (Paris, Presses de l'ENS, 1995) et de *Shakespeare* (Paris, Hachette, "Fondamentaux", 1998), ainsi que de nombreux articles dans des revues spécialisées. Elle est également membre du bureau de la Société française Shakespeare (societefrancaiseshakespeare.org). Dans le présent volume, elle est l'auteur des pages consacrées à *Macbeth*.

La collection *Clefs concours - Français-Philo* est dirigée par
Olivier Bara.

Édition : Philippe Lemarchand et Michèle Mirroir.

ISBN : 978-2-35030-127-3

CLEFS CONCOURS FRANÇAIS-PHILO

Dominique Carlat Pierre Crétois Michèle Narvaez
Madeleine Robert Michèle Vignaux

Le mal

Shakespeare, *Macbeth*

Rousseau, *Profession de foi du Vicaire savoyard*

Giono, *Les Âmes fortes*

Atlande

SOMMAIRE

REPÈRES

LES ŒUVRES

WILLIAM SHAKESPEARE, *MACBETH* (1606)

Jean-Jacques Rousseau, *Profession de foi du Vicaire savoyard* (1762)

JEAN GIONO, *LES ÂMES FORTES* (1949)

UN THÈME À TRAVERS TROIS ŒUVRES

OUTILS

Notice

La traduction mise au programme pour *Macbeth* de Shakespeare est celle de Pierre-Jean Jouve parue chez GF-Flammarion (1993) avec une Préface de G. Wilson Knight.

Pour *Profession de foi du Vicaire savoyard* de Jean-Jacques Rousseau, l'édition citée est celle de Bruno Bernardi chez GF-Flammarion (1996).

Pour *Les Âmes fortes* de Jean Giono, les citations proviennent de l'édition Folio chez Gallimard (n° 249, 2001).

Pour faciliter son maniement, un système de circulation est proposé à l'intérieur de l'ouvrage. L'abréviation v. renvoie aux titres énumérés dans le sommaire. Exemple : (v. Repères).

Le signe ° placé après un mot indique qu'il est défini dans les *Outils*, en fin d'ouvrage.

INTRODUCTION

Le programme de Français/Philosophie des classes préparatoires aux grandes écoles scientifiques offre cette année une apparente disparité. Deux œuvres littéraires et une œuvre philosophiques s'offrent à vous, comme de coutume dans cet enseignement.

Mais quel point commun entre une tragédie anglaise du XVIIe siècle et un roman français écrit au lendemain de la Seconde Guerre mondiale ? Quel lien réunit *Macbeth* de William Shakespeare (pièce de 1606) et *Les Âmes fortes* de Jean Giono (roman écrit en 1949) ?

Un faible indice est peut-être donné par la citation placée en exergue avant le début du récit romanesque (y avez-vous prêté attention ?) : une référence, certes ténue, de Giono à Shakespeare... Autre mince fil unissant nos deux ouvrages : l'un est certes destiné à la scène (*Macbeth*, à lire et à voir si possible comme spectacle) et l'autre à la lecture ; mais Giono théâtralise son roman en laissant la part belle aux dialogues ; il inscrit en outre ses récits oralisés dans une unité de lieu et de temps – une veillée funèbre.

Sur le plan thématique, les deux œuvres offrent en spectacle les basses œuvres criminelles de deux couples maléfiques – Macbeth et lady Macbeth chez Shakespeare, Thérèse et Firmin chez Giono (et peut-être aussi les époux Numance, si bons en apparence). Les liens justifiant la réunion des deux œuvres, par-delà les siècles, apparaissent peu à peu aux yeux et à l'esprit des lectures curieux.

Mais comment leur adjoindre la troisième œuvre, philosophique celle-là, signée Jean-Jacques Rousseau, ce célèbre homme des Lumières : *Profession de foi du Vicaire savoyard* ? Cet ouvrage de 1762, extrait d'un traité d'éducation (*Émile*), relève d'un genre peu commun – du moins peu familier à nos sociétés laïcisées : la "profession de foi". Lui aussi est porté par une voix, par un lyrisme chaleureux : sachez, à la lecture, l'entendre et le percevoir. Mais point de carrière criminelle ici : Rousseau parle, au contraire, de conscience morale et de douce religion naturelle.

Ces trois expériences de lecture qui vous sont offertes sont justifiées, dans le programme, par un thème commun, qui donne son titre au présent ouvrage : "Le mal". Les deux œuvres littéraires et l'ouvrage philosophique (mais avec Rousseau, la distinction entre littérature et philosophie est mince) visent à nourrir votre réflexion sur le thème : à ancrer celle-ci dans des représentations imaginaires et à la confronter à une pensée plus conceptuelle. Les êtres humains que nous sommes ne sont-ils pas dotés à la fois – telle est leur originalité au sein du vivant – d'une créativité symbolique (nous sommes des êtres *de représentations*, lesquelles médiatisent notre rapport au monde) et d'une puissance d'abstraction rationnelle ?

Le "mal", son mystère, son scandale, son étrange beauté parfois, appellent en effet une pluralité d'interrogations : elles sont de nature métaphysique (par exemple, peut-on encore croire à Dieu face au spectacle du mal ?), morale (l'homme est-il responsable du mal ? peut-il y échapper ?), politique (n'est-ce pas la société, injuste, inégalitaire, qui engendre le mal ?), esthétique (pourquoi et comment le spectacle du mal nous fascine-t-il, après avoir inspiré romanciers, dramaturges, poètes, cinéastes ou plasticiens ?).

Par leur diversité, les trois œuvres mises au programme vous permettront d'envisager ces interrogations, et les (non-) réponses esquissées, ceci en trois moments cruciaux de notre Histoire : le début du XVIIe siècle anglais, à la fin de la Renaissance et sur fond de crise religieuse ; le XVIIIe siècle français forgeant les notions de liberté, de tolérance et de sujet individuel ; le XXe siècle après le tournant critique de la Seconde Guerre mondiale.

Le présent ouvrage est conçu comme une aide dans la préparation de vos concours. Sans se substituer aux cours dispensés par vos professeurs, il vous apporte d'éventuels compléments ou approfondissements et vous sera particulièrement utile au moment des révisions.

Les ***Repères*** vous permettent de situer le thème du “mal” dans l’histoire de la pensée et des arts, et de comprendre l’arrière-fond philosophique et esthétique sur lequel se détachent les trois œuvres.

Les ***Œuvres*** situent chacun des ouvrages dans son contexte, si déterminant pour l’étude du thème, et vous offrent des clefs de lecture (ou de relecture !) : structure, thèmes, enjeux.

Un thème à travers trois œuvres vous prépare à la dissertation, dans laquelle vous devrez confronter en permanence les trois œuvres, dégager convergences et divergences, tout en montrant votre intelligence des problématiques abordées.

Les ***Outils*** vous permettent de retrouver d’un rapide coup d’œil une date, le sens d’une notion, une citation, ou l’intrigue d’une des œuvres.

Les clefs du concours sont désormais entre vos mains !

Du bon usage de ces “Repères”

Les pages qui suivent vous apportent, certes de façon synthétique et donc forcément schématique, les principales connaissances que vous devrez mobiliser pour lire les œuvres et aborder le thème du mal. C’est un bagage culturel dont les correcteurs de vos copies estimeront que vous le possédez. Shakespeare, Rousseau et Giono dialoguent implicitement dans leurs œuvres avec les philosophes et les écrivains de leur temps, ou de tous les temps, qu’il s’agisse d’Aristote, de Platon, de Machiavel, de Hobbes, de Nietzsche ou de Gide. Certaines références apportées ci-dessous vous seront de même très utiles pour l’introduction et la conclusion de vos dissertations.

“Le mal ? C’est bien !” : telle a été la première réaction de quelques-uns de nos étudiants de “Sup” à l’annonce du thème choisi pour l’année 2010. Quel thème séduisant en effet, paré de toute la “beauté du Diable” (titre d’un film de René Clair sorti en 1950), et brillant de toute sa noirceur ! Le Diable, incarnation du mal, “est le Prince des Ténèbres” (Barbey d’Aurevilly, “La Vengeance d’une femme”, *Les Diaboliques, 1874*) qui hantent notre existence, donnent corps à nos angoisses, à nos fantasmes, nourrissent notre imaginaire.

Le mal, ou le Mal : tous ont eu à se pencher sur lui, des théologiens aux philosophes, en passant par les psychanalystes, les historiens, les poètes, les romanciers, les dramaturges, les journalistes et les cinéastes. Il semble occuper, depuis les temps les plus anciens, le devant de la scène, du *theatrum mundi* – le “théâtre du monde”, selon cette expression antique généralisée par les artistes baroques autour de 1600, est bien ce spectacle violent et sombre que décrit Shakespeare dans *Macbeth* : la vie est “un récit/Conté par un idiot, plein de son et furie”.

PREMIÈRES RÉFLEXIONS SUR LE MAL

Le mal est une composante de l’existence humaine

De fait, le langage ne cesse de faire circuler les plaintes, les lamentations, les récits de la souffrance, celle dont les hommes sont victimes, celle que les hommes font subir aux hommes… sans qu’il soit toujours facile de bien les différencier. Le mal en effet relève du vocabulaire du quotidien, **expérience terriblement familière**, depuis la naissance et l’enfance où nous avons dit "j'ai mal" et où on nous a dit "c'est mal", jusqu'à la mort, dont Voltaire° disait, s'interrogeant sur "le mal physique", que "De tous les maux le plus grand sans doute est la mort" (*Dictionnaire philosophique*, 1764). Bien plus, le mal, alors confondu avec le malheur, semble faire partie intégrante de notre **condition humaine**. De siècle en siècle, les pages des livres se font écho : "Mais quand j'ai pensé de plus près, et qu'après avoir trouvé la cause de tous nos malheurs, j'ai voulu en découvrir la raison, j'ai trouvé qu'il y en a une bien effective, qui consiste dans le malheur naturel de notre condition faible et mortelle, et si misérable, que rien ne peut nous consoler, lorsque nous y pensons de près", écrit Blaise Pascal° dans ses *Pensées* (1670). "Voici une question des plus difficiles et des plus importantes : il s'agit de toute la vie humaine.", écrit Voltaire dans l'article "Mal" de son *Dictionnaire philosophique*. Quant au philosophe allemand du pessimisme radical, Schopenhauer°, il montre, dans son ouvrage *Le Monde comme volonté et comme représentation* (1818), comment la nature du mal se confond avec la nature humaine : exister, c'est souffrir, et le mal, qui s'oppose à la vie, lui est en fait consubstantiel : "quant à la vie de l'individu, toute biographie est une pathographie [du grec *pathos*, souffrance, et *graphein*, écrire] ; car vivre, en règle générale, c'est épuiser une série de grands et petits malheurs".

Le mal est visible et invisible

Le mal nous entoure, il est **visible**, on peut l'évaluer, le quantifier : un juge par exemple calcule la hauteur des "indemnités" qu'une victime touchera pour un mal subi, ou le nombre de mois de prison que devra effectuer un coupable. De même, on évalue financièrement des "dommages", en cas de catastrophe naturelle. Même s'il ne nous affecte pas sur le moment, il pèse sur nous comme une menace **invisible**, une "épée de Damoclès" ; bien sûr, nous tentons de le conjurer en permanence par des conduites magiques, superstitieuses, dont rend compte le langage quotidien, chargé d'expressions vouées à nous préserver en toute occasion des atteintes les plus diverses à notre bien-être ou à notre équilibre : santé, prospérité, bonne chance, longue vie, pourvu que ça dure, je touche du bois…, nous disons-nous dans toutes les langues, en sachant que le pire est hélas souvent le plus probable. Les Grecs anciens, qui craignaient la colère des dieux, avaient coutume de désigner par antiphrase et euphémisme (antiphrase : procédé rhétorique qui vise à désigner une chose par son contraire ; euphémisme : procédé qui consiste à dire du bien d'un être ou d'une situation qu'on craint, pour s'en protéger) les cruelles déesses de la vengeance, en les nommant les "Euménides" [les Bienveillantes]. Écoutons l'avertissement de la dernière page de *La Vie heureuse*, essai inachevé du romain Sénèque° (58 ap. J.-C.) :

> Voilà ce que vous ne comprenez pas ; vous portez un visage malséant à votre fortune, comme tant d'autres, tranquillement assis au cirque ou au théâtre, quand déjà leur maison est en deuil d'une catastrophe qu'ils ne connaissent point. Moi qui d'en haut vois plus loin que vous, j'aperçois les orages qui grossissent sur vos têtes pour éclater un peu plus tard, ou qui, déjà proches et imminents, vont vous balayer vous et vos biens. Et que dis-je ? à présent même, bien qu'à peine vous le sentiez, une sorte de tourbillon roule et enveloppe vos âmes tour à tour détachées et rapprochées des mêmes objets : tantôt il vous élève jusqu'aux nues, tantôt-vous précipite et vous brise au fond des abîmes...

Le mal est indéfinissable

Mais ce mal omniprésent, **comment en déterminer les contours** ? Dans les lignes précédentes, une confusion s'installait entre le mal, le malheur ou la mauvaise fortune. S'il fait partie de la vie même, c'est-à-dire de la complexité, du mélange, de l'aléatoire, du confus, comment le circonscrire avec exactitude ? Le mot évoquerait à la fois des événements (un cataclysme), des comportements (la violence meurtrière) ou des états (la maladie) jugés destructeurs pour l'individu ou la collectivité, et sources de souffrances, physiques ou mentales. Mais encore ? Le dictionnaire (le *Petit Robert* en l'occurrence) pourrait-il nous aider ? Rien de moins sûr ! L'étymologie du mot est incertaine, le latin *malus* a donné mal, maladie, malheur, mauvais, mais désigne aussi... le pommier ! Les dérivés sont innombrables (maladie, malheur, malin, malaise, malveillance, mauvais, méchant, maudit, etc.), mais les définitions sont toujours en creux : le mal est l'envers du bien, le bien l'envers du mal, le bien étant défini comme "ce qui est agréable, utile, juste, honnête, louable". L'adjectif "mal" désigne quelque chose d'imparfait, défavorable, néfaste, catastrophique : on le retrouve dans des expressions comme "bon an mal an". L'adverbe "mal" signifie "d'une manière contraire à l'intérêt ou aux vœux de quelqu'un" (par exemple : "ça tombe mal", ou "avec malveillance", ou "être mal vu de son voisin"), ou "de façon contraire à un modèle idéal" ("il parle mal, mal pensant"), et enfin "de façon contraire à la loi" ("il a mal agi" ; "bien mal acquis ne profite jamais"). En tant que substantif, le mot s'utilise au pluriel : les “maux” sont innombrables, ce sont tous les malheurs, les épreuves, fléaux, maladies, souffrances, infligés à l’homme ou que l’homme s’inflige. On remarquera que la langue elle-même ne fait aucune distinction entre les maux subis par l’homme et les maux causés par lui et c’est précisément dans cette distinction que réside la difficulté. Enfin le mal, au singulier est défini comme ce qui est “contraire à la loi morale, à la vertu, au bien”. On voit que la langue même peine à donner du mal une caractérisation précise.

Le mal est sociétal : c’est une représentation

Une première réflexion s’impose : le mal est **sociétal** (relatif à une société donnée, à ses valeurs, à ses institutions ; l’adjectif est plus précis que “social” qui se rapporte à la vie en société). Il n’y a de mal que parce qu’il y a des **hommes en société** : dans la nature, tous les phénomènes, pour violents ou destructeurs qu’ils soient, ne peuvent être considérés comme “bons” ou “mauvais”, ils sont, tout simplement. Une éruption volcanique est un simple événement géologique, et ne devient une catastrophe que s’il y a des victimes humaines. De la même façon, les animaux tuent pour manger et ne sont pas des meurtriers pour autant, les prédateurs aidant même au maintien de l’équilibre naturel. Comme le souligne Jean Baudrillard (*Le Pacte de lucidité ou l’intelligence du mal*, Galilée, 2004), “Il ne faut surtout pas confondre l’idée du Mal avec une quelconque existence objective du Mal. Celle-ci n’a pas plus de sens que celle du Réel”. **Le mal comme le bien appartiennent à la représentation que l’homme se fait du monde et de sa vie.** Le mal n’existe pas hors du travail symbolique propre à l’homme : de sa capacité à forger et projeter des représentations (sous forme d’œuvres d’art, de récits et de mythes, ou de notions abstraites) du monde et de lui-même. En ce sens, la pensée du mal et ses figurations sont le propre de l’homme, animal *pensant* et *représentant* – animal philosophe et artiste, si l’on préfère.

Le mal est ce qui affecte négativement l’homme, animal doté de raison (capable de juger ce qui est bon ou mauvais pour lui, capable d’espérer une amélioration de sa condition), et animal social, soumis aux règles et aux lois qu’il a lui-même élaborées pour rendre possible la vie en collectivité. C’est donc l’homme qui conclut à l’existence du mal, et qui en trace les frontières.

Le mal est protéiforme

Puisque c'est l'homme qui invente le mal, le conçoit, l'imagine, le pense, l'explique, on comprend que la vision qu'il en a est celle d'un mal **protéiforme** (du nom d'une divinité grecque, Protée, qui pouvait prendre des multiples formes) : selon les individus, les groupes sociaux, les circonstances (en temps de paix et en temps de guerre par exemple), le mal ne sera pas le même. Pour ne donner qu'un exemple et prendre en compte la relativité historique du jugement, l'esclavage, aujourd'hui mis au pilori, a longtemps été considéré comme une bonne chose pour une majorité d'individus, avant son abolition en France en 1848.

La diversité des formes du mal fait conclure à Pascal° que "le mal est aisé, il y en a une infinité, le bien est presque unique" (*Pensées*). L'esprit cherche alors naturellement à organiser cette diversité. On retient souvent la distinction du philosophe Leibniz° entre le **mal métaphysique**° (l'imperfection, l'ordre des choses ou de la création qui ne peut être parfaite, sinon nous ne serions pas des hommes mais des dieux), le **mal physique** (la souffrance) et le **mal moral** (le péché, ou la faute). Comme le remarque le philosophe contemporain Paul Ricœur (*Le mal*, Labor et fides, 2004), nous soumettons notre mode de penser à l'exigence de cohérence logique ; dès lors, "comment peut-on affirmer ensemble, sans contradiction, les trois propositions suivantes : Dieu est tout-puissant ; Dieu est absolument bon, pourtant le mal existe. La théodicée (v. La justification du mal par les théodicées) apparaît alors comme un combat en faveur de la cohérence".

Pour cela, il faut distinguer les trois niveaux du mal cités précédemment, séparer l'imperfection de notre condition humaine (condensée dans la nécessité de la mort), la souffrance (subie) et la souffrance causée (le péché). Le mal moral désigne "ce qui fait de l'action humaine un objet d'imputation, d'accusation et de blâme" (*ibidem*) : l'action violerait donc un code éthique (il n'y a en effet pas de notion de mal sans société, donc sans lois établies). Or la société, condamnant le mal infligé à l'homme par l'homme, punit le coupable, et lui inflige une souffrance, une "peine" (on notera l'ambivalence du terme). Du "blâme", on passe alors à la "lamentation" de celui qui devient victime de sa propre faute. Certes les causes des souffrances humaines sont très diverses, il peut s'agit d'un accident, d'une maladie, de tout ce qui diminue notre intégrité mentale ou physique.

Mais quand il souffre, l'homme imagine qu'il paie une faute : c'est la racine, nous le verrons, de tous les mythes, qui tentent d'expliquer la coïncidence entre l'histoire des hommes et l'histoire du mal. Mal subi et mal commis ont des racines communes.

Le mal est unique, mais ambigu

Par-delà la diversité de ses formes, le mal est donc **unique** : "Nous sommes conduits un degré plus loin, en direction d'un unique mystère d'iniquité, par le pressentiment que péché, souffrance et mort expriment de manière multiple la condition humaine dans son unité profonde" (Ricœur, *ibidem*). Mais il est aussi foncièrement **ambigu** : si la frontière est brouillée entre le coupable et la victime, comment les distinguer ? Et comment être sûr que l'innocence ne produira pas la culpabilité, que d'un mal ne naîtra pas un bien ? Nombre d'expressions populaires témoignent de ce doute : "à toute chose malheur est bon", par exemple ; on trouve chez bien des moralistes, anciens ou modernes, l'idée qu'"un bien présent peut être dans l'avenir la source d'un grand mal ; un mal, la source d'un grand bien", ou encore qu'"on ne sait de quoi se réjouir, ni de quoi s'affliger dans la vie. Le bien amène le mal, le mal amène le bien" (Denis Diderot, *Éloge de Richardson* et *Jacques le Fataliste*, 1761 et 1771). L'aphorisme du philosophe contemporain André Glucksmann semble lui faire écho : "Le bien et le mal ne sont pas des grandeurs parfaitement opposées l'une à l'autre ; le bien souvent accouche du mal et la capacité de voir le mal en face est ce qui nous ouvre la capacité d'un bien relatif." (*Entretien avec Guy Rossi-Landi*, septembre 1997). Toute la philosophie d'Épicure° (341-270 avant J.-C.) repose sur le constat de la facilité pour un plaisir, donc *a priori* un bien, de produire son contraire : "Nul plaisir n'est en lui-même un mal ; mais les causes productrices de certains d'entre eux apportent de surcroît bien plus de perturbations que de plaisirs" (*Sentences vaticanes*). Enfin, on peut vouloir le bien et faire le mal : "Ce sont presque toujours de bons sentiments mal dirigés qui font faire aux enfants le premier pas vers le mal" (Jean-Jacques Rousseau, *Les Confessions*, 1782). La phrase célèbre de Jean-Paul Sartre°, "l'enfer est pavé de bonnes intentions", évoque le débat ouvert par Socrate° et Platon°, selon lesquels "nul ne fait le mal volontairement" (*Gorgias*, IVᵉ siècle av. J.-C.).

Voici, rapidement brossées dans ce préambule, quelques-unes des principales composantes de l'"énigme du mal" (Ricœur).

À L'ORIGINE, LE MAL

"Je vois le mal sur la terre"
(Rousseau, *Profession de foi du Vicaire savoyard*)

Une expérience archaïque obscure

La conscience du déplaisir remonte à l'*archè*, au commencement même de l'existence humaine. Ce n'est au départ pas un concept, mais une expérience qui suscite le cri, la plainte. Revenons rapidement sur le "**mal physique**" : l'homme face à lui mesure son impuissance à changer un ordre des choses incompréhensible, qui le condamne à naître, à vivre et à mourir dans la douleur, la faim, le froid, la maladie, sans cesse menacé par les rigueurs du climat, les convulsions des éléments naturels. Il désignera comme "bon" ce qui lui procure du plaisir, comme "mauvais" ce qui lui procure gêne et déplaisir, qu'il s'agisse de ses sensations, des actions de la vie courante, ou de ses relations avec les autres hommes. Son existence lui apparaît alors comme un chaos, un grand désordre, qui s'oppose à l'apparent ordre de l'univers, que les grecs appelaient "*cosmos*" (ou "belle chevelure") pour rendre compte de son harmonie et de sa perfection. Le "mal" lui semble injustifiable, inacceptable : parlant de son roman *Les Frères Karamazov*, l'écrivain russe du XIXe siècle Dostoïevski écrit : "mon héros traite un sujet, selon moi, irréfutable : l'insanité de la souffrance des enfants, et il en déduit l'insanité de toute réalité historique" (insanité : manque de jugement, de raison ; ici le mot est un équivalent d'"absurdité"). Mais l'expérience de l'homme est aussi celle du mal commis, du "**mal moral**". Là encore, l'être humain se heurte à une énigme : saint Augustin°, dans ses *Confessions* (IVe siècle ap. J.-C.), ne parvient pas à comprendre pourquoi il a commis, tout jeune, un larcin – le vol de quelques poires, qu'il n'a cueillies que pour les voler, sans faim ni attirance pour autre chose que son acte : "ai-je pu prendre ainsi plaisir à ce qui n'était pas licite pour la seule raison que ce n'était pas licite ?" Cette transgression manifeste à ses yeux notre incapacité à choisir le bien, la facilité avec laquelle nous commettons le mal, qui serait inscrit dans la nature humaine. Pour le poète du XIXe siècle Charles Baudelaire, l'homme est constamment tiraillé par sa "double aspiration", vers Dieu et vers Satan, mais c'est ce dernier qui l'emporte le plus souvent : "C'est le Diable qui tient les fils qui nous remuent" ("Au lecteur", *Les Fleurs du Mal*, 1857).

En quoi consiste alors ce “mal moral” ? Malgré les écarts entre les cultures (chez certains cannibales, la coutume de l’anthropophagie relève du respect dû à l’ennemi vaincu), il n’est pas difficile de s’accorder sur quelques points essentiels, répertoriés par exemple dans le Décalogue [les dix commandements de Dieu reçus par Moïse sur le mont Sinaï] et qui constituent autant d’interdits : ne pas tuer, ne pas voler son prochain, ne pas mentir, ne pas convoiter les biens de son voisin, ni sa femme, autrement dit ne pas commettre d’adultère. Dans le poème cité, Baudelaire détaille, dans une longue litanie, la liste des crimes que nous commettons ou rêvons de commettre “sur l’oreiller du mal”. Nous faisons le mal par méchanceté, par perversité, par volonté de puissance, mais aussi par ignorance, par ennui, par bêtise. Vols, meurtres, pillages, tortures, guerres, mensonges, trahisons, petites ou grandes indignités, remplissent les pages de nos livres d’histoire, des journaux et des minutes des procès ; le mal fait par l’homme aux hommes défie l’imagination. C’est ce que montre entre autres le témoignage de Primo Lévi° sur l’univers des camps de concentration nazis (*Si c’est un homme*, 1947).

Quant à la **conscience de la faute**, ou **conscience morale**, elle est aussi archaïque que les interdits destinés à permettre à l’homme de vivre en société, en réprimant ses instincts ou ses pulsions. Pour Rousseau, cette conscience est un “instinct”, et non un produit de la raison. Jean-Paul Sartre° analyse, dans *L’Être et le néant* (1943) la honte comme un sentiment immédiat qui réalise “une relation intime de moi avec moi : j’ai découvert par la honte un aspect de mon être”. Dès qu’autrui me regarde (ou dès que je peux supposer qu’autrui me regarde, c’est-à-dire en fait en toutes circonstances), il me révèle qui je suis, et son regard me fait honte de ce que je suis. Cette culpabilité permanente de l’homme traverse toute l’œuvre du romancier et dramaturge, contemporain de Sartre, Albert Camus°. Le personnage principal de *La Chute* (1956), “juge-pénitent”, tel qu’il se définit lui-même, vit hanté par le souvenir d’une conduite de lâcheté, quand il n’a pas porté secours à une femme sur le point de se noyer. Sa confession se transforme en une mise en accusation universelle d’une humanité éternellement coupable : “n’attendez pas le jugement dernier, il a lieu tous les jours”, conclut-il. Freud°, le père de la psychanalyse°, a longuement analysé ce sentiment de culpabilité, en particulier dans son ouvrage *Malaise dans la civilisation* (1929) : “Souvent le mal ne consiste nullement en ce qui est nuisible et dangereux pour le Moi, mais au contraire en ce qui lui est souhaitable et lui procure du plaisir.

Là donc se manifeste une influence étrangère, qui décrète ce qu'on doit appeler le bien et le mal." Cette influence étrangère émane d'une autorité, celle du père d'abord, celle de la société et des lois ensuite. L'homme étant totalement dépendant d'autrui, il craint en permanence que "cette personne toute-puissante lui démontre sa supériorité sous forme de châtiment", lequel peut être tout simplement la privation d'amour. Cet état de peur est nommé "mauvaise conscience" :

> Nous connaissons ainsi deux origines au sentiment de culpabilité : l'une est l'angoisse devant l'autorité, l'autre, postérieure, est l'angoisse devant le Surmoi°. La première contraint l'homme à renoncer à satisfaire ses pulsions. La seconde, étant donné l'impossibilité de cacher au Surmoi la persistance des désirs défendus, pousse en outre le sujet à se punir [...] Dès lors, le renoncement aux pulsions n'exerce plus aucune action pleinement libératrice, l'abstinence n'est plus récompensée par l'assurance de conserver l'amour, et l'on a échangé un malheur extérieur menaçant – perte de l'amour de l'autorité extérieure et punition de sa part – contre un malheur intérieur continuel, à savoir cet état de tension propre au sentiment de culpabilité.

On comprend alors aisément qu'on puisse se sentir coupable d'une "broutille" (un petit mensonge, le vol d'un ruban comme l'évoque Rousseau dans ses *Confessions*), comme d'un meurtre effroyable.

Une expérience mythogène

Nous avons entrevu la difficulté qu'il y a à définir le mal, à le penser. Pourtant, nous avons tous en tête des **images et des récits** qui l'illustrent de façon limpide à nos yeux : "mythogène" signifie "qui suscite le récit". Il faudrait ici produire une **iconographie**, qui nous ferait voyager à travers ces représentations criantes de "vérité", qui effectuent en nous l'immédiate reconnaissance, depuis les tableaux apocalyptiques° du Hollandais Jérôme Bosch (*Le Jugement dernier*, 1482), au *Cri* (1893) du Norvégien Munch, en passant par certaines toiles du peintre espagnol Goya (1746-1828) comme *Saturne dévorant ses enfants* ou *Le sommeil de la raison enfante des monstres*. Ces **visions** recouvrent autant de **récits**. Le mal en effet se raconte plus qu'il ne s'analyse. Le bonheur se passe de mots et cherche le silence, le mal est bavard, se dit, se crie, se ressasse :

> Si les gens heureux n'ont pas d'histoire, le mal, lui, se nourrit de récits : il les suscite, il les nourrit. C'est qu'il y a un maléfice originel des œuvres du langage. Tout sens extrait par la parole procède d'un déni et d'un assassinat [...] Le sens de la parole exige donc, comme préface à toute parole, une sorte d'immense hécatombe°, un déluge préalable, plongeant dans une mer complète toute la création. (Maurice Blanchot, cité par Michel Faucheux, *Histoires du mal en Occident*, éditions du Félin, 2004)

Lorsque le langage cherche à dire le mal, il a d'abord recours au **cri articulé** (sans doute la première forme d'expression lyrique, qui a produit le chant, puis la poésie, selon Rousseau dans son *Essai sur l'origine des langues*) ; il élabore ensuite **des symboles et des mythes**. C'est ce que Paul Ricœur a longuement analysé (*Le mal*, *op. cit.*) :

> Tous les symboles donnent à penser, mais les symboles du mal montrent d'une façon exemplaire qu'il y a toujours plus dans les mythes et les symboles que dans toute notre philosophie ; et qu'une interprétation philosophique des symboles ne deviendra jamais connaissance absolue. Les symboles du mal dans lesquels nous lisons l'échec de notre existence déclarent en même temps l'échec de tous les systèmes de pensées qui voudraient engloutir les symboles dans un savoir absolu.

Il nous faut donc repartir des divers mythes, souvent fondateurs, et de la place qu'ils ont accordée au mal.

Le mythe est la parole, mais aussi la fiction trompeuse, le mensonge : il est le lieu où le mal se déploie, se met en scène, se justifie. Il est peut-être aussi tout simplement né de la conscience du mal, comme le suggère le philosophe Étienne Borne (*Le Problème du mal,* PUF, 1963) : "Que l'angoisse du mal soit à l'origine de la fonction fabulatrice comme Bergson a nommé la puissance de l'esprit créatrice de mythes, l'hypothèse n'est pas invraisemblable". Celui d'Adam et d'Ève, sur lequel nous reviendrons plus loin (v. Une explication par la fatalité : mythes et tragédies), fait du mal le principe fondateur du récit de l'humanité, c'est par lui que l'homme entre dans son histoire. La parole trompeuse du Diable pervertit Adam et Ève, en leur promettant ironiquement que la transgression de l'interdit (manger le fruit de l'arbre de la connaissance) leur procurera la mesure de tous les interdits : "vous serez comme des dieux, connaissant le bien et le mal".

Un **mythe grec** au moins aussi ancien que la Bible, celui **d'Épiméthée**, raconte comment l'homme a eu accès à la conscience : Zeus lui ayant confié le soin de doter toutes les créatures d'un atout qui leur permette de survivre, il distribue à chaque animal une qualité, vitesse, griffes, ailes, force. Mais quand il arrive à l'homme, son trésor s'est épuisé. Son frère Prométhée "voit les autres animaux convenablement pourvus sous tous les rapports, tandis que l'homme est tout nu, pas chaussé, dénué de couvertures, désarmé" (Platon°, 427-347 av. J.-C., *Protagoras*). Prométhée décide alors de voler le feu aux dieux pour le donner aux hommes, qui acquièrent du même coup la technique. Zeus punit Prométhée°, mais, pour achever sa distribution, fait cadeau à l'homme du sens de l'honneur et de la justice, ce qui lui permettra de vivre en société.

Dans toutes les civilisations, le mal est ainsi "à l'origine". Il serait trop long de faire la liste de ces mythes, mais ils imprègnent notre imaginaire collectif et se glissent entre les lignes de la plupart des œuvres littéraires… dont celles du programme ! Il importe donc de les connaître.

Les mythes des origines et les mythes théogoniques° sont les plus anciens. Dans la civilisation gréco-romaine, nous suivons leur déploiement dès *Les Travaux et les Jours* d'Hésiode (VIIe siècle av. J.-C.), long poème racontant l'histoire des débuts de l'humanité, puis dans *L'Iliade* et *L'Odyssée* d'Homère, et enfin dans les tragédies antiques grecques d'Eschyle, Sophocle et Euripide. On lit chez Hésiode que Cronos [Saturne en latin], fils d'Ouranos et de Gaia [la Terre], ayant épousé Rhéa, dévorait systématiquement ses enfants de peur de se voir détrôné par eux, jusqu'à ce que Rhéa parvienne à le tromper, en lui faisant avaler une pierre, pour sauver son fils, Zeus, qui deviendra le maître des dieux de l'Olympe. L'histoire des dieux commence donc avec un infanticide, le sacrifice des enfants faisant résurgence dans de nombreux mythes comme celui des Atrides° (Atrée sert en repas à son frère Thyeste ses propres enfants, point de départ d'une malédiction qui obligera Agamemnon à donner sa fille Iphigénie en sacrifice aux dieux), ou celui de Médée°, la terrifiante épouse de Jason, qui tue ses enfants par jalousie.

Les mythes tragiques élaborent une proto-histoire de l'humanité, dont se réclamaient les principales familles royales, affichant une filiation avec les anciens "héros". Les parricides, les infanticides, les meurtres intra-familiaux les plus atroces les jalonnent. Nous avons vu la rivalité entre Atrée et Thyeste. Électre et Oreste assassinent leur mère Clytemnestre. Œdipe, sans le savoir, ôte la vie de son père et épouse sa mère Jocaste. Oui, l'origine de l'humanité se confond bien, dans ces récits et ces représentations, au fondement de notre culture, avec celle du mal.

La haine fratricide marque également de son sceau la création de **Rome**, Romulus tuant son frère Remus sur un coup de colère après que ce dernier a franchi par dérision le sillon du tracé des murailles de la future ville. C'est encore elle qui inaugure dans la **Bible** la généalogie humaine, à partir des deux fils d'Adam et Ève : Caïn° tue par jalousie son frère cadet Abel, et révèle ainsi la haine qui dès la Genèse habite le cœur de l'homme, Abel représentant le juste, injustement sacrifié (d'innombrables interprétations ont été données de ce mythe : voir le livre *Caïn, l'énigme du premier criminel*, TdB éditions, mars 2009). Le mythe des frères rivaux existe de fait dans la plupart des civilisations

(Osiris et Seth dans la mythologie égyptienne, Shun et Yao dans la mythologie chinoise) et a donné lieu à une abondante littérature.

Dans la plupart des mythologies, les dieux sont présentés comme des créatures malignes, souvent vengeresses, jalouses, imbues de leur pouvoir, rivalisant toujours entre elles : que l'on pense au concours de beauté qui oppose Héra, Aphrodite et Athéna, et qui provoque la guerre de Troie ! Derrière chaque élément naturel se cache un dieu menaçant, Zeus lançant la foudre, Poséidon ordonnant les naufrages, Héphaïstos déclenchant la fureur des volcans. Ces mythologies comportent également une impressionnante galerie de monstres, troupe difforme, hideuse ou grotesque, toujours destinée à exprimer, à conjurer mais aussi à provoquer nos terreurs primitives. Les monstres les plus divers y pullulent : Persée vient à bout de la Méduse, monstre à la tête de serpent qui pétrifie ceux qui osent la regarder, tandis que l'archange saint Michel terrasse le dragon. On connaît le succès de ces créatures reptiliennes, jusque dans les films les plus récents.

D'innombrables **légendes enfin** ont accueilli le mal, depuis les temps les plus anciens jusqu'à nos jours : notre enfance a été bercée ou hantée par les récits des ogres (réminiscences de Saturne, le premier ogre ?) et des sorcières. Celles-ci ne se comprennent que dans le pacte qu'elles ont signé avec le Diable, personnage clef de notre culture, sur lequel nous reviendrons, puisqu'il est l'une des légitimations du mal. Elles sont censées se pencher sur notre berceau, comme le faisaient déjà les Parques de la mythologie gréco-romaine, ces trois sœurs impitoyables, “Clotho, Lachésis et Atropos qui dispensent le bien et le mal aux mortels naissants, poursuivent les crimes des hommes et des dieux et ne déposent leur terrible colère qu'après avoir exercé sur le coupable une cruelle vengeance” (Hésiode). Les Parques ou, en grec, les Moires, filent et coupent le fragile fil de la vie des hommes. Leur nom signifie “part”, la portion allouée à chaque mortel, son destin. Filles de la Nuit, ou du Chaos, elles sont souvent représentées comme de vieilles femmes, des sorcières en quelque sorte (Shakespeare et Giono, dans notre programme, s'en souviennent !).

C'est surtout à partir du XVe siècle que s'est élaborée en Europe une véritable science de la sorcellerie : “Sorciers et sorcières vont devenir les figures d'un Mal absolu qui vise à terroriser les populations” (Michel Faucheux, *op. cit.*). La sorcière (elles sont plus fréquentes que leurs homologues masculins !) est représentée en général comme une femme laide, repoussante. “Emportée, effrontée, menteuse, superstitieuse et lubrique par nature, selon de nombreux auteurs, elle n’était mue que par les mouvements de sa matrice, d’où procédaient toutes ses maladies, notamment son hystérie [...] Dans l’univers du noir et blanc des savants, la nature féminine appartenait au côté sombre de l’œuvre du Créateur, plus proche du Diable que ne l’était l’homme, mieux inspiré par Dieu” (R. Muchembled, *Une histoire du Diable*, Seuil, 2000). La sorcière peut cependant être une jeune fille ou une jeune femme séduisante, ou apparemment innocente (on pense à l’accusation de sorcellerie qui a conduit Jeanne d’Arc au bûcher, mais ce n’est qu’un cas parmi des centaines, voire des milliers d’autres). La sorcière agit par la parole (“en sorcellerie, l’acte, c’est le verbe”, écrit J. Favret-Saada dans *Les mots, la mort, les sorts*, Gallimard, 2000) ; elle énonce des paroles magiques, lance des charmes, envoûte, met en scène la part maléfique de notre existence, révèle la concupiscence charnelle, les désirs inconscients de transgression. “Le sabbat° est la face noire et inversée du monde” écrit Michel Faucheux (*op. cit.*) ; la plus fameuse occasion de sabbat est la nuit de Walpurgis, qu’a immortalisée le grand poète allemand Goethe dans son drame de *Faust* (1808).

Le mythe de Faust, inspiré par un personnage historique de la Renaissance, résume l’histoire de la soumission de l’homme au mal, sous la forme d’un pacte avec le Diable, au nom de la soif de connaissance ou de la soif de pouvoir. Un autre mythe a fait fortune dans notre culture, celui de Dracula, et des vampires. Comme dans le cas de Faust, le récit légendaire s’appuie sur l’existence d’un personnage réel (un prince roumain particulièrement barbare, Vlad III, 1431-1476), qui deviendra Dracula (du latin *draco,* qui a donné “dragon” ou “diable”).

On peut remarquer à ce propos les étranges coïncidences entre le mythe, l’histoire, la littérature et la réalité (tissée de représentations, nourrie par elles). De grands criminels, comme Gilles de Rais, Raspoutine, Jack l’Éventreur, sont devenus des personnages légendaires ou romanesques ; le poète de la Renaissance Agrippa d’Aubigné décrit dans *Les Tragiques* la nuit de Saint-Barthélemy (le massacre des protestants de France par les catholiques en 1572) comme une Apocalypse°. Pour le romancier Barbey d’Aurevilly, contemporain de Baudelaire (*La Vengeance d’une femme*, *op. cit.*), il existe une alchimie entre la littérature et l’histoire, le roman rendant même mieux compte de la barbarie humaine : “c’est que l’un (le Roman) met ses mœurs sous le couvert de personnages d’invention, et l’autre (l’Histoire) donne les noms et les adresses. Seulement, le Roman creuse bien plus avant que l'Histoire. Il a un idéal, et l'Histoire n'en a pas : elle est bridée par la réalité. Le Roman tient, aussi, bien plus longtemps la scène". Enfin, le mythe de Frankenstein (*Frankenstein ou Le Prométhée moderne*, roman publié en 1818 par la jeune Britannique Mary Shelley) explore la tentation de devenir Dieu en créant un homme – en fait un monstre plein de haine pour celui qui lui a donné une vie de tourments (Frankenstein peut être vu comme un être libre, affranchi des lois et de la peur).

L'ORIGINE DU MAL

"D'où naît le mal ?" (Robespierre, 1793)

L'explication des causes du mal constitue une première aporie – une impasse intellectuelle. Trouver son origine, n'est-ce pas déjà le justifier ? Et si cette origine est connue, comment se fait-il que nous ne puissions extirper le mal ? Selon l'écrivain et philosophe Éliette Abécassis, "la théologie, l'histoire, la psychologie sont des compréhensions du mal qui tendent, loin de lutter contre lui par la réflexion et la connaissance, à le perpétuer en tant qu'elles le justifient" (*Petite métaphysique du meurtre* PUF, 1998). Pourtant, faute de remèdes, nous tentons désespérément de percer cette énigme :

> Il serait bien plus important de trouver un remède à nos maux, mais il n'y en a point, et nous sommes réduits à rechercher tristement leur origine. C'est sur cette origine qu'on dispute depuis Zoroastre, et qu'on a, selon les apparences, disputé avant lui. C'est pour expliquer ce mélange de bien et de mal qu'on a imaginé les deux principes, Oromase, l'auteur de la lumière, et Arimane, l'auteur des ténèbres [dans la mythologie perse] ; la boîte de Pandore, les deux tonneaux de Jupiter, la pomme mangée par Ève, et tant d'autres systèmes. Le premier des dialecticiens, non pas le premier des philosophes, l'illustre Bayle, a fait assez voir comment il est difficile aux chrétiens qui admettent un seul Dieu, bon et juste, de répondre aux objections des manichéens qui reconnaissaient deux dieux, dont l'un est bon, et l'autre méchant. (Voltaire, *Dictionnaire philosophique*, *op. cit.*)

Une explication par la fatalité : mythes et tragédies

La fatalité (du nom latin *fatum,* le destin) s'abat sur l'homme à son insu et sans qu'il ait la moindre possibilité de changer le cours inéluctable des choses : il ne peut donc être considéré comme responsable, et devient une victime des dieux.

• **Pandore**

Dans la mythologie grecque, Pandore (qui signifie ironiquement “celle qui est” ou “qui a” “tous les dons”) est la première femme. Créée sur l’ordre de Zeus (lequel veut se venger de Prométhée) dans de l’argile, elle est offerte en mariage à Épiméthée, qui accepte, malgré les mises en garde de son frère Prométhée. Elle apprend des autres dieux tous les talents, mais aussi le mensonge et la curiosité. Pandore apporte dans ses bagages nuptiaux une “boîte” (en fait une jarre) qu’il lui est formellement interdit par Zeus d’ouvrir. Cette jarre contient tous les maux de l’humanité, vieillesse, maladie, guerre, famine, misère, folie, vice, tromperie, passion, ainsi que l’espérance (l’espérance : le plus grand des maux, selon les stoïciens). Une fois installée comme épouse, Pandore cède à la curiosité et ouvre la “boîte” (devenue par la suite “boîte de Pandore”), libérant ainsi ces maux, à l’exception de l’espérance, qui reste enfermée [dans notre esprit donc]. Dans sa *Théogonie*, Hésiode décrit Pandore comme un “mal si beau”, ou “si bon” (*kalon kakon*). C’est donc à la première femme que l’humanité doit la totalité de ses malheurs, mais elle-même est tombée dans le piège divin qui lui a été tendu.

• **Ève**

On voit la coïncidence avec le mythe adamique (d’Adam), où c’est encore la première femme, Ève, pourtant avertie par Dieu, qui, par curiosité, croque le fruit défendu, condamnant par là même l’homme à une vie de douleur, puisqu’il gagnera désormais son pain “à la sueur de son front”. Nous verrons cependant que ce mythe adamique suppose la liberté de l’homme, contrairement aux mythes grecs de la fatalité.

Il n’en reste pas moins que certaines interprétations qui en ont été faites diminuent la part de responsabilité de l’homme, en particulier la doctrine calviniste (courant du protestantisme) de la prédestination selon laquelle le salut de l’homme lui sera accordé (ou non) par Dieu indépendamment de ce que l’homme peut faire : tout dépend de la grâce° divine, et l’homme ne peut pas infléchir le cours de cette décision. Il s’agit d’une philosophie pessimiste, parfois source d’angoisse, qui a pu faire considérer le péché comme une fatalité et a inspiré au philosophe Pascal° (au XVIIe siècle) son fameux “pari” sur le salut dans l’au-delà (on ne peut prouver l’existence de Dieu, mais l’on a toujours plus à gagner, selon lui, en pariant sur celle-ci).

• **Les tragédies antiques**

La prédestination fonde la tragédie antique. Le mythe des Atrides° et celui d'Œdipe en sont l'illustration. Dans le premier, les meurtres en chaîne qui colorent de sang les murs des palais royaux sont la conséquence inéluctable d'une malédiction originelle, contre laquelle la volonté humaine est impuissante (le premier meurtre sacrilège commis par Atrée). Agamemnon sacrifiera sa fille, Clytemnestre assassinera Agamemnon, Oreste et Électre tueront Clytemnestre. Œdipe est lui aussi victime d'une malédiction, condamné par un oracle, c'est-à-dire une parole divine : voulant échapper à la malédiction révélée par l'oracle d'Apollon, Œdipe, enfant abandonné par Laïos et Jocaste, le roi et la reine de Thèbes, et recueilli par le roi de Corinthe, fuit la famille qu'il croit être la sienne. Pour cela, il quitte Corinthe sans but précis. En chemin, il rencontre un homme avec ses serviteurs et le tue : l'homme était Laïos, son père biologique. Il apprendra plus tard que cet homme était son père et qu'il a ensuite épousé sa mère sans le savoir : la prédiction s'est réalisée.

L'homme ne serait ainsi qu'une marionnette entre les mains des dieux, ce qui l'innocente. Cette prédestination se retrouve dans la topique des légendes, où des oracles (sorcières, magiciens, etc.) prédisent à des rois, des princes, un avenir sinistre, comme c'est le cas dans la pièce espagnole baroque de Calderon° *La Vie est un songe* (1635). On relira la pièce de Sartre° *Les Mouches* (1943, pièce écrite en pleine Seconde Guerre mondiale), qui oriente la fin de la pièce vers la revendication d'une responsabilité humaine, Œdipe acceptant de prendre "sur lui" le châtiment symbolisé par la persécution des "mouches" et mettant fin au cycle de la fatalité.

L'explication par le dualisme : deux principes opposés

Le dualisme est une conception du bien et du mal affirmée par la plupart des penseurs antiques. Selon Plutarque (écrivain grec du Ier siècle après J.-C.), "Si rien ne se fait sans cause et qu'un être bon ne puisse produire rien de mauvais, il faut qu'il y ait dans la nature un principe particulier qui soit l'auteur du mal, comme il y en a un pour le bien" ("Isis et Osiris", *Œuvres morales*). Le dualisme conduit très souvent à établir une distinction entre d'un côté l'intelligence divine, ou *logos*, ou raison, c'est-à-dire le bien, et de l'autre la déraison, les passions, ou encore la matière, qui sont le mal. Cette opposition traverse l'œuvre de Platon° (*Lois*, *Timée*). Elle est cohérente avec l'idée défendue par Socrate° dans le *Gorgias* selon laquelle "nul ne fait le mal volontairement". Si l'homme commet le mal, c'est par l'effet d'une envie déraisonnable qui n'a pour source que l'ignorance du véritable bien – par exemple le bien à long terme (il cède aveuglément à un désir immédiat, sans penser à ses conséquences néfastes futures) – et la passion qui lui fait oublier mesure et raison.

Le dualisme a sous-tendu la **doctrine manichéenne** (du nom de son fondateur, Mani, 215-275 ap. J.-C.). Cette doctrine pose l'existence de deux âmes, l'une bonne et l'autre mauvaise. Elle a été considérée comme une hérésie par l'Église catholique, et en particulier par saint Augustin° (IVe siècle ap. J.-C.), lequel pourtant y adhéra dans sa jeunesse. Pour les chrétiens, le dualisme consiste à mettre sur le même plan le bien et le mal, c'est-à-dire à penser que Dieu n'est pas tout-puissant, ou qu'il a voulu le mal, alors que, selon le christianisme, tout ce qui a été créé par Dieu "est bon", même si l'homme, usant de son libre arbitre, peut choisir le mal. Malgré ces fortes réserves, le dualisme a eu une grande influence sur la pensée chrétienne, qui a inscrit le mal dans la matière, le corps, le sexe, réservant à l'esprit l'apanage du bien, ce qui aboutit nécessairement à prôner l'ascèse, le détachement du corps et le rejet des passions.

L'explication par le péché originel : le mythe adamique

Ce mythe de l'Ancien Testament est au fondement de toute la conception judéo-chrétienne, mais aussi musulmane, du bien et du mal.

• Le rôle du diable

Le diable est la justification même du Mal. Cette figure est sans doute née avec l'enseignement de Zoroastre en Iran au VIe siècle avant J.-C. Dans la Bible, le Diable est Satan, qui n'intervient que dans trois livres de l'Ancien Testament (*Zacharie*, *Job*, *Les Chroniques*). Il est d'abord **Lucifer**, l'ange de la lumière (*lux*), le plus beau des anges, celui qui "inexplicablement" se révolte contre Dieu. Satan, créature de Dieu, envierait la puissance du créateur, il serait jaloux. Saint Thomas souligne qu'il s'est détourné de Dieu sans que personne le lui ait suggéré, sans qu'il ait non plus quelque penchant pour le mal. Sinon il faudrait supposer un principe du mal concurrent du principe du bien et aussi incréé que lui ; ce qui ruine la représentation de Dieu de l'Ancien Testament. C'est donc par un engagement libre de sa volonté qu'il se sépare de Dieu, sa liberté (d'où, en littérature, sa grandeur héroïque !) est liberté pour le mal. Il symboliserait ainsi la tentation de la liberté.

Le **Diable**, mal incarné, est un grand "diviseur" : *diabolon* en grec le terme signifie en effet "ce qui sépare" (c'est le contraire de *sunbolon*, ce qui réunit). Il vient donc installer dans l'harmonie de la création une rupture, une séparation, de la même manière que le mal "introduit une distance entre le sujet et l'objet victime du mal" (Éliette Abécassis, *op. cit.*). On pourrait en conclure qu'Adam et Ève ont été de simples victimes du Diable, trompées par son verbe séduisant. Il n'en est pourtant rien.

• Le mythe adamique : la liberté humaine

Comme l'explique Paul Ricœur, le mythe d'**Adam** "dédouble l'origine du mal et du bien" : il fait "de l'homme un commencement du mal au sein d'une création qui a déjà son commencement absolu dans l'acte créateur de Dieu [...] le mythe adamique raconte comme un événement le passage de l'innocence au péché en tant que statut d'un homme destiné au bien et enclin au mal" (*La Symbolique du mal*, Aubier, 1960). Il pose donc la "perfection absolue de Dieu" et la méchanceté radicale de tous les hommes, qui naissent dans l'état de "péché originel", universel, mais aussi dotés de la liberté pour ou contre le mal. Le catholicisme, et en particulier l'ordre des Jésuites, bâtiront leur système de pensée sur la doctrine du libre arbitre : il appartient à l'homme de choisir ou non le bien, et même le criminel le plus endurci peut travailler à sa rédemption.

L'explication par la liberté de l'homme : le mal radical

"Je ne puis pas aussi me plaindre que Dieu ne m'a pas donné un libre arbitre, ou une volonté assez ample et parfaite, puisqu'en effet je l'expérimente si vague et si étendue qu'elle n'est renfermée dans aucune borne", constate le philosophe René Descartes (*Méditations métaphysiques*, 1641). Cette liberté humaine serait la véritable origine du mal, considéré en tant que **mal moral**.

Il n'y a donc pas à chercher une autre origine au mal que l'homme. Sur ce constat se rejoignent la plupart des philosophes à partir du XVIIe siècle, et surtout aux XVIIIe et XIXe. On assiste alors à une **sécularisation du principe du mal**, ce qui signifie qu'on déplace la question du mal, insoluble sur le plan théologique et même philosophique, vers la sphère historique et sociale – le mal descend du ciel vers la terre.

• L'homme est un loup pour l'homme : relativité du mal

Pour **Hobbes**°, le mal est relatif à l'opinion de chacun : "chaque homme différant d'un autre par son tempérament ou sa façon d'être, il en diffère sur la distinction du bien et du mal (*De la nature humaine*", 1650). Mais ce relativisme rend tout accord entre les hommes impossible. L'état de nature est "un état de guerre de chacun contre chacun", "où chacun est gouverné par sa propre raison". On connaît la fameuse formule : *homo homini lupus* (l'homme est un loup pour l'homme). Sur fond de pessimisme, il convient d'avoir recours à une autorité souveraine seule autorisée à user de la violence : un État (Hobbes, *Léviathan*, 1651).

Emmanuel **Kant**°, au siècle des Lumières, part du même constat que Hobbes° : les hommes sont méchants, infantiles, égoïstes, et se font la guerre en vertu de leur "insociable sociabilité". C'est ce qu'il appelle le "mal radical" (*Le Mal radical*, 1792), enraciné dans l'homme, ou encore qui se trouve à la racine même de sa conduite : "Qu'un penchant pervers de ce genre doive être enraciné dans l'homme, c'est là un fait dont nous pouvons nous épargner de donner une preuve formelle" (*La Religion dans les limites de la simple raison*, 1793). Il y a dans l'homme une "disposition naturelle au bien" et aussi un "penchant au mal". Par nature, l'homme est donc méchant (*Projet de paix perpétuelle*, 1795). Ce penchant n'est pas lié à nos passions, mais relève d'une origine rationnelle (de la raison) : le sujet qui commet le mal agit librement, ce qui engage sa responsabilité. Pour pouvoir parler de mal moral, il faut que l'homme ait par ailleurs conscience de la nécessité de la loi morale, et décide librement de la transgresser (pour Kant, Adam est coupable d'une première transgression). Le philosophe allemand **Schelling**° présente en 1809 dans ses *Recherches sur l'essence de la liberté humaine* le mal comme un "privilège humain douteux", puisqu'il appartient à l'homme seul de se désaccorder de la création (de sortir d'un ordre divin), pour ses propres fins égoïstes.

Peu de temps auparavant, du fond de sa Bastille, le marquis de **Sade**° avait constaté également la présence du mal dans le monde. Pour lui, la nature est mauvaise par essence car le mal y règne. Par conséquent, le mal est "naturel" : c'est ainsi que le marquis attribue au mal une valeur suprême car il suit la pente de la nature à l'inverse de la morale qui est radicalement antinaturelle. On trouvera chez le philosophe **Nietzsche**° des accents comparables : dans *Par-delà le bien et le mal* (1886), comme dans *La Généalogie de la morale* (1887), le philosophe reconnaît le déchaînement de la violence dionysiaque (déclenchement des pulsions, libération des instincts) chez les forts, mais analyse la morale – et surtout la morale chrétienne – comme le produit du "ressentiment" des faibles, qui retournent à leur profit leur condition de victimes.

On ne peut oublier ici le docteur **Freud**°, qui reprend à son compte l'expression de Hobbes° :

> L'homme est tenté de satisfaire son besoin d'agression aux dépens de son prochain, d'exploiter son travail sans dédommagements, de l'utiliser sexuellement sans son consentement, de s'approprier ses biens, de l'humilier, de lui infliger des souffrances, de la martyriser et de le tuer. *Homo homini lupus* : qui aurait le courage, en face de tous les enseignements de la vie et de l'histoire, de s'inscrire en faux contre cet adage ? (*Malaise dans la civilisation*, 1929)

Il y a deux explications à cela. D'une part l'homme est constamment sollicité par deux pulsions opposées mais complémentaires, la pulsion de vie et la pulsion de mort, de destruction. D'autre part, sa méchanceté, ou sa perversité, est le revers de son malheur, des agressions de l'existence contre lesquelles il doit se défendre. La pièce *Richard III* (1592), de Shakespeare, est un exemple parlant : la difformité physique du comte de Gloucester engendre sa méchanceté sans bornes. Freud° prend appui sur ce besoin de compensation pour interpréter le cas de Richard III : "la nature a commis une grave injustice à mon égard en me frustrant de la forme harmonieuse qui conquiert l'amour des humains. La vie pour cela me doit un dédommagement que je vais m'octroyer." (*L'Inquiétante étrangeté et autres essais*, 1919). Le discours psychanalytique dévoile ici le rôle du narcissisme (amour de soi) dans la production de comportements pervers. Sans compter que "le moi n'est pas maître dans sa propre maison" et que les racines du mal commis sont, pour la psychanalyse°, à chercher dans l'inconscient°.

Finalement, on se heurte toujours à la même aporie° : si le mal dépend de l'homme, il est relatif. Pour Baruch **Spinoza**° par exemple (philosophe néerlandais, 1632-1677), le mal au sens moral n'existe pas : il n'y a que "du bon et du mauvais", de manière relative à l'être qui vit une situation donnée. L'idée du mal est en fait une interprétation de l'homme, sans lien avec la réalité de la création, de la nature, qui est parfaite. Voltaire° et Rousseau, pourtant en désaccord sur la caractérisation de la société, reconnaissent la relativité du mal : Rousseau remarque que certains événements “perdent beaucoup de l'horreur qu'ils inspirent au premier aspect quand on veut les examiner de près. [...] une mort accélérée n'est pas toujours un mal réel, et qu'elle peut passer quelquefois pour un bien relatif”. Pour Voltaire, la mort d'un enfant peut être considérée comme un bien si cet enfant était appelé à devenir un grand criminel (laissons à Voltaire° la responsabilité de cette affirmation que l'on peut juger monstrueuse).

• La controverse entre Rousseau et Voltaire

Ces deux philosophes des Lumières ont longuement débattu par œuvres et par lettres interposées, sur la question du mal. **Rousseau** débat avant tout contre Hobbes° : l'homme à l'état de nature est bon, pose Rousseau. Cet état de nature est une hypothèse de départ, c'est un état “qui n'existe plus, qui n'a peut-être point existé, qui probablement n'existera jamais” (*Discours sur l'origine et les fondements de l'inégalité parmi les hommes*, 1755). L'homme de l'état de nature ne connaît guère que la crainte et la pitié. Mais il est aussi perfectible (capable de s'améliorer), germe de sa supériorité et de son malheur. Sous l'effet de la raison, l'amour de soi devient amour-propre, la pitié devient indifférence à autrui. De plus la raison entraîne le développement de la société : du travail organisé naissent la propriété et la notion de justice, mais aussi l'inégalité et bientôt la tyrannie des plus forts. La propriété, qui naît avec l'état civil, développe l'inégalité mais rend aussi nécessaire les lois. La société pervertit ainsi l'homme en introduisant la rivalité. Il s'agit donc d'une faille dans le passage de l'état de nature à l'état civil, ce qui n'empêche pas Rousseau de reconnaître que l'état civil représente une avancée extraordinaire pour l'humanité (comprenons bien que sa pensée et ses hypothèses visent à définir le cadre politique susceptible de guérir l'homme de ses maux historiquement acquis ; si la société est à l'origine du mal, le remède, pour Rousseau, est dans le mal : dans une réforme – républicaine – de la société). Au fond, l'être humain gagne sa liberté et sa dignité au moment où il perd une liberté naturelle :

> Ce passage de l'état de nature à l'état civil produit dans l'homme un changement très remarquable, en substituant dans sa conduite la justice à l'instinct, et donnant à ses actions la moralité qui leur manquait auparavant. C'est alors seulement que la voix du devoir succédant à l'impulsion physique et le droit à

l'appétit, l'homme, qui jusque-là n'avait regardé que lui-même, se voit forcé d'agir sur d'autres principes, et de consulter sa raison avant d'écouter ses penchants. Quoiqu'il se prive dans cet état de plusieurs avantages qu'il tient de la nature, il en regagne de si grands, ses facultés s'exercent et se développent, ses idées s'étendent, ses sentiments s'ennoblissent, son âme tout entière s'élève à tel point que si les abus de cette nouvelle condition ne le dégradaient souvent au-dessous de celle dont il est sorti, il devrait bénir sans cesse l'instant heureux qui l'en arracha pour jamais, et qui, d'un animal stupide et borné, fit un être intelligent et un homme.

Voltaire° réagit au *Discours* et prend contre Rousseau, dit-il, la défense du genre humain. Tout en reconnaissant que Rousseau peint "avec des couleurs bien vraies les horreurs de la société humaine", il minimise la corruption de la société et lui rend hommage (il célèbre par exemple le progrès, le luxe et les arts, cibles des critiques morales, sociales et politiques de Rousseau). Quant aux hommes, ils ne sont pas devenus si méchants : "Si les hommes étaient essentiellement méchants, s'ils naissaient tous soumis à un être aussi malfaisant que malheureux [...] on verrait tous les matins les maris assassinés par leurs femmes, et les pères par leurs enfants..." Sur un milliard d'hommes, continue Voltaire, dans sa lettre à Rousseau, il n'y en a pas même un million qui commettent des crimes, encore moins des crimes odieux ! Et de conclure : "Il y a donc infiniment moins de mal sur la terre qu'on ne dit et qu'on ne croit".

Le même Voltaire°, choqué par le tremblement de terre de Lisbonne qui fit des dizaines de milliers de victimes, écrit en 1756 un poème vibrant d'indignation. En voici un extrait :

Au spectacle effrayant de leurs cendres fumantes,
Direz-vous : "C'est l'effet des éternelles lois
Qui d'un Dieu libre et bon nécessitent le choix" ?
Direz-vous, en voyant cet amas de victimes :
"Dieu s'est vengé, leur mort est le prix de leurs crimes" ?
Quel crime, quelle faute ont commis ces enfants
Sur le sein maternel écrasés et sanglants ?
Lisbonne, qui n'est plus, eut-elle plus de vices
Que Londres, que Paris, plongés dans les délices ?

Rousseau réagit à son tour en accusant Voltaire° d'insulter la Providence : "je ne vois pas qu'on puisse chercher la source du mal moral ailleurs que dans l'homme libre, perfectionné, partant, corrompu ; et, quant aux maux physiques, si la matière sensible et impassible est une contradiction, comme il me le semble, ils sont inévitables dans tout système dont l'homme fait partie".

Mais **Voltaire** a semé le germe d'une révolte de l'homme contre le mal, incompréhensible et inacceptable, là où **Rousseau** pose les fondements d'une réflexion politique sur le mal, de nature sociale – dans lesquels on aura reconnu une origine de la pensée dite aujourd'hui de gauche, expliquant par exemple les violences commises dans la société par la situation socio-économique ou culturelle des coupables, eux-mêmes victimes d'inégalités.

(v. La querelle entre Rousseau et Voltaire)

• Le mal incompréhensible

En effet, le mal reste un mystère. Kant° l'a déjà signifié : "il n'existe donc pas pour nous de raison compréhensible pour savoir d'où le mal moral aurait pu tout d'abord nous venir" (*La Religion…*, *op. cit.*). Cette incapacité pour l'intelligence humaine à penser son origine est apparue encore plus nettement lors de la révélation de la barbarie nazie au milieu du XXe siècle. "J'ai passé ma vie à comprendre pourquoi la haute culture n'a pas pu enrayer la barbarie", écrit le critique George Steiner. "Ici, il n'y a pas de pourquoi" : cette réplique sans appel d'un bourreau nazi hantera toute sa vie **Primo Lévi**°, qui connut les camps nazis, jusqu'à son suicide. Si la science permet d'aller de plus en plus loin dans l'explication des événements naturels et d'en prédire la nocivité pour l'homme – encore que des événements récents comme certains séismes meurtriers nous prouvent la fragilité de notre civilisation –, le mal moral reste inaccessible à la raison. Comment expliquer "la terrible, l'indicible, l'impensable banalité du mal", se demande **Hannah Arendt** (philosophe juive allemande qui a fui le régime nazi et a suivi le procès du bourreau Eichmann à Jérusalem en 1961). Comment expliquer la disproportion entre des individus "ordinaires" et la monstruosité des crimes commis ? Comment expliquer cet "arrêt de la pensée", qui nous fait sombrer dans le mal ? Arendt ne justifie rien, n'explique rien, elle constate que des hommes qui n'ont rien de monstrueux peuvent se livrer à des crimes impensables (*Eichmann à Jérusalem*, 1963). Elle constate l'inévitable présence de l'inhumain dans l'humain. Nous devons alors apprendre à penser l'arbitraire du mal, ce que le philosophe Emmanuel **Lévinas** nommait au XXe siècle "gouffre béant", ou encore "tumeur de la mémoire".

LA JUSTIFICATION DU MAL

Pourquoi le mal ? Cette question apparaît très tôt dans les débats philosophiques – Platon°, Aristote°, Épicure° en effet soulèvent cette question qui se mue en **véritable *problème*, énigme philosophique**. “La douleur, sous sa forme radicale et dépouillée – celle qui fait l’essence du supplice – est la pierre d’achoppement et le tombeau de toutes les philosophies” (Raymond Queneau, *Les Enfants du limon*, 1938). C’est dire si cette question de l’existence du mal, de sa justification et éventuellement de sa signification, se révèle être, comme l’écrit Paul Ricœur (*Le Mal*, *op. cit.*), un véritable “défi” pour la pensée : “que la philosophie et la théologie rencontrent le mal comme un *défi* sans pareil, les plus grands penseurs dans l’une et l’autre discipline s’accordent à l’avouer, parfois avec de grands gémissements”.

Pourquoi le sentiment d’une telle difficulté ? Parce qu’il faut accepter de “penser le mal devant Dieu” (*ibid.*). En effet, si l’on admet que Dieu a créé le monde, on doit admettre aussi que sa création est parfaite et donc nécessairement bonne. Dès lors, le mal ne peut être justifié, il apparaît comme un “scandale” (P. Ricœur, *Le Mal*, *op. cit.*).

Un défi pour la pensée : comment Dieu peut-il engendrer le mal ?

C’est donc l’existence même d’un Dieu tout amour et omnipotent qui fait du mal un problème. **Si Dieu est tout puissant, pourquoi ne fait-il cesser le mal ?** Si sa bonté est infinie et incommensurable, pourquoi le mal dans la Création ? Et pourquoi Dieu laisse-t-il sa créature souffrir ? Hans Jonas (1903-1993 : philosophe allemand qui fut l’élève de Husserl et Heidegger. Devant la montée du nazisme en Allemagne, il a fui pour se réfugier en Palestine. Sa mère, elle, mourra dans un camp) écrit dans *Le Concept de Dieu après Auschwitz* (1999) : “quel Dieu a-t-il pu laisser faire cela ?”. En bref, comment Dieu peut-il engendrer et/ou permettre le mal ? On le voit clairement : il est bien difficile, voire impossible, d’éviter de faire de Dieu l’auteur du mal si Dieu non seulement détermine tout ce qui arrive par sa volonté mais encore concourt à tout ce qui arrive par sa puissance. Que Dieu permette le mal, n’est-ce pas avouer son impuissance, ou une faille dans sa bonté ?

Les philosophies ont ainsi le plus grand mal à rendre compte du scandale du mal. Deux types de discours vont s’opposer.

Les uns justifient le mal en le posant comme nécessaire, indispensable à la vie humaine. Le mal est dans cette perspective une expérience sinon bénéfique, du moins nécessaire. Ainsi, chez **Descartes**, le mal est doté d'une valeur biologique : la douleur nous avertit d'un dérèglement. Pour **René Dubos** (1901-1982, agronome et biologiste français, qui est un des premiers à s'être intéressé à la question écologique), la mort est nécessaire pour permettre à l'humanité de prendre successivement toutes les formes qui lui sont possibles en renouvelant ses modes de vie. Selon le philosophe antique **Héraclite**, le monde est régi par la loi de Zeus, qui veut que chaque chose se renverse en son contraire et naisse de son contraire : le mal est ainsi indispensable au bien. L'expérience du mal peut aussi faire grandir et mûrir. Ainsi, dans l'Évangile de Marc, dans le Nouveau Testament, le Christ est confronté à la tentation : il doit affronter et combattre Satan durant quarante jours et sort affermi spirituellement de cette lutte douloureuse et éprouvante. Enfin, on peut faire le mal pour éviter un plus grand mal : pour **Machiavel** (penseur italien de la Renaissance (1469-1527) qui propose une vision cynique de la politique, car, pour lui, la fin justifie les moyens), dans *Le Prince* (1513), le politique se sacrifie car il se doit d'user – si nécessaire – des moyens du mal (assassinat politique, corruption…) pour assurer la bonne conservation de l'ordre social.

D'autres, à l'inverse, bâtissent des théodicées°, afin de concilier les attributs divins et l'existence du mal. C'est Leibniz° qui le premier en 1696 forme le néologisme "théodicée" : *Theos* : Dieu ; *dikè* : justice, justification. Ainsi, la théodicée est un discours écrit pour innocenter Dieu, pour le disculper de toute responsabilité dans l'existence du mal. Elle se fixe pour objectif de tourner l'incompréhensible en rationnel.

La justification du mal par les théodicées (Job et Leibniz)

Les théodicées, si elles ont toutes une visée apologétique (de célébration), empruntent des chemins variés pour disculper Dieu. Pour les **stoïciens** (partisan de la doctrine du stoïcisme. École philosophique antique, fondée par Zénon, qui prône l'acceptation résignée de la douleur et de la mort. Le sage est celui qui met son comportement en accord avec l'ordre naturel), le mal n'existe pas puisque Dieu est bon. C'est l'homme qui se trompe quand il juge que quelque chose est mauvais. Les Grecs – **Platon°** ou **Aristote°** – installent une pensée dichotomique, distinguent le corps (matériel) et l'âme (spirituelle) et peuvent alors affirmer que Dieu n'est pas créateur de la matière, donc du mal. Pour la philosophie chrétienne (**saint Augustin**°), le libre arbitre humain s'exerce. Dieu n'est pas responsable des décisions et des actes commis par ceux qu'il a créés : l'homme est libre de choisir le mal s'il le veut. Nous nous pencherons ici sur deux grandes théodicées : celle de Job° puis celle de Leibniz°.

Paul Ricœur (*Le Mal*, *op. cit.*) pose avec précision le problème que soulève toute théodicée : comment peut-on affirmer ensemble sans contradiction les trois propositions suivantes : 1/ Dieu est tout-puissant (ainsi il n'y a rien qui n'ait été prévu et voulu par lui) ; 2/ Dieu est bon (il ne saurait donc vouloir le mal) ; 3/ et pourtant le mal existe. Puisque ces trois propositions sont incompatibles, il faut donc discuter l'une d'entre elles et admettre que 1/ soit Dieu n'est pas tout-puissant (Leibniz°) ; 2/ soit Dieu n'est pas bon (Job°), 3/ soit le mal n'est pas mal (les stoïciens). Les théodicées de Job et de Leibniz viennent limiter la puissance de Dieu pour bâtir une réponse à la question : comment le mal peut-il exister si Dieu est bon et/ou tout-puissant ?

• Job

Dieu peut-il être injuste ? Le récit des souffrances de Job°, qui se trouve dans l'Ancien Testament, pose la question. Job est un juste sans faille, qui va être accablé par Dieu. À l'origine de l'histoire, un défi entre Dieu et Satan : Satan ne veut pas croire que Job puisse aimer Dieu pour rien. Dieu prend le pari et soumet Job aux pires épreuves.

Tout d'abord, Dieu prive Job° de ses enfants et de ses biens. Job ne maudit pas Dieu. Satan n'est toujours pas convaincu. Dieu frappe Job dans sa chair : son corps est envahi par un ulcère géant. Job ne faiblit pas, ne pèche point en paroles. Viennent ensuite trois amis pour le consoler et l'aider à comprendre les raisons de la malédiction qui s'est abattue sur lui. Tous trois interprètent le mal qui afflige Job comme un juste châtiment de "fautes secrètes" et lui imputent la responsabilité de son sort à partir d'une logique de la rétribution qui fait de tout mal subi (physique, moral, douleur, maladie) la rétribution d'un mal commis (ici, le péché d'orgueil : se croire pur et juste). Et Job, s'il ne maudit pas Dieu, se plaint, l'appelle, l'exhorte à sortir de son silence. Le livre de Job s'achève sur l'intervention de Dieu lui-même, qui rappelle à Job qu'il a créé la terre et a fixé la bonne marche du monde. Job se repent et prend conscience qu'il n'est pas seul. Après son humiliation et son repentir, Job est finalement rétabli par Dieu dans ses biens tandis que la colère divine se déverse sur ses trois amis puisqu'ils n'ont pas su parler avec droiture.

Quelles leçons tirer de cette expérience pure du mal subi ? **Les réponses apportées dans le livre de Job° sont ambiguës**. Pour Kierkegaard (philosophe et théologien danois, 1813-1855, partisan d'une foi individuelle. Pour lui, les autorités ecclésiastiques incarnent l'hypocrisie et brident toute pratique personnelle de la foi), l'épreuve infligée à Job est l'occasion d'une "reprise" : Job et le Seigneur sont réconciliés et Job peut à nouveau vivre "dans l'intimité du Seigneur". On peut également penser que le livre de Job, qui offre la vision d'un Créateur aux desseins insondables, suggère qu'il faut sortir du cycle de la rétribution pour aimer Dieu pour rien. Ou bien les maux qui s'abattent sur Job sont-ils le symbole du mal même, gratuit et injustifiable ? Le mal est alors "scandale" dans le livre de Job : Job souffre bien qu'il n'ait jamais péché, bien qu'aux yeux de Dieu lui-même, il soit le plus vertueux des hommes. Il faudrait dès lors accepter que les voies du Seigneur sont insondables. Mais est-ce bien suffisant pour répondre au désespoir, au dégoût de la vie qui s'empare de Job ? Faut-il comprendre qu'il faut se libérer de tout sentiment de révolte et que la vraie félicité est en la connaissance et l'amour de Dieu ?

• Leibniz

Selon Paul Ricœur, la théodicée de Leibniz° est le "modèle du genre". Il s'agit pour le philosophe d'expliquer le mal dans un univers voulu par Dieu. Le postulat de base de Leibniz est que Dieu a fait pour le mieux. En effet, le monde où surgit le mal est le meilleur des mondes possibles : "J'appelle monde toute la suite et toute la collection de choses existantes […] et il y a une infinité de mondes possible dont il faut que Dieu ait choisi le meilleur, puisqu'il ne fait rien sans agir suivant la suprême raison". Entre tous les possibles qu'il peut envisager dans son entendement avant de le faire exister, Dieu a donc choisi le meilleur puisqu'il n'agit pas selon sa fantaisie mais selon la raison.

En créant le meilleur des mondes possible, Dieu a créé un monde dont le mal, dont l'imperfection, ne sont pas exclus. Pourquoi ce choix ? Leibniz° avance plusieurs explications.

Tout d'abord, il justifie le mal métaphysique (souffrance, mort…) : tout être créé est nécessairement imparfait sinon il serait l'égal de

Dieu ; ensuite, le mal physique : ce dernier est soit mérité car conséquence d'une faute, soit nécessaire pour servir au développement d'une plus grande perfection ; enfin, le mal moral : l'homme pécheur fait un mauvais usage de son libre arbitre (néanmoins cette faculté est bonne en soi car créée par Dieu).

De plus, pour innocenter Dieu, Leibniz° va discuter la toute-puissance de Dieu. Selon le philosophe, l'œuvre de Dieu se heurte à une double limite : son ouvrage comporte nécessairement de l'imperfection car il ne se confond pas avec Lui ; son ouvrage, pris dans ses parties, comporte nécessairement de l'imperfection du fait que les substances qui le composent entrent en interaction, peuvent donc se nuire, se concurrencer, s'entre-empêcher.

Enfin, Leibniz° distingue deux points de vue : celui de l'homme et celui de Dieu. L'*optimum* de la partie n'est pas nécessairement celui du tout. Un mal local peut ainsi s'avérer être un bien pour le tout. Dieu peut par conséquent vouloir le mal à titre de moyen dans la réalisation du meilleur possible : "nous savons d'ailleurs que souvent un mal cause un bien, auquel on ne serait point arrivé sans ce mal". Le mal trouve sa place comme moindre mal au sein de la totalité voulue par Dieu ; il est présent à titre d'accessoire du bien et partie intégrante du plan divin.

La négation du mal (les stoïciens, Nietzsche)

Pour justifier le mal, deux perspectives sont possibles : soit l'on demande des comptes à Dieu (Job°, Leibniz°), soit **on dissout la réalité du mal en la niant**. Le mal est-il vraiment mal ? Pour les stoïciens, il s'agit d'inciter l'homme à tirer le bien du mal en faisant un bon usage du mal subi et du mal commis. Le mal n'est pas le mal – il n'est qu'illusion – puisqu'il incombe à la raison d'en faire la matière d'un bien.

Le monde est gouverné par la loi de Zeus ; adhérer à la loi du monde consiste donc à se conformer à la raison en toutes circonstances. Seul le sage n'en est pas empêché ; c'est pourquoi il est heureux. Aucun obstacle ne contrarie sa vie régie par la raison, car cette faculté peut toujours tirer le meilleur parti de l'obstacle. **Épictète** écrit dans son *Manuel* (XVI) : "Quand tu vois quelqu'un pleurer parce qu'il est en deuil, ou que son fils est absent, prends garde à ne pas te laisser emporter par l'idée que les accidents qui lui arrivent ainsi du dehors sont des maux ; mais aussitôt tiens prête cette pensée : ce qui meurtrit cet homme, ce n'est pas l'événement (car un autre n'en est pas meurtri), mais le jugement porté sur lui". Le mal est ainsi l'occasion pour la raison de s'exhausser (s'élever) à travers les obstacles, qu'ils soient intérieurs ou extérieurs. L'homme se doit de devenir raisonnable : c'est là son premier et essentiel devoir. Par sa raison, il s'égale à Dieu. En effet, le bon usage du mal, en surmontant l'opposition du bien et du mal, accorde l'homme à la loi du tout.

La théodicée stoïcienne s'accomplit chez **Nietzsche**° : pour le philosophe, le mal n'est pas le mal pour une vie forte, c'est-à-dire pour une vie capable de donner forme à cette matière qu'est le mal. L'approbation de tout ce qui arrive ou l'*amor fati* est l'indice d'une vie forte. Le mal, pour une âme faible, est au contraire ce qu'on n'arrive pas à intégrer à sa propre vie. Dans *La Généalogie de la morale* (1887), Nietzsche écrit : "est bon quiconque ne fait violence à personne, quiconque n'offense personne, n'use pas de représailles et laisse à Dieu le soin de la vengeance, quiconque se tient caché comme nous, évite la rencontre du mal et du reste attend peu de chose de la vie, comme nous, les patients, les humbles et les justes". Il faut lire dans cette phrase la critique de la morale des faibles, des esclaves, des hommes du ressentiment, ceux qui vivent cantonnés derrière des valeurs, mais qui en réalité s'empêchent de vivre et se retiennent d'agir en refusant de libérer leur instinct de vie, leur puissance créatrice (la volonté de puissance chez Nietzsche n'est donc nullement, contrairement à ce qu'on dit souvent, un désir d'écrasement, mais une capacité à épanouir toutes les potentialités de son être – tout ce qui est en puissance en lui). Pour Nietzsche, cette attitude cache en réalité une haine de la vie, et de tout ce qui est affirmatif dans la vie. Repousser ainsi la vie, c'est refuser ce qui en constitue le fond, à savoir aussi le mal, la souffrance et la mort. Autrement dit, le jugement moral que nous appliquons à la souffrance et à toutes les formes de mal et d'injustice reflète en réalité notre impuissance à les assumer et à les supporter. Le mal, comme le bien, sont fondamentalement des illusions et la moralité véritable, celle des forts, est celle des hommes de vérité, libérés de l'illusion, capables de "rencontrer le mal". Les autres, les faibles, sont une foule d'hommes médiocres, un "troupeau", bercé par l'illusion d'un monde sans mal.

La revendication du mal (Sade, *Liaisons dangereuses*)

Chez Sade°, le discours se fait plus radical encore : il s'agit de légitimer le mal (il est naturel) mais plus encore de revendiquer son existence et son bien-fondé. Pour le marquis, le mal est tout sauf un scandale.

Dans *La Philosophie dans le boudoir* (1795), Sade° peut voir dans le crime ou le vol des actes légitimes car conformes à la nature : "La destruction étant une des premières lois de la nature, rien de ce qui détruit ne saurait être un crime. Comment une action qui sert aussi bien la nature pourrait-elle jamais l'outrager ?" ou encore :

> il n'est de crime à rien, chère fille, à quoi que ce soit au monde : la plus monstrueuse des actions n'a-t-elle pas un côté par lequel elle nous est propice ? [...] De ce moment, elle cesse d'être un crime ; car pour ce qui sert l'un en nuisant à l'autre fût un crime, il faudrait démontrer que l'être lésé est plus précieux à la nature que l'être servi : or tous les individus étant égaux aux yeux de la nature, cette prédilection est impossible ; donc l'action qui sert en nuisant à l'autre est d'une indifférence parfaite à la nature.

Finalement, Sade° conserve le schéma fondamental de la morale au sens où il s'incline devant un principe de légitimation des actes, qui est, non plus Dieu mais la Nature. **L'individu ne fait pas le mal parce qu'il est mal, mais parce qu'il est naturel.** Dans d'autres ouvrages, en particulier dans les *Cent vingt journées de Sodome* (1785), la perspective est plus radicale. Les protagonistes centraux jouissent du mal en tant que mal, en tant que vice reconnu. C'est la volupté que procure le mal qui est la valeur suprême : "[Ces principes] m'ont fait connaître le vide et le néant de la vertu ; je la hais, et l'on ne me verra jamais revenir à elle. Ils m'ont convaincu que le vice était seul fait pour faire éprouver à l'homme cette vibration morale et physique, source des plus délicieuses voluptés ; je m'y livre".

Sade° identifie le mal dans la cruauté. Cette dernière est un penchant naturel qui permet à l'homme de déployer sa vitalité, sa force : "La cruauté n'est autre chose que l'énergie de l'homme que la civilisation n'a point encore corrompu". Plus encore, le mal est le lieu de l'explosion de la créativité humaine. Dolmancé, héros de *La Philosophie dans le boudoir*, est mu par le désir et la recherche de la jouissance. Mais faire le mal ne s'improvise pas ; **la pratique maléfique exige une ascèse, un travail de mise en forme du désir**. La subjectivité mauvaise relève d'une "construction calculée"

(Blanchot, *Lautréamont et Sade*, 1990) ; à la facilité du plaisir immédiat s'oppose la jouissance perverse. Est par conséquent mauvais celui qui transcende le plaisir ordinaire. En cela, il existe un héroïsme du mal. La marquise Merteuil, dans le célèbre roman *Les Liaisons dangereuses* de Laclos (1782), incarne parfaitement cette vision sadienne du sujet mauvais, parce qu'elle se consacre entièrement au mal et s'y applique avec méthode. En effet, Merteuil ne s'abandonne pas à la force du désir, à ses pulsions charnelles. Pour elle, le crime est supérieur à la luxure : sa jouissance n'est pas immédiate mais cérébrale.

Cette démarche exceptionnelle et ascétique isole l'individu : l'homme sadien est coupé de toute relation avec autrui : "la plus grande douleur des autres compte toujours moins que mon plaisir". Chez Sade°, tout principe de compassion, de pitié naturelle, est nié ; en l'être mauvais triomphe l'expression la plus extrême de l'amour-propre, de la satisfaction égoïste : "Tout individu rempli de force et de vigueur, doué d'une âme énergiquement organisée, saura préférer son plaisir à l'intérêt des autres : car sa jouissance est en lui, elle le flatte". Le monde de Sade est par conséquent divisé entre dominés et dominants, et les victimes sont insignifiantes aux yeux des vainqueurs. Le monde de Sade est donc un espace où les désirs des forts se déchaînent. En effet, les règles du monde sont dictées par ceux qui s'arrogent, par la force ou par la ruse, le pouvoir de dominer les autres et de les plier à leurs caprices : "Et si la morale classique n'était inventée que pour étouffer une autre forme d'existence où chacun suivrait seulement la force de son désir ?"

QUELLE ATTITUDE FACE AU MAL ?

Les hommes, en fonction de la conception qu'ils en ont, de leur philosophie, de leur foi, de leur vécu, choisissent d'accepter le mal et d'en réduire les effets sur eux. Ils peuvent s'en emparer pour affirmer leur pouvoir, ou pour diminuer les excès du mal. Ils se révoltent enfin contre lui, Ils sont parfois contradictoires au sein de leur démarche. On peut cependant distinguer trois formes principales de postures face au mal : la sagesse, la (ou "le") politique, la révolte contre le mal au nom des valeurs. Le choix du témoignage et de l'écriture représente aussi une réponse possible.

Les différentes formes de la sagesse

Si on a constaté que le mal est inscrit dans la nature ou dans la condition humaine, une première démarche consiste à le fuir autant que possible : c'est ce que dénonce le philosophe **Pascal**° dans ses *Pensées*, quand il analyse le "divertissement", par lequel les hommes, incapables d'affronter le spectacle de leur propre misère et d'admettre "la vanité de ce monde" (vanité au sens de ce qui est vain), se plongent dans mille distractions futiles pour ne pas voir le mal en face. Attitude déraisonnable selon Pascal.

Une autre option est, pour les chrétiens, de s'en remettre à Dieu par la prière et le renoncement à soi : c'est celle de **saint Augustin**°, évêque d'Hippone (354-430 ap. J.-C.), dont les œuvres et la doctrine ont donné naissance à un système de pensée – l'augustinisme – qui a joué un rôle essentiel dans le développement du christianisme. Dans les *Confessions*, il se pose en exemple de l'homme marqué par le péché originel, et montre son propre cheminement, depuis les errances et les fautes commises jusqu'à la recherche du salut par un renoncement à soi-même pour que son âme soit "tout entière remplie" par Dieu : "ce qui fait que je suis encore à charge de moi-même, c'est que je ne suis pas entièrement rempli de vous". Plus on est uni à Dieu, plus on est libéré de la tyrannie égoïste de son moi et de toutes les misères et vanités qui l'accompagnent. Dieu nous allège du fardeau de nous-même. Cette figure de l'acceptation des volontés de Dieu n'est pas très éloignée de la théodicée de Job°.

La **philosophie stoïcienne** s'oriente vers un autre remède, celui de la sagesse. Philosophie à la fois pessimiste qui prend acte de la présence du mal et préventive, elle guide l'homme vers la recherche de l'ataraxie (l'absence de troubles de l'âme et du corps) : le sage stoïcien, figure idéale et élitiste – Sénèque, dans *La Vie heureuse* (58 ap. J.-C.) doute même en devenir jamais un – se prépare à affronter les maux extérieurs, même les plus scandaleux, avec indifférence, mais cherche aussi et surtout à fortifier son âme pour ne pas tomber dans l'esclavage du vice ou des passions. Le stoïcisme a influencé profondément la philosophie occidentale. **Montaigne**, dans ses *Essais* (1580), conseille de laisser "faire un peu la nature" : "Il faut souffrir doucement les lois de notre condition. Nous sommes pour vieillir, pour affaiblir, pour être malades, en dépit de toute médecine".

On trouve également l'influence stoïcienne chez **Descartes**. Dans sa *Correspondance avec Élizabeth* [princesse de Bohême : il entretient une correspondance avec elle de 1643 à 1649, en tant que guide spirituel], il lui conseille de mettre le mal à distance, en le considérant comme ces "histoires tristes et lamentables que nous voyons représenter sur un théâtre", de prouver sa grandeur d'âme en supportant le mal subi et de chercher à alléger la souffrance d'autrui : les grandes âmes "ressentant de la douleur en leur corps, [elles] s'exercent à la supporter, patiemment, et cette épreuve qu'elles font de leur force, leur est agréable, ainsi voyant leurs amis en quelque grande affliction, elles compatissent à leur mal, et font tout leur possible pour les en délivrer, et ne craignent pas même de s'exposer à la mort pour ce sujet, s'il en est besoin. Mais, cependant, le témoignage que leur donne leur conscience, de ce qu'elles s'acquittent en cela de leur devoir, et font une action louable et vertueuse, les rend plus heureuses, que toute la tristesse, que leur donne la compassion ne les afflige". Faire le bien allège donc la souffrance d'autrui et la sienne propre.

Stefan Zweig, dans son roman *La Pitié dangereuse* (1939) met en garde contre l'émotion altruiste : un jeune homme, pris de pitié pour une jeune aveugle, lui laisse croire involontairement à la possibilité de l'amour, causant son suicide : car est dangereuse la pitié "qui n'est en réalité que l'impatience du cœur de se débarrasser le plus vite possible de la pénible émotion qui vous étreint devant la souffrance d'autrui".

La politique

L'homme est un animal social : il assigne donc à la communauté politique la tâche de rendre possible la cohabitation des citoyens en la rationalisant. On abordera ici très schématiquement deux options principales : celle qui consiste à faire de l'action politique le levier du pouvoir ou de la répression du mal, celle qui consiste à obtenir le libre consentement des citoyens pour que la volonté individuelle se plie à la volonté générale.

Pour **Machiavel**°, le pouvoir fonde l'État et il est nécessaire. *Le Prince* (1532) peut être considéré comme le premier traité de science politique des temps modernes. Le gouvernant doit avant tout conserver son pouvoir, et pour ce faire, appliquer un précepte : user "du renard et du lion", de la ruse, du mensonge, de la dissimulation, et de la force. Tous les hommes en effet sont "méchants" : "si les hommes étaient tous bons, ce précepte ne serait pas bon ; mais comme ils sont méchants et ne l'observeraient pas à toi, toi non plus tu n'as pas à l'observer avec eux". La politique est donc l'art d'utiliser le mal universel pour faire régner l'ordre. La "vertu" du prince n'est pas morale, mais représente le génie politique qui permet de se maintenir au pouvoir et de maîtriser le réel. Certes, il y a dans les affaires humaines une part de "fortune" (ce qu'on pourrait nommer le cours des événements, imprévisible), mais Machiavel croit au libre arbitre et à la possibilité pour l'homme d'imposer sa volonté. Pour assurer la stabilité de l'État, le prince sera "amoral", au-dessus de la morale ordinaire, et en conservant le pouvoir par tous les moyens, il ne fera qu'un "moindre mal" : l'usage de la cruauté circonscrit en fait le mal.

Pour **Hobbes**° (*Léviathan*, 1651) la seule façon de lutter contre le mal moral est l'institution d'un État puissant qui assume en quelque sorte la violence individuelle dans une logique sécuritaire : l'état de nature étant la "guerre de tous contre tous", l'homme n'est jamais assuré de vivre longtemps, toujours sous la menace de son voisin. Le contrat social hobbesien consiste à déposer sa liberté et à confier à l'État tout-puissant le soin d'assurer l'ordre et de garantir la propriété individuelle et la sécurité. **Rousseau** (*Du contrat social*, 1762) continue la réflexion de Hobbes tout en s'y opposant (une distinction toujours active entre ce que nous nommons en politique droite et gauche prend en partie naissance dans cette opposition entre Hobbes et Rousseau). Pour lui, l'homme est naturellement bon, mais la société le corrompt et chacun agit en fonction de son intérêt privé. Les hommes doivent donc renoncer à une partie de leurs libertés, à leurs intérêts personnels, pour se soumettre ensemble à l'intérêt général. La légitimité de l'État prend sa source dans un pacte d'essence démocratique, puisque c'est le peuple souverain qui est chargé de son propre bien-être.

La révolte et l'affirmation des valeurs

Nous avons déjà abordé la révolte contre le mal à propos de Voltaire°. Mais ici il s'agissait davantage d'un questionnement contre le mal "métaphysique". Le XXe siècle a vu se développer cette posture de révolte, non seulement contre l'absurdité du monde mais contre la souffrance infligée par certains hommes à d'autres. Si le monde n'a aucun sens, pourquoi ne pas commettre le mal "gratuitement", sans aucune raison, l'irrationalité de l'acte répondant – parfois de façon désespérée – à celle de la vie ? Dans le roman *Les Caves du Vatican* (1914) d'André **Gide**°, le jeune Lafcadio, empêtré dans une mystique de l'acte gratuit, met la même indifférence à sauver un jour la vie de deux jeunes enfants et, un autre jour, à jeter d'un train un inconnu, sans aucun mobile. Cette "sotie" illustre la folie de cette réaction contre l'absurde.

Mais les plus nombreux sont ceux qui, contre l'absurde, font le choix de l'engagement, de la résistance au mal. Pour ne citer qu'un exemple, nous prendrons celui de la *Quatrième Lettre à un ami allemand* d'Albert **Camus** (1945) : s'adressant à un intellectuel nazi engagé dans un camp déjà condamné à la défaite, Camus lui montre que, partant d'un même constat, ils ont fait des choix radicalement opposés : "Vous n'avez jamais cru au sens de ce monde et vous en avez tiré l'idée que tout était équivalent et que le bien et le mal se définissaient selon qu'on le voulait ? Vous avez supposé qu'en l'absence de toute morale humaine ou divine les seules valeurs étaient celles qui régissaient le monde animal, c'est-à-dire la violence et la ruse". L'"ami allemand" a admis l'injustice de la condition humaine et n'a pas craint d'y ajouter la sienne, alors que Camus, "refusant d'admettre ce désespoir et ce monde torturé", voulait "seulement que les hommes retrouvent leur solidarité pour entrer en lutte contre leur destin révoltant", et est entré dans la Résistance.

Écrire, témoigner

Cette résistance au mal prend aussi la forme de l'écriture. C'est une idée très ancienne. Pour **Aristote**, la tragédie met le mal en scène, elle suscite chez le spectateur la "terreur" et la "pitié". Ce faisant elle lui permet de faire l'expérience émotionnelle du mal par procuration en quelque sorte (d'autant que le mal est poétisé par les belles formes de la tragédie), et régule la violence dans la cité, jouant un rôle politique. C'est ce qu'Aristote appelle la "catharsis", ou purification morale ("purgation" des passions).

On peut étendre cette notion à toute la littérature : plonger dans l'univers du mal, de la barbarie, explorer le mal en le disant, permet d'en atténuer le poids, qu'il s'agisse du poids de la conscience, dans les confessions ou les autobiographies par exemple, ou de la place obsédante qu'il occupe dans notre économie psychique. Il s'agit aussi pour l'auteur de tisser avec le lecteur une sorte de solidarité, de mettre en place un pacte de lecture qui arrache l'un et l'autre à la solitude et renforce les défenses contre le mal. Guérir du mal en l'expliquant aux autres, telle a été pendant des années la tentative désespérée de Jan Karski, messager de la Résistance polonaise auprès du gouvernement en exil à Londres. Ayant vu de ses yeux l'horreur du ghetto de Varsovie, il traverse l'Europe, essaie en vain d'alerter le président américain Roosevelt sur l'extermination du peuple juif. Personne ne l'entend, jusqu'à ce que Claude Lanzmann lui donne la parole dans son film *Shoah* en 1985. Le livre de Yannick Haenel (*Jan Karski*, Gallimard, 2009) montre que le réel n'existe pas sans une parole pour le porter, sans un témoin…, sans récit.

LA FASCINATION DU MAL

L'omniprésence du mal dans la littérature

"Si la littérature s'éloigne du mal, elle devient vite ennuyeuse". Tels sont les propos du Français **Bataille** (auteur français [1897-1962] qui donna naissance à une œuvre originale et variée souvent articulée autour des notions d'érotisme et de transgression) a tenus dans une interview accordée lors de la parution de *La Littérature et le Mal* (1957).

Les grandes œuvres sont celles qui expriment une "forme aiguë du Mal", qui font voir le pire. Richard III (Shakespeare), Phèdre (Racine), Rebecca West (Ibsen, *Rosmersholm*), Claire et Solange (Genet, *Les Bonnes*), Caligula (Camus), Néron (Racine, *Britannicus*), Œdipe (Sophocle), Raskolnikov (Dostoïevski, *Crime et Châtiment*), Iago (Shakespeare, *Othello*), Faust (Goethe)… La liste pourrait s'étendre à l'infini. Hétéroclite ? Non. Ici s'égrènent les noms de grands criminels, de grands monstres, d'êtres ou d'âmes maléfiques ou malheureuses.

En littérature, l'homme peut être victime ou bourreau, réceptacle du mal ou origine du mal. Commençons par les **victimes** et ne prenons qu'un exemple : celui d'**Iphigénie**. La fille d'Agamemnon est victime de la malédiction des Atrides. Son père Agamemnon commande la flotte des Grecs, en guerre contre Troie. Mais le vent refuse de se lever et empêche la flotte de lever l'ancre. Agamemnon consulte les dieux et le devin Chalcas lui apprend qu'ils exigent le sacrifice de sa fille, Iphigénie. D'abord outré, le roi des Grecs s'y résout. Il attire Clytemnestre, sa femme, et Iphigénie, à Aulis afin que le sacrifice soit perpétué. Iphigénie découvre son destin funeste et l'accepte. Elle est l'incarnation même de la victime innocente, cible de la volonté maléfique des dieux. La littérature de guerre, la littérature de témoignage sur la Shoah recèlent aussi des figures de victimes pathétiques du Mal absolu.

Passons du côté des **bourreaux** avec la pièce *Ubu Roi* (1896) d'Alfred Jarry (réécriture d'*Œdipe roi* de Sophocle et de *Macbeth* de Shakespeare). Saisi d'une soif inextinguible de sang et de pouvoir, Ubu assassine son suzerain puis ses sujets les uns après les autres afin de régner sans partage. Frappé d'une même soif de sang, le Caligula de Camus, qui cherche des coupables après la mort de Drusilla, entend rétablir la justice en perpétuant le mal. Bourreaux encore, ces deux hommes médiocres de la nouvelle *L'Âne* de Maupassant (1884) qui, par pure cruauté, font agoniser gratuitement une pauvre monture décrépite. Démoniaque enfin, le Iago d'Othello qui, pour rien, se plaît à insinuer à son maître que sa femme Desdémone lui est infidèle. Tous ces "moi" maléfiques pourraient se reconnaître dans la définition que Richard III donne de lui-même : "moi le mal équarri".

On finira en disant que la persistance du mal en littérature n'implique pas forcément la constance de ses représentations. En effet, l'histoire littéraire nous révèle une intériorisation progressive du mal : **à partir de l'ère romantique** (autour de 1830), le mal est objet moins d'une représentation que d'une expression. On ne dépeint plus le mal sous les traits du diable, d'un démon ou d'un monstre, on peint ses troubles, son mal-être existentiel, ses démons intérieurs. Du Lucifer dévorateur et terrifiant de Dante dans *L'Enfer* (1314), on passe à l'expression d'une profonde mélancolie dans "El Desdichado" de Nerval par exemple : "Je suis le Ténébreux, le Veuf, – l'Inconsolé/Le Prince d'Aquitaine à la Tour abolie" (*Les Chimères*, 1854).

Le mal, source d'inspiration : les fleurs du mal

La fécondité artistique du mal est indéniable. **Comment comprendre que le mal puisse être une telle source d'inspiration pour les auteurs ?** Comment expliquer l'universalité de ce thème en littérature, et plus généralement dans les arts ?

Tout d'abord, selon une antique représentation (l'homme de génie et la mélancolie) revivifiée par le romantisme, **la souffrance pousse à**

la création. Si le bonheur invite à vivre, le malheur invite à dire et à écrire. L'écrivain d'origine espagnole Jorge Semprun, dans *L'Écriture ou la vie* (1994), entend relater sa confrontation avec le mal absolu – l'extermination des juifs par les nazis pendant la Seconde Guerre mondiale – pour se guérir et conjurer le mal. Heinrich Maria Remarque, dans *À l'Ouest rien de nouveau* (1929), raconte sa tragique expérience du front pour sensibiliser les lecteurs aux horreurs des combats. Musset, dans la *Confession d'un enfant du siècle* (1836), dit sa douleur intime face à la perte de l'amante infidèle ; Hugo dans *Les Contemplations* (1856), chante la souffrance insondable d'un père ayant perdu sa fille. L'écriture est le lieu de la mise en sublime d'une expérience réelle ; la rédemption du mal passe par l'art. Sartre° écrira à propos de Jean Genet (poète et dramaturge français (1910-1986) qui fut extrêmement controversé puisqu'il exalta dans ses œuvres la perversion, le mal et l'érotisme) : "il écrit en prison des ouvrages qui font l'apologie du mal et tombent sous le coup de la loi. Précisément à cause de cela, il va sortir de l'abjection, de la misère, de la prison".

De plus, **l'efficacité esthétique du mal ne peut être négligée**. Sa portée est due en premier lieu au choc qu'il produit, à la brutalité, à l'agression, qu'il suscite. La préface des *Fleurs du Mal* (1857) de Baudelaire n'est que provocation contre les codes esthétiques et la morale établie, ce qui valut au poète un procès.

Secondement, **le mal offre des ressources dramatiques** car il doit le plus souvent se cacher, se tapir. Au théâtre, le mal peut, par exemple, apparaître sous la forme du mensonge : ce dernier est générateur d'intrigues dramatiques, de conflits, de tensions. Chez Shakespeare, Iago ment à Othello et le pousse ainsi à tuer son épouse vertueuse ; chez Racine, Œnone laisse croire à Phèdre que son amour pour Hippolyte n'est pas un crime ; chez Molière, Tartuffe se pare du masque du dévot pour tromper son hôte crédule.

Troisièmement, **l'esthétique du mal regorge de richesses poétiques et plastiques**. Une poétique de la noirceur illumine la littérature. Lorsque le poète protestant Agrippa d'Aubigné peint Catherine de Médicis en sorcière dans le livre I des *Tragiques* (1616), il campe un cadre spatio-temporel effrayant et tourmenté où la "lune" elle-même est "obscurcie", où dominent les "hideux cimetières" et les "fosses des morts". Catherine de Médicis est entourée d'un personnel démoniaque, "sorciers enchanteurs", de "serpents", dont les cris dissonants résonnent par l'utilisation d'une assonance dissonante en [i]. Le bestiaire est sans cesse convoqué pour dire la difformité morale de cette reine maléfique, responsable du massacre de la nuit de la Saint-Barthélemy.

Pour finir, **le mal lance un défi esthétique à tout auteur** : comment être cet alchimiste qui peut dans le mal donner naissance à la beauté ? Dégager la "beauté du mal", c'est bien l'enjeu du recueil baudelairien des *Fleurs du Mal* (1857). Avec de la boue, Baudelaire entend faire de l'or afin que le lecteur puisse "[a]ux objets répugnants [...] trouv[er] des appas". Pensons au poème "Une charogne" : à la décomposition abjecte du corps répond la mélodieuse harmonie de l'alexandrin.

Ainsi, si le mal invite bien évidemment à un questionnement éthique, il invite aussi et peut-être surtout à un défi esthétique.

Entre répulsion et fascination

Georges Bataille° analyse parfaitement dans *La Littérature et le Mal* (1957) le rapport ambigu que le lecteur entretient avec les figures du mal : "Les hommes sont en même temps soumis à deux mouvements : de terreur qui rejette, et d'attrait qui commande le respect fasciné". Ainsi, le lecteur vacille et peine à ne pas se laisser charmer par la beauté du mal.

• Répulsion

Pourtant, de prime abord, **le mal a tout pour révulser et répugner**. En effet, il a été – à l'origine du moins – associé à une difformité physique propre à dégoûter. Dans la tragédie shakespearienne *Richard III* (1597), le monarque sanguinaire se dit "amputé de charmes corporels et floué d'attraits par la cachottière Nature, difforme, inachevé, dépêché avant terme en ce monde où l'on respire, à peine mi-bâti et de si boiteuse et déplaisante manière que les chiens aboient quand je claudique vers eux" (traduction P. Leyris). Plus proche de l'animal que de l'homme, le tyran effraie et peut conduire les spectateurs à détourner le regard. De même, dès le texte biblique, le mal est conçu comme ce qui s'oppose à l'œuvre de Dieu : à l'opposé de l'harmonie et de la perfection divines, le mal est placé sous le signe de la laideur et de la monstruosité. Dans le livre de *L'Apocalypse*, le diable est décrit comme un être terrifiant : "Un autre signe parut encore dans le ciel ; et voici, c'était un grand dragon rouge, ayant sept têtes et dix cornes, et sur ses têtes sept diadèmes. Sa queue entraînait le tiers des étoiles du ciel, et les jetait sur la terre" (*Apocalypse*, 12, 3).

Les nombreuses représentations imagées du diable du Moyen Âge à l'âge baroque le montrent également difforme et cruel. Doté de plusieurs têtes, de longues griffes, éventuellement de plusieurs torses, de mâchoires hypertrophiées, le diable est effrayant à souhait. L'Église entendait s'appuyer sur ces incarnations atroces du mal pour produire un sentiment de peur apte à détourner le croyant du péché. Ce sentiment de la peur, de la terreur, devait produire un rempart bénéfique contre les tentations du démon. Pensons aux représentations de l'Enfer chez un Bosch ou un Dante : les supplices horribles infligés aux damnés symbolisaient efficacement les dangers de faire le mal. Dans le 9e et dernier cercle de l'enfer de Dante, est planté le colossal Lucifer dont le nombril est au centre de la terre. Lucifer est en train de broyer les trois plus grands traîtres de l'histoire selon Dante : Judas Iscariote traître envers Jésus, Brutus et Cassius, traîtres envers Jules César. Sa taille démesurée, sa crête et ses ailes en font un monstre hideux.

Longtemps, il a fallu faire du mal un repoussoir en littérature, sous peine d'être censuré ou taxé d'immoralité. La littérature se devait de moraliser le lecteur et de lui peindre le mal sous des traits repoussants. En témoignent les deux retentissants procès qui secouèrent les prétoires en 1857. Flaubert avec *Madame Bovary* et Baudelaire avec *Les Fleurs du Mal* sont accusés de ne pas avoir inscrit de retournement cathartique dans leur œuvre, légitimant *in fine* la peinture fascinante de la volupté du mal. En effet, Baudelaire proclame et revendique l'indépendance morale de l'œuvre d'art et Flaubert entend peindre le réel tel qu'il est, non tel qu'il devrait être.

Dans une perspective morale ou moralisatrice, le mal se doit donc de susciter une répulsion extrême : il devrait inciter le lecteur à jeter le livre ou à détourner le regard des monstres maléfiques. Néanmoins, force est de constater que le mal séduit plus qu'il ne révulse. L'artiste parvient à faire naître un sentiment de sympathie, donnant l'illusion que nous pouvons avoir quelque chose de commun avec le monstre. Ne prenons qu'un exemple : celui de Richard III. Ce dernier impute à la nature sa laideur et sa difformité et nous nous croyons aisément à sa suite tous fondés de nous plaindre de la nature et du destin : sûrs de notre bon droit, nous exigeons un dédommagement donc légitimons notre désir de faire le mal. Ainsi, devant la négation en acte et en principe de toute éthique, le lecteur oscille entre indignation et fascination… et cède souvent au charme vénéneux du mal.

• **Fascination**

Ainsi, le mal, loin de révulser, fascine. **Comment expliquer cette admiration pour le mal ?**

Dans une perspective chrétienne, le plaisir que peut trouver l'homme dans le spectacle du mal découle de sa nature de pécheur. Corrompu depuis la Faute originelle, l'homme se laisse inéluctablement aller à la pente du mal. Ainsi, la représentation du mal flatte ses penchants naturels. C'est au nom de cela que Pierre Nicole, lors la querelle du théâtre qui secoua la fin du XVIIe siècle, condamne la représentation théâtrale. En effet, selon le moraliste port-royaliste (à Port-Royal, résident les jansénistes, adeptes de la doctrine de Jansénius. C'est un mouvement religieux qui se développa essentiellement au XVIIe siècle et qui s'inspire des thèses de saint Augustin. Le jansénisme est un catholicisme très austère, qui privilégie la grâce divine face à la liberté humaine et pense l'homme comme un amas de concupiscences. Le jansénisme fut condamné par le pape Innocent X en 1653), le spectateur se laisse fasciner par les puissantes figures maléfiques qui peuplent la scène théâtrale. Devant la représentation de passions mauvaises, l'homme intériorise et assimile les passions. Pour **Nicole**, aucune possibilité de régulation des passions par le spectacle théâtral n'est envisageable : le spectacle entraîne nécessairement une adhésion passionnelle et passionnée du spectateur ; il rend impossible tout regard distancié sur l'objet représenté. Le spectacle "charme" donc en ce qu'il conduit à un endormissement, à une démission, de la faculté rationnelle. Par conséquent, confronté au spectacle du mal, le spectateur ne peut que l'admirer, non y réfléchir pour s'en détacher et le fuir. **Bataille** dira les choses autrement mais ira fondamentalement dans le même sens : il affirme, dans *La Littérature et le Mal* (1957), que le lecteur est complice de l'exploration du mal proposée par les auteurs et reçoit par l'œuvre littéraire la révélation du mal qu'il porte en lui. Dans le Chant II des *Chants de Maldoror* (1869) de Lautréamont, le lecteur finit par s'étonner que le héros maléfique n'étrangle pas un pauvre noyé qu'il a ramené à la vie et prend ainsi le parti de la cruauté. La lecture est donc un processus initiatique, une initiation au mal.

Fasciné par le mal, le lecteur peut l'être également car l'affranchissement de la morale peut susciter une admiration transgressive. On peut trouver le mal héroïque. En commettant des actes contre-nature, l'homme (être échappant à la nature pour fonder la culture) dépasse et transcende sa médiocre condition humaine.

Ainsi, Faust en vendant son âme au Diable, défie Dieu et manifeste un désir de transgression exceptionnel, digne de susciter l'admiration. Si les criminels médiocres inquiètent car ils ressemblent à l'homme moyen, les grands criminels fascinent car leur crime paraît supérieur, extraordinaire. Denis **Diderot**, au XVIIIe siècle, évoquait déjà le caractère esthétique des grands crimes, qui lui semblaient pouvoir inspirer l'artiste et charmer le lecteur ou le spectateur.

Enfin, **on admire le mal car il est beau ou du moins bellement représenté**. C'est le poète classique **Boileau**, dans son *Art poétique* (1674), qui pose le mieux cette séduction du mal. Par l'art, même le laid peut devenir beau et le mal être un bien : "Il n'est point de serpent, ni de monstre odieux/Qui, par l'art imité ne puisse plaire aux yeux ;/D'un pinceau délicat l'artifice agréable/Du plus affreux objet fait un objet aimable". Nombreuses sont les œuvres du XIXe siècle qui sont fondées sur la beauté du mal. On pensera à l'Esmeralda de *Notre-Dame de Paris* (1831) de Victor Hugo, qui captive un prêtre : "Déjà à demi-fasciné, j'essayai de me cramponner à quelque chose et de me retenir dans ma chute. Je me rappelai les embûches que Satan m'avaient déjà tendues. La créature qui était sous mes yeux avait cette beauté surhumaine qui ne peut venir que du ciel ou de l'enfer". Avec le fantastique, le Mal se fait aussi simultanément redoutable, admirable et désirable. Dans le conte fantastique "Rêve d'enfer" (1837), Flaubert insiste sur la splendeur du duc Almaroës, qui n'est autre qu'un vampire : "sa tête était belle, son regard était beau, ses cheveux étaient longs et s'ondulaient merveilleusement sur ses épaules en longs flots d'azur". Le mal en littérature suscite en nous une émotion, un choc esthétique, qui emporte notre adhésion.

À l'issue de ce parcours, on conclura sur un écart notable entre philosophie et littérature à propos de cette question du mal. Le mal mène la philosophie bien souvent à l'aporie, à l'impasse intellectuelle : les penseurs sont contraints de reconnaître que donner un sens au mal est, sinon impossible, du moins plus qu'ardu. En revanche, la littérature aime le mal ; ce dernier l'inspire. Dans *Lucien Leuwen* (1834) de **Stendhal**, le narrateur déclare : "je passe sur ces deux années de bonheur, car il n'y a rien à en dire". Sur le mal et le malheur, il y a au contraire à dire, à analyser, à disserter. Le Mal, ou l'invitation à écrire.

LES ŒUVRES

WILLIAM SHAKESPEARE *MACBETH* (1606)

Avertissement

Le texte de l'édition choisie étant un peu ancien (1959), on a très occasionnellement eu recours à d'autres éditions, plus fiables, lorsque cela s'imposait pour l'argumentation. La même remarque vaut pour la traduction. Éditions utilisées ponctuellement (par ordre chronologique) : *Macbeth*, Aubier, 1977 (trad. P. Leyris) ; Shakespeare, *Œuvres complètes*, "tragédies (II)", Robert Laffont, "Bouquins" fondé sur l'édition Oxford (trad. Jean-Claude Sallé 1995) ; Shakespeare, *Œuvres complètes*, "tragédies (II)", Gallimard, "Pléiade", 2002 (trad. Jean-Michel Déprats ; notice Yves Peyré). Les références renvoient au nom du traducteur.

OUVERTURE : *MACBETH* DANS L'ŒUVRE DE SHAKESPEARE

Dernière des grandes tragédies de la maturité après *Hamlet* (1600), *Othello* (1603-04) et *King Lear* (1605-06, révisée en 1610), *Macbeth* appartient à la période dite "sombre" de la production de Shakespeare, où même les comédies (*Troilus et Cressida*, *Tout est bien qui finit bien*, et surtout *Mesure pour mesure*) ont une tonalité qui les situe aux confins de la tragi-comédie. Shakespeare semble avoir été hanté par la question du mal, sur laquelle *King Lear* et *Macbeth* offrent deux perspectives complémentaires. Alors que *King Lear* traitait du problème du mal du point de vue des victimes, *Macbeth* est une tentative pour l'aborder du point de vue de l'agent du mal. Le défi de *King Lear*, pièce qui évolue aux limites de l'absurde, consistait à rester dans la tragédie ; le défi de *Macbeth* réside en ceci que le *villain*° est en même temps le héros tragique. Comme le souligne John F. Danby (et c'est là une importante différence avec le drame historique *Richard III* auquel cette pièce est parfois comparée), avec *Macbeth*, Shakespeare s'intéresse non plus seulement à l'impact du mal humain sur le monde, mais aussi à la manière et au processus par lesquels un personnage exemplaire entre dans le mal (*Shakespeare's Doctrine of Nature*, 1948). De manière plus globale, Danby a également montré comment cette pièce s'intègre dans une série de tragédies (*Jules César*, *Hamlet*, *Othello*, *Le Roi Lear*) qui ont pour thème central le meurtre du roi, point de départ d'un dérèglement de l'ordre politique et naturel, les deux étant étroitement liés, comme nous le verrons.

Macbeth, pièce de circonstance ?

Comme pour les autres pièces composées au début du règne de Jacques Ier (roi d'Angleterre en 1603-1625 ; notamment *Othello* et *Mesure pour mesure*), on s'est efforcé d'établir des liens avec la personnalité du nouveau monarque, protecteur officiel de la troupe de Shakespeare (v. Outils, chronologie), qui prétendait descendre d'un certain Banquo ayant vécu dans l'Écosse du XIe siècle sous le règne de Macbeth, et s'intéressait à la sorcellerie. À quoi s'ajoutent quelques allusions à l'actualité immédiate, notamment à la conspiration des Poudres (*Gunpowder plot*) de novembre 1605 à travers les allusions à la doctrine de l'*equivocation*°. Sans pousser trop avant dans cette direction, il importe de restituer quelques éléments du contexte historique indispensables à la compréhension des enjeux de la pièce.

LE CONTEXTE HISTORIQUE

La question politico-religieuse

Lorsqu'en 1603, à la mort d'Élisabeth Ire d'Angleterre, dernière représentante de la dynastie Tudor, Jacques VI d'Écosse (fils de Marie Stuart) lui succède sous le nom de Jacques Ier d'Angleterre au terme de longues tractations épistolaires avec Robert Cecil, principal conseiller d'Élisabeth, il hérite d'une situation politico-religieuse complexe. Pour comprendre les tenants et les aboutissants de la question religieuse au début du règne de Jacques Ier, il faut remonter aux années 1530 où Henry VIII, désireux d'obtenir l'annulation de son mariage avec Catherine d'Aragon (qui ne lui avait pas donné d'héritier mâle) pour épouser sa maîtresse Anne Boleyn, s'était heurté au refus du pape Clément VII, ce qui l'avait conduit à rompre avec l'Église de Rome et à se faire proclamer en 1534 Chef Suprême de l'Église en Angleterre, entraînant le royaume dans un schisme (séparation à l'intérieur d'une religion instituée).

Pour autant Henry VIII, qui avait écrit en 1520, en réponse à Luther, une *Défense des sept sacrements*° qui lui avait valu du pape Léon X le titre de "Défenseur de la Foi", n'était pas devenu protestant. Toutefois, à sa mort en 1547 et durant les six ans du règne de son fils Édouard VI, l'Angleterre évolua vers un calvinisme (courant du protestantisme) de plus en plus strict. À la mort prématurée d'Édouard en 1553, c'est Marie Tudor, la fille d'Henry VIII et de Catherine d'Aragon, qui monta sur le trône, et retourna dans l'obédience du catholicisme romain jusqu'à sa mort en 1558, date où sa demi-sœur Élisabeth, fille d'Henry VIII et d'Anne Boleyn, lui succéda, bien qu'elle fût considérée comme illégitime par les catholiques. Devenue reine, Élisabeth s'employa à instaurer puis à maintenir, non sans efforts, le "compromis élisabéthain", une voie moyenne susceptible de recueillir l'assentiment de *tous* ses sujets modérés et de leur permettre de vivre en paix. La politique élisabéthaine peut être considérée comme une réussite qui épargna à l'Angleterre les déchirements des guerres de religion françaises comme les excès de l'Inquisition espagnole.

Mais lorsque, en 1570, le pape Pie V promulgua une bulle° d'excommunication d'Élisabeth qui déliait ses sujets catholiques de leur allégeance envers leur reine, les catholiques extrémistes, qui refusaient toujours de reconnaître la légitimité d'Élisabeth, virent là un encouragement à comploter en faveur de sa cousine catholique Marie Stuart, jeune veuve de François II et fille de Margaret, sœur d'Henry VIII, que la réforme presbytérienne de John Knox avait chassée d'Écosse et qui depuis 1568 se trouvait réfugiée en Angleterre. Ce qui avait conduit le gouvernement à répliquer par un durcissement de la législation sur la trahison et à imaginer la fameuse "*bloody question*" : "si le pape et le roi d'Espagne envahissaient le royaume, pour qui combattriez-vous ?" ; question des plus délicate à laquelle les jésuites avaient à leur tour imaginé une riposte : la stratégie de l'*equivocation*°, qui consistait en une réponse partielle – les accusés se contentaient d'affirmer leur allégeance à la reine en termes généraux tout en refusant de se prononcer à propos d'un événement hypothétique. Seule l'exécution de Marie Stuart en 1587, suivie de la déroute de l'Armada espagnole en 1588, mirent fin aux menaces catholiques contre la stabilité du royaume, malgré la poursuite de la politique de "reconquête" de l'Angleterre menée par les jésuites.

Du fait de sa politique d'apaisement avec l'Espagne, Jacques Ier, lui-même calviniste, devint suspect de sympathies catholiques aux yeux des protestants les plus radicaux (les puritains), qu'il chercha à se concilier, entraînant un mécontentement des catholiques extrémistes qui, le 5 novembre 1605, tentèrent de faire sauter le roi et le Parlement ; la conspiration des Poudres (*gunpowder plot*) fut déjouée à temps, et les conspirateurs arrêtés et exécutés. Cet événement est commémoré jusqu'à nos jours le soir du 5 novembre (*Guy Fawkes' Day* – du nom du principal accusé) par des explosions de pétards, ce qui, plus de quatre siècles après les faits, témoigne de l'importance dans la tradition anglaise de l'institution du roi-en-son-parlement (*king-in-parliament*).

Rois et tyrans

En cette époque où le politique était étroitement lié au religieux, les bouleversements liés à la Réforme (protestante) ne pouvaient manquer d'avoir des conséquences politiques. Au sentiment de relativité suscité par les changements de religion qui avaient accompagné la succession des souverains correspond un mouvement de sacralisation de la royauté, s'appuyant sur une tradition qui remontait au moins au XIe siècle et dont Élisabeth avait su tirer le meilleur parti en s'érigeant en icône de l'Angleterre et en suscitant un véritable culte à sa personne. En même temps, avec une habileté consommée, elle avait toujours réussi à maintenir l'équilibre entre les prérogatives du monarque et les privilèges du Parlement. Jacques Ier, pour sa part, était profondément pénétré de son statut de roi très chrétien, représentant de Dieu sur terre, qu'il avait théorisé dans deux traités de gouvernement : *The True Law of Free Monarchies* (*L'authentique loi des libres monarchies*, 1598) et *Basilikon Doron* (*Le don royal* [au prince Henry, héritier du trône], 1599), et dont il réitéra les principes dans un discours prononcé devant le Parlement en 1610. Face à ce que le parlement anglais ressentait comme des velléités absolutistes du souverain écossais, les relations devaient progressivement se dégrader sous son règne et plus encore sous celui de son fils Charles Ier, réveillant les débats sur la légitimité de la rébellion et du tyrannicide, jusqu'à aboutir à la révolution de 1642 et finalement au régicide (meurtre du roi) de 1649.

Selon la conception du monde qui avait cours à l'époque de Shakespeare, la figure royale – mi-séculière, mi-sacrée – était le centre mythique du royaume. D'où l'importance de la problématique du roi et du tyran, qui constitue en quelque sorte le fil rouge de la réflexion de Shakespeare dans les drames historiques et dans les tragédies. La notion de tyrannie avait alors une extension plus large, dans la mesure où trois critères distinguaient un roi d'un tyran : le mode d'accession au pouvoir, le mode de gouvernement, et les fins auxquelles le pouvoir était exercé. Un roi devait être légitime, gouverner selon les lois du royaume et exercer son pouvoir en vue du bien commun. Un usurpateur était un tyran d'"entrée" ; un roi légitime mais qui ne respectait pas les lois du royaume ou qui gouvernait au profit d'une faction était un tyran d'"exercice". Les deux aspects pouvaient d'ailleurs se combiner, et un tyran d'entrée était généralement conduit, pour se maintenir sur le trône, à exercer un pouvoir tyrannique.

Dans les drames historiques qui retracent les luttes fratricides opposant deux branches de la dynastie des Plantagenêt (les York et les Lancastre) tout au long du XVe siècle, Shakespeare explore l'ensemble des combinaisons possibles entre la légitimité et les qualités de gouvernement du prince : de Richard II, roi légitime mais incapable de gouverner, tyrannique par faiblesse ("*weak king tyrant*"), à Henry IV, dont les qualités de roi ne parviennent pas à effacer la tache originelle de l'usurpation, qui empoisonne encore le règne de son fils Henry V malgré une légitimité alliée aux qualités d'un bon roi. Mais sa mort prématurée ne lui permet pas d'assurer la succession du jeune Henry VI, sorte de roi malgré lui qui vient à douter de sa légitimité et est détrôné par Richard III, à la fois usurpateur et tyran sanguinaire, dont le règne prend fin en 1485 avec la bataille de Bosworth, où Richard tombe sous les coups du futur Henry VII, fondateur de la nouvelle dynastie Tudor, qui allait assurer à l'Angleterre un peu plus d'un siècle de paix et de prospérité relatives.

On comprend dès lors à la fois les inquiétudes du pays relatives à la succession d'Élisabeth et les pressions de plus en plus fortes pour qu'elle désigne un héritier, et l'obsession des Tudor pour le devoir d'obéissance inconditionnelle, qui se manifeste à travers l'abondance de la législation sur la trahison et l'Homélie° de 1571 "Contre la désobéissance et la rébellion". Selon l'orthodoxie de l'époque, fondée sur l'Épître de Paul aux Romains (13), tout pouvoir en place était légitime du seul fait de son existence, tenue pour une garantie suffisante de la volonté divine, avec pour conséquence que toute opposition au pouvoir en place constituait en même temps une rébellion contre l'ordre voulu par Dieu. Un tyran d'exercice était interprété comme un châtiment envoyé par Dieu à un peuple pécheur, et c'eût été s'opposer à Sa volonté et s'enfoncer plus avant dans le péché que de tenter une rébellion. Quiconque s'érigeait en juge de son roi portait par là même – comble de présomption et d'impiété ! – un jugement sur Dieu. Ou, pour reprendre la métaphore de l'Homélie, c'était "comme si le pied [le peuple] se mêlait de vouloir juger la tête [le roi] !". Par conséquent, seul un tyran d'entrée pouvait dans des cas extrêmes autoriser la rébellion ; face à un roi tyrannique mais légitime, il n'y avait d'autre solution que de souffrir patiemment les injustices de son règne en attendant que Dieu lui-même veuille bien y mettre un terme par la mort du tyran. D'où la longue scène (IV. III) dans laquelle Malcolm met à l'épreuve la loyauté de Macduff en feignant d'être affligé de "variétés de vices" telles que par comparaison "le noir Macbeth/Semblera neige pure" (IV. III) ; d'où également le rappel, constamment martelé, à partir de cette scène et durant tout l'acte V, que Macbeth est un "tyran sans titre". Cette idée est relayée par de nombreuses métaphores vestimentaires, d'abord sur le mode de l'interrogation, comme en I. III, lorsque Macbeth s'interroge sur le titre de Cawdor qu'il qualifie de "robe d'emprunt" (I. III) tandis que, en écho son aparté "Si me veut roi Fortune,/Sans que je bouge, peut me couronner Fortune" le commentaire de Banquo : "Des honneurs nouveaux lui arrivent,/Comme vêtements étrangers/Qui ne collent pas à leur forme,/Sinon avec l'aide du temps" ((I. III), laisse pressentir la nécessaire collaboration de Macbeth jusqu'à ce que le tyran ne puisse plus commander l'allégeance, et sente finalement son titre usurpé "pendre lâchement sur lui/Comme la robe d'un géant, sur un nain voleur" (V. II).

La sorcellerie

La personnalité de Jacques Ier est par ailleurs liée à la question de la sorcellerie, à laquelle il avait consacré un traité de *Démonologie* (Édimbourg, 1597) qui défend la thèse de l'existence des sorcières en convoquant tout le folklore qui entourait ces créatures, et avait encouragé leur persécution en Écosse. Lui-même était persuadé d'avoir été victime de pratiques de sorcellerie qui, dirigées contre un monarque, étaient assimilées à des actes de haute trahison. Mais le traité de l'Anglais Reginald Scot, *The Discovery of Witchcraft* (Londres, 1584), pour qui la sorcellerie n'est que "le manteau de l'ignorance", montre que la question était beaucoup plus complexe et objet de controverses.

Curieux mélange de croyances religieuses et d'esprit moderne, déjà préscientifique, l'ouvrage de Scot dénonce vigoureusement les croyances et les "fables" qui entourent les sorcières, à commencer par le fait de leur attribuer le pouvoir de déclencher des tempêtes et de provoquer le tonnerre. L'exemple des phénomènes météorologiques, et plus particulièrement du tonnerre et des tempêtes, est particulièrement frappant à cet égard : leur attribution au pouvoir des sorcières est pure fantaisie, selon Scot, qui les attribue pour sa part à... la volonté de Dieu, ainsi qu'à la constitution des éléments et à la course des planètes. En réalité, pour un élisabéthain (Anglais contemporain d'Elisabeth Ire), il n'y a pas contradiction, dans la mesure où l'ordre de la nature est l'émanation de la volonté divine. Scot démonte minutieusement les processus mentaux qui conduisent à ces croyances, qu'il associe aux superstitions "papistes°". Son argumentation peut être résumée ainsi : la persécution des sorcières revient à les créditer d'un pouvoir bien supérieur aux pouvoirs d'un être humain, pouvoir auquel elles finissent par croire elles-mêmes. Une telle attitude témoigne d'une incapacité à accepter les vicissitudes de l'existence dans le monde d'ici-bas et à endurer les épreuves envoyées par Dieu ; elle relève en outre du blasphème, de l'idolâtrie (hérésie papiste), et de l'impiété, puisque même le pouvoir du diable est limité par Dieu. Enfin, la persécution des sorcières est un moyen commode de se dérober à sa propre responsabilité en attribuant le mal à un agent extérieur. Il est important de garder à l'esprit ces controverses lorsqu'on s'interroge sur le statut des sorcières dans *Macbeth*.

LE THÉÂTRE ÉLISABÉTHAIN ET JACOBÉEN

La période créatrice de Shakespeare, qui couvre la fin du règne d'Élisabeth (dernière décennie du XVIe siècle) et le début du règne de Jacques Ier (première décennie du XVIIe siècle), coïncide avec l'âge d'or du théâtre en Angleterre, la période au cours de laquelle le théâtre atteint sa maturité et se professionnalise.

Situation des théâtres

Les premiers bâtiments permanents exclusivement dédiés aux représentations théâtrales apparurent à Londres à partir de 1576, en réaction à un décret pris en 1574 par les autorités municipales qui faisait interdiction aux aubergistes d'accueillir les comédiens. Ces théâtres durent s'installer à l'extérieur de la Cité de Londres (délimitée par un mur d'enceinte qui suivait le tracé de l'ancien mur romain, de l'ancien monastère des Blackfriars et de la cathédrale Saint-Paul à l'ouest jusqu'à la tour de Londres à l'est), dans les zones franches (*liberties*) situées à Shoreditch, Cripplegate, et Clerkenwell au nord, ainsi qu'à Southwark, sur la rive sud de la Tamise. Ces zones franches échappaient à la juridiction de la Cité (où seuls quelques théâtres privés, s'adressant à un public plus choisi, étaient autorisés), et accueillaient d'autres lieux de plaisir plus ou moins recommandables, tels que tavernes, maisons de jeu, ou encore des arènes où avaient lieu des combats d'ours et de chiens auxquels Macbeth fait référence lorsqu'il se sent pris au piège à l'acte V, scène VII : "Ils m'ont lié à un poteau ; je ne peux fuir,/Mais comme l'ours, je dois tenir contre la course". Outre ces théâtres publics (tels que le Théâtre, la Courtine, la Rose, le Cygne, la Fortune, ou encore le théâtre de Shakespeare : le Globe), Londres possédait aussi un théâtre privé, le Blackfriars, qui fut utilisé par la troupe de Shakespeare à partir de 1608 : théâtre couvert, plus confortable en hiver, mais d'une capacité environ deux fois inférieure à celle des théâtres publics.

Architecture et agencement intérieur

Dans la mesure où ces théâtres furent détruits sur ordre du Parlement en 1642 avec l'arrivée au pouvoir des puritains (protestants extrémistes qui n'avaient jamais dissimulé leur hostilité envers le théâtre) et où les nouveaux théâtres qui virent le jour avec la restauration des Stuart (en la personne de Charles II) en 1660 furent construits sur le modèle des théâtres français, nos connaissances reposent sur des données fragmentaires et quelque peu conjecturales (un dessin du théâtre du Cygne, le contrat de construction du théâtre de la Fortune, et récemment les fondations du théâtre de la Rose). On peut cependant dire que ce théâtre garde des caractéristiques d'espaces de jeu antérieurs à la professionnalisation (cours d'auberge, tréteaux dressés sur une place de marché...) : un théâtre circulaire ou octogonal à ciel ouvert, un plateau nu s'avançant au milieu des spectateurs, avec pour seule contrainte deux ouvertures pratiquées dans le mur du fond ou dans une tenture pour permettre les entrées et les sorties, une trappe sur le devant de la scène, et dans certains cas une galerie (comme pour la scène du balcon dans *Roméo et Juliette*) ou encore un dispositif pour les apparitions surnaturelles. Sur ces bases a été réalisée en 1997 une reconstitution du Globe, dont on peut effectuer une visite virtuelle sur la page shakespeares-globe.org/abouttheglobe/virtualtour. Signalons également le film de John Madden, *Shakespeare in love* (1998), fiction fondée sur la trame de *Roméo et Juliette*, qui permet de se faire une bonne idée de ce qu'était le théâtre élisabéthain.

Ces théâtres étaient fréquentés par un public socialement divers, attiré par la modicité du prix des places au parterre (où se côtoyaient apprentis, journaliers, domestiques, soldats, et étudiants des collèges de droit, qui formaient une foule bigarrée et volontiers chahuteuse), tandis que les artisans, boutiquiers, et même de riches marchands, des membres des professions libérales et des gentilshommes prenaient place dans les galeries médianes et supérieures. Le caractère hétérogène de ce public conduisait à un mélange des styles et à une écriture à plusieurs niveaux susceptible de s'adresser aux spectateurs les plus cultivés comme à ceux des milieux populaires.

Conditions de jeu

Les représentations avaient lieu l'après-midi, en lumière naturelle. Dans cette pièce nocturne qu'est *Macbeth*, l'illusion, ou plutôt l'atmosphère, de la nuit est créée par des accessoires tels que les torches (II. I, III. III) ou la chandelle de Lady Macbeth (V. I.), et surtout par le texte, qui contient tout ce qui est nécessaire à l'intelligibilité de l'action et comporte en général très peu de didascalies (indications scéniques) : ainsi lorsque

Banquo remarque “On fait économie/Au ciel, et leurs chandelles sont éteintes” (II. I). Si l’absence de décor rendait impossible toute illusion réaliste, elle permettait en revanche une grande souplesse, et une grande fluidité dans le passage d’un lieu à un autre, dans la mesure où l’identité spatiale était essentiellement définie par les personnages : ainsi, l’apparition des sorcières suffit à suggérer la lande brumeuse. Ce théâtre, aux antipodes du théâtre naturaliste (reproduisant avec exactitude la réalité), reposait donc largement sur le texte et le jeu des acteurs, ainsi que sur un certain nombre de conventions ; il se plaît à souligner ses artifices, comme lorsque Lady Macbeth rappelle aux spectateurs en même temps qu’à son époux pétrifié devant le spectre de Banquo, “créé” uniquement par le texte, le jeu de l’acteur, et une chaise vide : “car après tout/Vous ne regardez qu’une chaise” (III. IV).

Sans s’attarder trop longtemps sur des notions de prosodie°, il convient néanmoins d’en indiquer les principaux aspects, dont certains sont d’ailleurs perceptibles à la traduction. Le texte, très majoritairement en vers, présente une grande variété de rythmes, avec pour l’essentiel des pentamètres iambiques non rimés (vers blancs), ou plus rarement rimés deux à deux, comme en III. V dans le discours d’Hécate, déesse du mal (ici traduit en prose), ou dans les incantations des sorcières, en vers plus courts (tétramètres trochaïques), également rimés, comportant beaucoup d’allitérations°, ce qui leur confère une touche d’archaïsme et accentue leur étrangeté, et qui tranche par rapport aux vers des autres personnages. De façon significative, à mesure que Macbeth plonge dans le mal, son langage est comme contaminé par celui des sorcières. Enfin, on trouve quelques rares passages en prose, mettant en scène des personnages de condition inférieure (la scène du portier II. III, le dialogue entre la dame de compagnie de Lady Macbeth et le médecin V. I), ou encore la lecture par Lady Macbeth de la lettre de son époux en I. V.

Une autre convention de jeu particulièrement importante est le monologue, dont il existe deux sortes : un monologue plus “extérieur”, d’une rhétorique (art du discours) brillante, souvent prononcé par les personnages de scélérats qui, selon la convention élisabéthaine, dévoilent leurs véritables intentions ; un autre monologue plus méditatif ou introspectif, dans lequel le personnage donne l’impression de découvrir les replis de sa conscience au fur et à mesure de l’expression. Dans les deux cas, les monologues étaient prononcés sur le devant de la scène qui avançait au milieu du parterre et était entourée de spectateurs de trois côtés, ce qui créait un effet de proximité particulière avec le personnage. L'aparté, qui selon la convention est inaudible pour les autres personnages, signale que Macbeth est comme arraché au monde qui l'entoure et tout absorbé en lui-même : ainsi lorsque les premières prédictions des sorcières se trouvent confirmées (I. III, suivi d'un monologue ponctué de commentaires de Banquo qui soulignent cet état de transe), ou encore en I. IV, lorsque Macbeth songe déjà à faire disparaître de sa route l'obstacle constitué par Malcolm, fils aîné de Duncan, que celui-ci vient de désigner comme son héritier (aparté implicite, explicité par une didascalie dans la plupart des éditions : Aubier, "Bouquins", Arden, New Cambridge). Le premier monologue est prononcé par Lady Macbeth et fait suite à la lecture de la lettre de son époux (I. V) : c'est un monologue dont la fonction est à la fois de compléter le portrait de Macbeth et d'indiquer l'orientation future de l'action, et qui relève de la première catégorie. Les deux monologues qui suivent, prononcés par Macbeth, relèvent de la seconde catégorie et nous entraînent dans les méandres du combat qui se livre dans la conscience du héros sur le point de succomber à la tentation : du premier monologue chargé d'hésitations au début de I. VII, à la fameuse vision du poignard en II. I. Un dernier monologue, dont le statut est un peu intermédiaire, précède l'ordre de l'assassinat de Banquo et de Fléance (III. I) : la crainte d'avoir "souillé [son] âme" pour "la race de Banquo" laisse entrevoir toute l'horreur de la damnation, mais la résolution de poursuivre plus avant dans le mal marque l'endurcissement de la conscience. Il est significatif que par la suite Macbeth n'ait plus de monologue, ce qui rend plus difficile l'identification du public avec le personnage à mesure que sa conscience s'endurcit dans le crime.

LE GENRE TRAGIQUE

Comme l'ont établi les travaux de Jean-Pierre Vernant et de Pierre Vidal-Naquet depuis *Mythe et tragédie en Grèce ancienne* (1981), la tragédie est d'abord un genre littéraire, apparu à un moment historique particulier et relativement circonscrit, celui de la Grèce du Ve siècle avant notre ère. Elle se constitue "dans le débat entre le passé du mythe, des récits épiques, des grandes légendes héroïques, et le présent des institutions politiques", à un moment où "la cité voit surgir un homme tout différent, l'homme politique, l'homme civique, l'homme du droit grec, celui dont les tribunaux discutent la responsabilité dans des termes qui n'ont plus rien à voir avec ceux de l'épopée". (J.-P. Vernant, *Entre mythe et politique*, Paris, Le Seuil, 1996, p. 445 et 437). La tragédie s'interroge sur l'articulation et le dialogue entre la liberté et la nécessité et pose des questions nouvelles, du type : "Est-ce qu'un homme est coupable parce qu'il a commis une faute, ou bien, s'il a commis une faute, est-ce parce qu'il était, en quelque sorte, *coupable de naissance* ? La culpabilité est-elle le produit des décisions et des actes des individus ou bien une malédiction qui pèse sur certains d'entre nous et peut-être sur tous, justifiée du point de vue divin, mais absolument incompréhensible du nôtre ?" (*Ibid.*, p. 449). En même temps, "L'image de l'homme héroïque, en contact direct avec les dieux, agi par eux, subsiste à côté d'un autre homme qui, quand il a tué sa femme, ne peut pas invoquer les malédictions ancestrales, et qu'on interroge sur le pourquoi et le comment de son acte. Ces deux images de l'homme sont absolument contradictoires et, comme les Grecs sont déchirés entre les deux, l'homme devient une énigme. Il cessera de l'être un siècle après. Mais alors la tragédie aura cédé la place à la philosophie" (*Ibid.*, p. 437).

Si les grandes tragédies du ve siècle avant notre ère (dont seul un petit nombre est parvenu jusqu'à nous, principalement d'Eschyle, de Sophocle et d'Euripide) n'étaient guère connues des élisabéthains, la définition qu'en donna Aristote° au siècle suivant dans son ouvrage théorique *La Poétique* exerça une grande influence par le biais de l'*Apologie for Poetrie* de Sir Philip Sidney (publiée de façon posthume en 1595). Contrairement à une idée bien ancrée dans la tradition française depuis l'époque classique (mais que l'on ne retrouve pas dans la tradition anglaise), les principes essentiels énoncés par Aristote sont non pas la règle des trois unités°, mais l'idée d'imitation d'une action (représentation directe sur une scène par des acteurs, par opposition à la récitation qui est le mode de l'épopée, portée par un narrateur) et le primat de l'intrigue sur les caractères ou personnages :

> la tragédie est l'imitation [*mimesis*] d'une action de caractère élevé et complète, d'une certaine étendue, dans un langage relevé d'assaisonnements d'une espèce particulière suivant les diverses parties, imitation qui est faite par des personnages en action et non au moyen d'un récit, et qui, suscitant pitié et crainte, opère la purgation [*catharsis*] propre à pareilles émotions. J'appelle "langage relevé d'assaisonnements" celui qui a rythme, mélodie et chant ; et j'entends par "assaisonnements d'une espèce particulière" que certaines parties sont exécutées simplement à l'aide

du mètre, tandis que d'autres, par contre, le sont à l'aide du chant. (Aristote, *Poétique*, chap. 6, trad. J. Hardy, Paris, Les Belles Lettres, 1932, p. 36-37).

La fable, qui est "le principe et comme l'âme de la tragédie", est définie comme "l'assemblage des actions accomplies", car "la tragédie imite non pas les hommes mais une action et la vie", dont la fin est "une certaine manière d'agir, non une manière d'être ; et c'est en raison de leur caractère que les hommes sont tels ou tels, mais c'est en raison de leurs actions qu'ils sont heureux ou le contraire. [... de sorte que] sans action il ne peut y avoir de tragédie mais il peut y en avoir sans caractères." (p. 38). Quant au héros tragique, il doit, pour inspirer la pitié et la crainte, être un homme qui "sans être éminemment vertueux et juste, tombe dans le malheur non à raison de sa méchanceté et de sa perversité mais à la suite de l'une ou l'autre erreur qu'il a commise, et qui est de ceux qui sont situés dans un haut degré de renommée et de prospérité" (chap. 13, p. 47).

Macbeth répond parfaitement au précepte aristotélicien du primat de l'intrigue sur les personnages (peu développés à part Macbeth et son épouse), qui réagissent à ce qui leur advient tout au long d'une intrigue resserrée, dans laquelle l'abondance de scènes courtes contribue à créer un rythme rapide et sentiment de fuite en avant qui renforce l'idée de fatalité tragique. Contrairement à de nombreuses pièces de Shakespeare, *Macbeth* n'a pas d'intrigue double (principale et secondaire) créant des effets de polyphonie complexes. La pièce se déroule selon une linéarité implacable, à peine rompue par quelques allers et retours entre le monde des hommes et l'univers surnaturel des sorcières et par une scène comique (du Portier) destinée à soulager la tension, mais néanmoins étroitement reliée à l'ensemble à travers la notion d'*equivocation*°.

LA PIÈCE

Les sources historiques

La source principale de *Macbeth* est le recueil de *Chroniques d'Angleterre, d'Écosse et d'Irlande* (2e édition, 1587) de Raphael Holinshed, ouvrage en trois volumes traitant respectivement de : (1) l'Angleterre d'avant la conquête normande de 1066, (2) l'Écosse et l'Irlande, (3) l'Angleterre d'après la conquête – ouvrage dans lequel Shakespeare a souvent puisé pour ses drames traitant de l'histoire anglaise (notamment les deux tétralogies retraçant l'histoire du XVe siècle : successivement *Henry VI* (1, 2 et 3) et *Richard III*, et *Richard II*, *Henry IV* (1 et 2) et *Henry V*). Pour autant, cela ne fait pas de *Macbeth* un drame historique, comme le confirme sa place parmi les tragédies, dans le Catalogue (table des matières) qui ouvre l'in-folio de 1623, aux côtés de *King Lear*, autre pièce d'inspiration mi-historique, mi-légendaire. L'intrigue de *Macbeth*, qui se déroule dans l'Écosse du XIe siècle, prend en effet de grandes libertés avec sa source historique, qui vont dans le sens de l'efficacité dramatique par un resserrement de l'action et une concentration du mal sur le personnage de Macbeth. Utilisant des éléments des chroniques des règnes de Duff et de Duncan, Shakespeare a occulté les dix premières années du règne de Macbeth, qui le montrent comme un roi parfaitement bon et responsable, soucieux du bien-être de son peuple. Il a transformé Duncan, souverain jeune et sans autorité, en incarnation de la douceur, de l'équité, de toutes les vertus (I, VII), de l'honneur et de la grâce (II, III), qui vient redoubler le "très pieux" roi Édouard d'Angleterre (III, VI), doué du pouvoir miraculeux de guérir les écrouelles (le "mal royal" : "*king's evil*" en anglais), en une antithèse absolue de Macbeth. Enfin, tandis que dans les chroniques, Banquo est pleinement complice de Macbeth dans le meurtre de Duncan, Shakespeare distingue clairement leurs réactions.

Les sources littéraires

Outre les chroniques, il convient également de mentionner les influences littéraires du théâtre latin antique de Sénèque° (notamment *Médée*° et *Hercule furieux*), du théâtre religieux médiéval (plus particulièrement les scènes bibliques du Massacre des Innocents et de la Mort d'Hérode que l'on trouve dans les cycles de Mystères embrassant toute la destinée humaine, de la Chute du péché originel à la Rédemption et au Jugement dernier), ainsi que des moralités, qui mettent en scène le combat que les forces du bien et du mal se livrent dans l'individu, et dont l'enjeu ultime est la possession de l'âme de l'homme ainsi soumis à la tentation du mal (c'est le thème du mythe de Faust, illustré dans le *Doctor Faustus* de Marlowe (1592-93 ?), dont la conscience est constamment ballottée entre l'ange du bien et l'ange du mal).

LA PROBLÉMATIQUE DU MAL DANS *MACBETH*

Origine du mal

La question du mal dans *Macbeth* est à envisager en relation avec un contexte plus large, celui d'une conception du monde héritée en partie du Moyen Âge chrétien et de l'Antiquité classique, qui reposait sur des relations d'homologie ou de correspondance entre divers niveaux de la Création. Comme dans la pensée grecque, d'un point de vue ontologique (de celui de *l'être du mal* en lui-même), le mal (le désordre, le chaos, le rien) n'a pas d'existence autonome, il n'existe que comme négation du bien et de l'Être (l'ordre, le cosmos, le tout). Comme l'explique Bernard Sichère :

> La pensée grecque […] pense à partir du primat de l'Être. Ce primat est donné dans le mot kosmos au sein duquel est assignée à l'homme la place qui lui revient ; primat également donné dans le mot "dieux", ceux qui sont toujours, et c'est à partir d'eux seulement, en regard d'eux, qu'il est possible de poser les mortels, nous autres hommes qui, étant soumis au temps, à la corruption, à la mort, ne sommes pas vraiment ce que nous sommes. Or la question du mal se pose là d'emblée, dans cette antériorité des Immortels et dans le primat assuré du *kosmos*. ("Pensée tragique et pensée providentielle du mal", in *Comment le mal vient aux hommes*, Actes du Congrès 1997 de la Société française Shakespeare, dir. Jean-Marie Maguin, Montpellier, 1997, p. 164, accessible en ligne : societefrancaiseshakespeare.org/sommaire.php?id=175)

À la dimension du mal comme énigme, qui caractérise l'univers de la tragédie grecque, correspond dans une perspective chrétienne celle du scandale que constitue le mal dans un monde prétendument gouverné par un Dieu bon – c'est la question de Job° dans la Bible, qui sous-tend également *King Lear*, et qui dans *Macbeth* est posée par Macduff : "Le ciel a-t-il vu cela – et n'aurait-il pas pris leur défense ?" (IV. iii). Mais contrairement à la tragédie, qui ne fait que soulever des questions, la théologie cherche à apporter une réponse en forme de tentative de compréhension, d'explication, voire de justification de Dieu (théodicée), en attribuant l'origine du mal à la condition déchue de l'homme (à sa chute lorsqu'il est chassé hors du paradis des origines). *Le Paradis perdu* de Milton (1667) en est l'exemple le plus célèbre dans la littérature anglaise. Toutefois, répondre à la question de la causalité du mal par le péché originel (Adam et Ève et le fruit défendu) ne fait que repousser la question : comment Dieu a-t-il pu permettre le péché originel ? La *Théodicée* de Leibniz° (1710), sans doute la plus aboutie, est l'objet des railleries de Voltaire° dans *Candide* (1759) sous la forme du célèbre leitmotiv "Tout est pour le mieux dans le meilleur des mondes", et d'une réfutation en règle de la part de Kant° (le théoricien du mal radical et auteur d'un essai "Sur l'insuccès de tous les essais philosophiques de théodicée", 1791), qui s'emploie à montrer que toute tentative pour concilier la liberté humaine avec l'omniscience et l'omnipotence de Dieu est vouée à l'échec.

Fatalité et libre arbitre

La question de la liberté, et donc de la responsabilité de l'homme, est au cœur de la problématique du mal moral. Alors que dans la perspective grecque la puissance de ruine qui est à l'œuvre dans la tragédie n'est pas pensable dans les termes de la libre décision personnelle, il en va autrement dans la perspective chrétienne, où le sujet humain est pensé comme radicalement responsable. En outre, la question est quelque peu compliquée par la réforme religieuse qui balaie l'Europe au XVIe siècle, opposant catholiques et protestants dans une controverse sur le libre arbitre à travers une succession de traités. Dans sa *Diatribe sur le libre arbitre* (*De Libero Arbitrio*) de 1524, le philosophe humaniste Érasme entreprit de réfuter les thèses luthériennes (fondement du protestantisme) qui avaient valu à leur auteur d'être excommunié par le pape Léon X en 1520 ; Luther répliqua en 1525 par le *Traité du serf-arbitre*, auquel Érasme répliqua à son tour en 1526 et 1527.

La controverse sur le libre arbitre est à replacer dans le contexte plus large de la Réforme, qui trouve son origine dans la querelle des Indulgences°. En 1517, Luther s'était violemment élevé contre les abus de l'Église à la fin du Moyen Âge, en particulier contre la pratique de la vente des indulgences, qui consistait à accorder le pardon de l'Église contre des biens matériels. Face à ce scandale, Luther affirma vigoureusement la primauté de la foi sur les œuvres° et élabora la doctrine de la justification° par la foi seule (*sola fide*). Seule la foi, nourrie de la lecture de l'Écriture sainte (traduite en langue vernaculaire pour être accessible à tous), peut permettre à l'homme d'obtenir son salut ; les œuvres n'apportent rien car le salut vient entièrement de Dieu.

Selon Luther, depuis le péché originel, la volonté n'a de libre que le nom. Sans le secours de la grâce° divine, l'homme irrémédiablement déchu ne peut que pécher, son cœur incline naturellement vers le mal ; il n'est pas en son pouvoir de diriger ses pas, encore moins de choisir le bien. Le libre arbitre est donc une pure fiction. Pire : l'idée de volonté libre est une suggestion de Satan destinée à égarer l'homme et à le détourner de la voie de Dieu. En effet, il n'appartient pas à l'homme de vouloir quoi que ce soit, en bien ou en mal ; tout arrive selon une nécessité absolue. Seule notre infirmité doublée d'arrogance peut nous conduire à croire que nous pouvons exercer le moindre contrôle sur nous-mêmes.

Érasme défend pour sa part l'idée de "l'action efficace de la volonté humaine qui permet à l'homme de s'attacher à ce qui le mène au salut éternel ou de s'en détourner" – faute de quoi les exhortations à une vie vertueuse contenues dans la Bible n'auraient aucun sens. À la doctrine du salut par la foi seule, Érasme oppose l'idée que la foi nourrit les œuvres° (notamment la charité) et réciproquement. Il affirme en outre que le libre arbitre a une part dans l'acte de croire. L'inclination naturelle au mal ne saurait être assimilée à une quelconque fatalité. Érasme opte pour une voie moyenne et se range à "la doctrine de ceux qui attribuent à la grâce la sollicitation par laquelle l'âme est au début stimulée ; seulement dans sa marche ils attribuent un rôle non nul à la volonté humaine qui ne s'est pas soustraite à la grâce divine". Selon que la volonté libre, en tant que cause seconde, coopère ou non avec la cause première qu'est la grâce° divine, l'homme est conduit à commettre des actes vertueux ou vicieux :

> … comme en toutes choses, il y a trois étapes, le commencement, l'accroissement, et le point de perfection, ils accordent les deux extrêmes à la grâce, dans l'accroissement seul ils reconnaissent que le libre arbitre a un rôle, de telle manière néanmoins qu'à la même œuvre indivisible concourent deux causes à la fois, la grâce de Dieu et la volonté de l'homme, mais la grâce est la cause principale, la volonté la cause secondaire qui ne peut rien sans la principale, alors que la principale se suffit à elle-même. De même la force native du feu brûle et pourtant la cause principale est Dieu qui agit en même temps par le moyen du feu ; cette cause suffirait à elle seule et sans elle le feu n'aurait aucun effet si elle se retirait. Par cette proportion il se fait que l'homme doit porter tout son salut au crédit de la grâce divine, puisque le rôle du libre arbitre est tout à fait réduit et que cela même qu'il peut faire est l'œuvre de la grâce divine qui a d'abord créé le libre arbitre, l'a ensuite délivré et guéri. (*Diatribe sur le libre arbitre*, in Érasme, *Œuvres choisies*, trad. Jacques Chomarat, Paris, Le Livre de Poche, 1991, p. 862-863)

Cette voie moyenne est représentée par le grand théologien de la synthèse anglicane Richard Hooker, qui ne nie pas que la grâce soit indispensable, mais refuse l'interprétation puritaine (protestante extrémiste) qui voudrait qu'elle se substitue totalement à la liberté humaine et rende inutile tout effort humain. En premier lieu, dit-il, s'il est vrai que la grâce° est offerte par Dieu comme un don absolument gratuit, sans plus de mérite de la part de l'homme que le vase ne mérite l'eau qu'on y verse, encore faut-il que l'homme soit ouvert à ce don et n'y fasse pas obstacle. En second lieu, la grâce ne tient pas quitte de tout travail, et après l'avoir reçue l'homme peut encore la perdre par une conduite indigne. La réceptivité à la grâce est une condition essentielle de son efficacité. Il n'y a donc pas rupture entre la grâce divine et la nature de l'homme, mais continuité. La grâce ne supprime pas la nature, mais se situe dans son prolongement et la perfectionne. Cette complémentarité se retrouve dans *Macbeth* où, comme le souligne Richard Marienstras en référence à la citation de Macbeth évoquant le rôle pacificateur des lois humaines (III. IV) : "Si le thème majeur reste le rétablissement de l'ordre, en mineur, il est suggéré que l'ordre naturel doit sans cesse être soutenu par la volonté des hommes" ("Macbeth, le tyran sacrifié" in *Le proche et le Lointain*, Paris, Minuit, 1981).

La tragédie de *Macbeth* peut être considérée comme une dramatisation (*i.e.* une mise en théâtre) de la controverse sur le libre arbitre à travers la genèse et la carrière du criminel dont on suit l'évolution, du statut de valeureux guerrier ("mignon de la Valeur", I, II), "très noble cousin", pour qui les valeurs de service, de loyauté, de devoir, et d'honneur sont à elles-mêmes leur propre récompense (I, IV), au traître qui va assassiner son suzerain dans son sommeil ; du "débutant… encor bien jeune – en action" (III, IV), dont la nature est "trop pleine [...] du lait de la tendresse humaine" (I, V) et dont le visage se lit "à livre ouvert" (I, V), au criminel qui a appris à "Faire nos faces les visières de nos cœurs/Déguisant ce qu'ils sont" (III, II), et qui va vérifier que le mal vient hanter son auteur, et contient son propre châtiment qui fait retour contre son inventeur (I, VII).

La carrière du criminel

Suivant la succession des étapes exposée par Érasme – commencement, accroissement, point de perfection –, la pièce donne à voir la séquence qui conduit de la mécanique de la tentation au meurtre initial et à ses conséquences. La question de la mécanique de la tentation implique de s'interroger sur le statut des sorcières, qui sont les instruments premiers de la tentation et de la damnation du protagoniste. Il faut toutefois se garder de conclure trop vite à une quelconque fatalité : en effet, à aucun moment les sorcières ne poussent Macbeth à commettre le mal, dont la décision lui incombe entièrement. Le statut des prophéties (ou prédictions) est également problématique : ou bien elles sont vraies, et dans ce cas, où est la part de responsabilité ? Ou bien elles ont besoin du concours de Macbeth pour se réaliser, et on peut se demander s'il s'agit encore de prophéties. Semblable incertitude pèse sur la "prophétie de Merlin" dans *Le Roi Lear*, bien que le fait qu'elle soit proférée par le personnage du Fou du roi invite à la tourner en dérision, comme c'est aussi le cas chez Holinshed, où les deux personnages, incrédules, commencent par tourner les prédictions en plaisanterie.

Dans *Macbeth*, les choses sont plus ambiguës, dans la mesure où, comme le fait remarquer Jean ("Problèmes et méthodes : l'exemple de *Macbeth*" in *La mise en scène des œuvres du passé*, Paris, CNRS, 1956), les sorcières sont "à la fois instruments de tentation et de damnation du protagoniste et porte-parole d'une vérité officielle, tenue pour conforme aux desseins de la Providence, chaque fois qu'il est question de la lignée des Stuart". Il est intéressant de comparer les réactions, clairement différenciées, de Macbeth et de Banquo aux prédictions des sorcières. Banquo est frappé de voir Macbeth comme hypnotisé par les prédictions des sorcières, auxquelles il prête le concours de sa volonté pour hâter le cours des choses, tandis que lui-même en appelle au contraire aux "puissances bienfaisantes" : "Refoulez en moi les pensées mauvaises" (II. I) et exprime son souci de garder "Mon cœur très franc et ma claire allégeance [à Duncan]" (II, I). À l'équivoque des signes et des prophéties répond la casuistique (subtilité complaisante) de Macbeth et de son épouse. Comme le suggère François Lecercle, "prisonnier de prédictions répétées, pris au piège de prophéties équivoques, Macbeth pourrait passer pour une incarnation du héros tragique ("Le désir ventriloque : *Macbeth* et le destin", in *La mise en scène du destin*, dir. P. Brunel) ; avant de faire remarquer que "si les paroles des sorcières font tant d'effet à Macbeth, c'est qu'elles consonent étrangement avec un discours qui cheminait en lui" et de conclure que la rencontre de Macbeth et des sorcières est "moins celle d'un homme et de son destin que celle, presque miraculeuse, d'un désir tacite et de son objectivation dans la bouche d'autrui [...] destin et désir vont d'un même pas". Ajoutons que les sorcières trouvent un puissant auxiliaire en Lady Macbeth, qui se fait également instrument de tentation, à travers un chantage affectif : "À partir de ce moment/J'évalue ainsi ton amour" (I. VII), et une mise en doute de la virilité de son époux trop plein du "lait de la tendresse humaine" (I. V) : "Quand vous l'avez osé, alors vous étiez homme" (I. VII) – à quoi Macbeth s'efforce d'opposer son humanité, tandis que la virilité semble être devenue l'apanage de Lady Macbeth elle-même : "désexuez-moi !" (selon une traduction plus courante [Leyris, Déprats]).

À partir de ces constants glissements entre les deux sens issus des mots latins *homo* (être humain, qui s'oppose à inhumain) et *vir* (le masculin, la virilité), on est ainsi conduit à une interrogation sur la nature de l'homme. Jusqu'où un homme peut-il oser sans perdre ce qui fait son humanité ? Telle est la question que la pièce pose avec insistance, et à laquelle les divers personnages apportent des réponses toujours significatives, contribuant par petites touches successives à une compréhension de ce que serait l'essence de l'humain : "J'ose tout ce qui peut convenir à un homme ;/Qui ose plus n'en est pas un" (I. VII) ; "Tout ce que l'homme ose, je l'ose" (III. IV) – étrangement suivi de références à des combats contre des animaux féroces (ours, tigre). Un degré supplémentaire est atteint lors de la crise de Macbeth croyant voir le fantôme de Banquo au cours du banquet (III. IV) lorsque, en réponse à une nouvelle mise en doute de sa virilité Macbeth se décrit comme "un homme hardi, qui ose regarder/Ce qui pourrait épouvanter le diable", comme un écho aux meurtriers de Banquo, hommes sans foi ni loi prêts à tout, auxquels Macbeth lance "sur le registre, vous passez pour hommes" (III. I). Le règne de Macbeth, monstre "gorgé d'horreurs", qui a "presque oublié le goût de la peur" (V. V), semble faire retour à une époque archaïque et barbare, où "Le sang fut répandu ici, dans les époques disparues,/Avant qu'humaine purgation eût fait meilleure société" (III. IV). Seule au milieu de toutes ces illustrations d'inhumanité, la réponse de Macduff à l'exhortation de Malcolm de "Résiste[r] comme un homme" : "Je le ferai./Mais d'abord je dois ressentir comme un homme" (IV. III) évoque en négatif ce qu'est la véritable essence de l'humain : la capacité à l'émotion et à la compassion, fondement de l'appartenance à une espèce commune.

L'homme étant un être de parole, on ne peut qu'être frappé du grand nombre de références à l'impossibilité de nommer une action si horrible qu'elle doit toujours être désignée par des périphrases : "la grande affaire de la nuit" (I. V) ; "Si c'était fait, lorsque c'est fait, alors ce serait bien/Si c'était vite fait" (I. VII) ; "j'ai fait l'action" (II. I) ; tandis qu'à la question de Macbeth "Que faites-vous ?", les sorcières répondent "Action sans nom" (IV. I). Aux exclamations de Macduff "Horreur ! horreur ! horreur ! La langue, ni le cœur/Ne peuvent te penser ni te nommer" (II. III) répondent les "actions/Trop terribles pour l'oreille" évoquées par Macbeth (III. IV), devenu une sorte de machine à tuer : "D'étranges choses sont dans ma tête.../Qui doivent être agies avant d'être pensées" (III. V). Au contraire, Malcolm exhorte Ross à : "Donne[r] au malheur des mots : le chagrin qui ne parle pas/S'insinue au cœur surchargé et fait qu'il se brise" (IV. III).

Une fois franchi le premier pas, et le premier meurtre (qui devait être le dernier, "le tout-être et fin-de-tout", I. VII) commis, la suite de la pièce semble se dérouler selon une mécanique implacable : face à l'impossible sécurité "Être ainsi, ce n'est rien/Sans l'être en sûreté" (III. I), le sang appelle toujours plus de sang ("sang veut du sang" III. IV). Le mal acquiert une sorte d'autonomie et devient incontrôlable, avec pour conséquences l'impossibilité de tout repos physique : Macbeth, qui a "assassiné le sommeil" (II. II), dort "sous le tourment de terribles rêves" et surtout moral. Ayant "souillé son âme" et donné son "joyau immortel" au diable, "ennemi du genre humain" (III. I), Macbeth se retrouve couché "sur la torture de l'esprit/En furieuse folie" (III. II), dans un supplice sans fin : "il fut un temps/Où la cervelle étant ôtée, l'homme mourait/C'était fini : mais maintenant ils se relèvent/Avec vingt meurtres mortels sur leur crâne/Et nous poussent de nos sièges... C'est plus étrange/Que le meurtre même" (III. IV).

Au sentiment de culpabilité insoutenable et à la certitude de la damnation viennent s'ajouter l'impossibilité de profiter des fruits du crime et l'impossible satisfaction exprimée par Lady Macbeth : "On n'a plus rien, tout dépensé/Quand le désir est assouvi sans satisfaire" (III. II), puis par Macbeth : "J'ai vécu assez longtemps" (V. III), et encore : "je commence à être lassé du soleil" (V. V).

La poétique du mal dans *Macbeth*

La poétique élisabéthaine est liée à une conception du monde et de la nature comme émanation de la perfection et de l'ordre divins, qui se manifestent à trois niveaux : cosmique, socio-politique, et individuel. L'homme est partie intégrante de cet ordre (macrocosme), au sein duquel il occupe une position privilégiée du fait qu'il établit le lien entre la matière et l'esprit. Il constitue une sorte de monde en miniature (microcosme) constitué d'une hiérarchie tripartite de raison (dont le siège est la tête), de sentiments (dont le siège est le cœur), et d'appétits ou de vils instincts (dont le siège est l'estomac ou la rate). La poétique établit des correspondances entre macrocosme et microcosme, le plus souvent au moyen d'analogies ou d'images (comparaisons et métaphores) : ainsi "le ciel, comme ému par l'acte de l'homme…" (II. IV), "d'autres malheurs/Giflent le ciel en face" (IV. III), ou encore "notre pays chancelant sous le joug,/Il pleure, il saigne, et chaque jour nouvelle plaie/Est ajoutée à ses blessures" (IV. III).

Le mal, nous l'avons vu, est une forme du désordre, une rupture de l'harmonie et de l'équilibre naturels. Un dérèglement dans l'ordre cosmique pouvait être annonciateur ou résulter de troubles dans l'ordre humain. La nuit de l'assassinat de Duncan est qualifiée de "singulière" (II. III ; le mot anglais "*unruly*", qui signifie "n'obéissant à aucune règle", est encore traduit par "agitée" (Sallé), "turbulente" (Déprats), et on pourrait aller jusqu'à "chaotique") ; selon un procédé habituel à Shakespeare, le caractère exceptionnel de cette nuit est souligné par deux fois, par Lennox, dont "[L]a mémoire encor jeune ne peut comparer/Une pareille, à cette nuit" (II. III), et à la scène suivante où cette singularité est mesurée à l'aune de l'expérience d'un vieillard : "Cette triste nuit/Rend banal ce qu'on a connu" (II. IV). Les sorcières sont associées au tonnerre, aux éclairs, aux vents violents (IV. I) ; à la confusion du noir et du clair (I. I), de la nuit et du jour, répond celle des éléments : "La terre fait des bulles, comme l'eau en fait", et la matérialité des sorcières semble se dissoudre dans l'immatérialité des bulles ou de l'air (I. III), en une sorte de transmutation alchimique ou de parodie diabolique de transsubstantiation° à laquelle s'oppose la bénédiction du vieillard sur ceux "Qui changent mal en bien" (II. IV).

Le mal agit par contagion, pour le protagoniste qui, de tyran d'entrée nourrissant l'illusion "que ce coup/Puisse être le tout-être et fin-de-tout" (I. VII), est conduit à reconnaître qu'il y a comme une croissance organique du mal : "Choses commencées dans le mal/Prennent force en soi par le mal" (III. II), et se mue irrésistiblement en tyran d'exercice jusqu'à ce que la mort de l'usurpateur libère le temps (V. IX), mais aussi par contamination des actions contre nature (contre l'ordre dont la croyance dote la nature) du protagoniste à l'univers entier : "Tout l'océan du grand Neptune arrivera-t-il à laver/Ce sang de ma main ? Non, c'est plutôt ma main/Qui rendra les multitudes marines incarnat,/Faisant de tout le vert – un rouge" (II. II).

Les images, mode d'expression privilégié de l'inversion génératrice de confusion des valeurs et de brouillage du sens, s'organisent en constellations autour de quelques thèmes obsédants, au premier rang desquels l'opposition entre le jour et la nuit, que Macbeth et son épouse invoquent à plusieurs reprises pour couvrir leurs noirs desseins : "Étoiles, cachez vos feux !/Que la clarté ne puisse voir mes désirs profonds et noirs" (I. IV) ; "Arrive donc, épaisse nuit,/Enveloppe-toi des fumées les plus sinistres de l'enfer" (I. V) qui tissent des liens secrets avec l'invocation d'Hécate "viens, aveugle nuit,/Recouvre l'œil plein de pitié du jour" (III. II). On note également une prédilection pour les moments tels que l'aube ou le crépuscule, qui brouillent les frontières entre la nuit et le jour : "Presque à mi-temps du matin, l'un vaut l'autre" (III. IV) ; "Longue est la nuit qui ne trouve jamais le jour" (IV. III), et pour les situations intermédiaires entre la veille et le sommeil (visions de Macbeth ou somnambulisme de Lady Macbeth).

Autre image à l'omniprésence diffuse, celle du poison ou du venin, qui évoque la séduction du mal : ainsi Lady Macbeth "que je puisse verser mes esprits/Dans ton oreille, et par la force de ma langue/Chasser ce qui t'empêche… (I. V), ou suggère la monstruosité du meurtre "Redire ces mots dans l'oreille d'une femme/Ferait meurtre en y tombant (II. III), tandis que la nouvelle du massacre de la famille de Macduff est comparée à un poison (IV. III). Le poison est lié à d'autres liquides, tels que le lait que Lady Macbeth souhaite voir transformé en fiel (I. V), et bien sûr le sang, qui fait l'objet de références multiples et d'un traitement très diversifié. C'est d'abord le sang des "blessures fumantes" et des combats héroïques dans lesquels s'illustre le "mignon de la Valeur" (I. II) ; mais très vite, il cède la place au sang du meurtre et de la boucherie dans lequel Macbeth "patauge" et est de plus en plus englué (III. IV). Le sang, source de vie, est interrompu dans sa circulation : "La source et fontaine de votre sang/Est arrêtée" dit Macbeth aux fils de Duncan (II. III) ; c'est aussi le sang des "obscènes caillots" (II. III) qui recouvre les poignards des gardes de Duncan, ou encore des "boucles de sang caillé" du spectre de Banquo (III. IV). Les cycles naturels de la vie s'en trouvent bouleversés : "Macbeth a assassiné le sommeil..." (II. II), qui devient "de la mort contrefaçon" (II, III), et c'est pour "redonner [...] le sommeil à nos nuits" que Macduff part en Angleterre (III. VI). L'invocation de Lady Macbeth : "venez, vous esprits/Qui veillez aux pensées mortelles, désexuez-moi !" (I. V), est une référence explicite aux menstrues, ce qui fait de Lady Macbeth une alliée des sorcières, qui mêlent également des traits masculins et des traits féminins, et est à rapprocher d'autres allusions à la stérilité : "couronne sans fruit", "sceptre de stérilité" (III. I). Le sang est aussi présent dans plusieurs références au cannibalisme, à propos des chevaux de Duncan dont "On dit qu'ils se sont dévorés/Entre eux" (II. iv) et du parricide supposé perpétré par les fils de Duncan : "Ruineuse ambition qui gloutonne dévores/Tes propres sources de vie !" (II. IV), ainsi que dans le chaudron des sorcières : "sang de truie qui a mangé ses neufs petits" (IV. I), mêlé à divers ingrédients tels que "doigt de bébé strangulé/À sa naissance" (IV. I), dont Richard Marienstras observe qu'ils ont tous en commun d'être "des éléments arrachés à une totalité elle-même déviante", formant une sorte de "bricolage" infâme qui évoque les "assemblages monstrueux et hétéroclites" des tableaux de Jérôme Bosch (Peyré, Notice de l'édition Pléiade [v. Avertissement], p. 1417 ; Marienstras, p. 127-128).

Le repas des sorcières, sorte d'inversion parodique du banquet interrompu, est lié à un autre réseau thématique, celui de la nourriture et de l'hospitalité, symboles du lien social ici totalement perverti. Duncan se sent "nourri" des louanges de Macbeth, qu'il savoure comme un "festin" (I. IV), alors même que son hôte s'apprête à violer tout à la fois les lois de la parenté (Macbeth et Duncan sont "cousins", I. IV), de l'hospitalité et de l'allégeance qu'il doit à son roi (I. VII). La proximité des liens du sang, qui devrait favoriser l'alliance, est au contraire facteur de danger : "Proche du sang, plus proche du sanglant" (II. III), et conduit Donalbain et Malcolm à s'enfuir après le meurtre de leur père. La progression de Macbeth dans le mal se traduit par une solitude grandissante, une sorte de mise au ban de l'humanité.

Comme le remarque R. Marienstras, “agissant désormais solitaire, Macbeth est exclu de la communion sociale du repas comme de la communion spirituelle qui permet de dire ‘Amen’” (II. II) : “J’avais grand besoin de bénédiction. ‘Amen’/Resta dans mon gosier” (II. II).

Pour *quoi* Macbeth fait-il le mal ?

Formuler les choses ainsi, c’est poser la question non plus en termes de causalité du comportement du héros tragique, mais en termes de finalité de l’œuvre littéraire. En effet, les explications en termes de causalité, aussi nombreuses soient-elles, sont toujours un peu courtes. Dans cet “univers où la loi de non-contradiction est suspendue, remplacée par une sorte de fatalité oxymorique” (Lecercle, *op. cit.*), il demeure un noyau de mystère qui échappe à toute tentative d’élucidation rationnelle, car “la pièce s’acharne à brouiller le registre des causes” (Lecercle, *op. cit.*). “Shakespeare ne cherche pas à tout expliquer mais à faire appel à l’émotion, à l’imagination, à provoquer la méditation” (Jacquot, *op. cit.*).

On peut dès lors se demander ce que, dans une réflexion sur le mal qui dépasse les limites de la morale et de la psychologie, Shakespeare cherche à dire en façonnant ce personnage de Macbeth. Jean Jacquot fait observer :

> si l’on s’aperçoit que, dans la perspective de l’œuvre, le crime de Macbeth, son usurpation et sa tyrannie, sont les moyens nécessaires à la réalisation d’un plan providentiel, on voit déjà dans quelles limites se pose dans la pièce le problème de la liberté du héros, et dans quels termes se pose celui de la nature du mal. [...] les puissances du mal deviennent, malgré elles, exécutrices des décrets de la Providence. [...] Macbeth, dans la pièce, est libre de choisir entre le bien et le mal, mais [...] les forces des ténèbres agissent dans les limites et dans le sens permis par une puissance supérieure, et les crimes, la tyrannie et la mort de Macbeth sont nécessaires à l’accomplissement d’un plan providentiel de l’histoire. (“Problèmes et méthodes : l’exemple de *Macbeth*”, article cité)

On est alors conduit à adopter une perspective double sur Macbeth : en tant qu’individu, il est un tyran sanguinaire que rien ne semble pouvoir racheter ; mais il retrouve une dimension tragique en sa qualité d’agent inconscient des desseins de la Providence, dans la mesure où ses crimes, sa tyrannie et sa mort sont nécessaires à l’accomplissement d’un plan providentiel de l’histoire. Comme le fait remarquer Richard Marienstras, il semble que, avec la mort de Macbeth, un monde nouveau commence, comme si tout le mal, concentré en sa seule personne, avait été d'un coup supprimé. Mais les choses sont moins simples, car "le mal même est l'étape nécessaire au rétablissement du bien".

Le "*Fair is foul and foul is fair*" énoncé d'emblée par les sorcières, avec son présent indéterminé, indique que l'état de confusion des valeurs préexiste à la décision de tuer Duncan, de sorte que

> L'action de Macbeth n'est pas de pervertir une situation pure, c'est plutôt, en se faisant l'agent de la totalité du mal et du chaos répandus en Écosse, d'en permettre la cristallisation en sa personne, et la purgation. À mesure qu'il se constitue en tyran, Macbeth se constitue également en victime expiatoire de la société qu'il écrase.
>
> La nécessité que son destin révèle est beaucoup plus profonde, plus archétypale, que les commandements de l'ambition ou la soif de pouvoir : c'est la nécessité tragique de prendre sur soi et sur soi seul les processus meurtriers qui commandent la marche de l'histoire – et dont le principal est le meurtre –, la nécessité d'être investi d'un rôle qu'on pourrait définir comme la polarisation du chaos. (Richard Marienstras, "Macbeth, le tyran sacrifié", article cité)

C'est ce qui permet à Macbeth, malgré les crimes dont il est l'auteur, de mobiliser quand même notre sympathie.

La tragédie de *Macbeth* suggère qu'il n'y a rien de monstrueux *a priori* dans le personnage d'un tel criminel (contrairement au diabolique Richard III, scélérat assumé), et que tout un chacun peut succomber à ce processus de déshumanisation, par une combinaison de mauvais usage de la raison, perversion de la volonté, et refus de la l'empathie dont on a vu qu'elle est l'essence de l'humain. Cet aspect rattache *Macbeth* tout à la fois à la tradition médiévale des moralités dont le héros, "Everyman" (Touthomme) ou "Mankind" (Humanité), a une dimension universelle, et à la réflexion de Kant° sur le "mal radical", que l'on peut définir, avec Myriam Revault-d'Allonnes, comme la "responsabilité d'appartenance" au genre humain, responsabilité dont nul ne peut s'excepter, et face à laquelle "la quintessence du mal [...] n'est pas la désobéissance ou la transgression de la loi, mais le mensonge et l'autotromperie", cette "tendance secrète à s'excepter" soi-même du lot commun, qui ferme la voie au repentir (*Ce que l'homme fait à l'homme : Essai sur le mal politique* (1995), Paris, Flammarion, "Champs", 1999). Ce "mal radical est sans *pourquoi*", mais le deuil de la causalité n'implique en aucun cas que l'on déclare irresponsables les auteurs du mal ; l'échec de la causalité, signe que "le mal défie la pensée [...] et met en échec la puissance de l'explication", implique un déplacement vers le plan de l'action dont nul ne peut s'exempter, dans la mesure où l'homme, s'il n'est pas bon moralement, a néanmoins été créé *pour le bien*, qui doit demeurer sa visée.

"La philosophie de Kant° réactive [...] l'articulation requise par Aristote° de la *phronesis* [sagesse pratique] et du *deînon* [ce qu'il y a à la fois de merveilleux et de monstrueux en l'homme]", ce qui est aussi le projet cathartique (de purgation des passions) de la tragédie, car "Mieux que personne, les Tragiques grecs savaient que la problématique du *deînon* n'était pas son effacement [...] Ils savaient aussi que l'homme ne se délivre pas de la terreur qui l'enchaîne en refoulant l'horreur des possibles qu'il porte en lui et qui sont le fond même de l'épreuve humaine. C'est ainsi que le tragique instruisait le politique" (Revault-d'Allonnes). On voit ainsi comment *Macbeth* réalise pleinement la fonction cathartique de la tragédie telle que la définit J.-P. Vernant, comme "une cohérence dans la succession des événements", une mise en forme poétique de l'histoire représentée en direct, qui fait que "le spectateur, au lieu de sortir de la représentation brisé, anéanti, en sort ragaillardi" – aux antipodes (et ce n'est pas un hasard) de la définition que Macbeth donne de la vie :

> La vie n'est qu'une ombre en marche, un pauvre acteur
> Qui s'agite pendant une heure sur la scène
> Et alors on ne l'entend plus ; c'est un récit
> Conté par un idiot, plein de son et furie,
> Ne signifiant rien. (V. v)

"Tout d'un coup, ce qui était absurde, bruit et fureur, devient clair et compréhensible par le fait de la transposition, de l'expression esthétique" (*Entre mythe et politique*,), c'est-à-dire non pas au moyen d'une explication rationnelle, mais au moyen de l'émotion particulière suscitée par la tragédie.

Pour prolonger votre lecture

Au terme de cette étude, on ne saurait trop conseiller, dans la mesure du possible, de voir la pièce représentée sur scène.

On pourra également voir les adaptations filmiques suivantes :

Macbeth (1948) d'Orson Welles

Le Château de l'araignée (*The Throne of Blood*) (1957) d'Akira Kurosawa

Macbeth (1971) de Roman Polanski

Macbeth (1983) de Jack Gold, dans la série BBC Classic Shakespeare

JEAN-JACQUES ROUSSEAU *PROFESSION DE FOI DU VICAIRE SAVOYARD* (1762)

OUVERTURE SUR UNE ŒUVRE SINGULIÈRE

Dans l'économie de l'œuvre de Rousseau, la *Profession de foi du Vicaire savoyard* peut apparaître comme un météore isolé. Le ton enthousiaste et presque prosélyte du Vicaire tranche avec les œuvres philosophiques plus froides et rigoureuses (*Discours sur l'origine des langues ; Discours les origines de l'inégalité*), mais aussi avec les romans (*La Nouvelle Héloïse*) dans lesquels la polyphonie permet que les différentes voix des personnages se modèrent les unes les autres. Ici, le Vicaire n'a pas de répondant, mais seulement un auditeur patient : Émile (pour un rappel sur la situation d'énonciation et pour un résumé de la *Profession de foi*, v. Outils).

Ce qui donne à ce texte sa structure thématique interne est l'exploration de la religion naturelle°. L'idée de religion naturelle a pris un essor très important au XVIIIe siècle et renvoie à la volonté des philosophes, surtout, de penser une foi indépendante des religions et fidèle aux seuls impératifs de la raison et de la conscience morale°. Un des prédécesseurs de Rousseau fut Marie Huber (1695-1753) qui écrivit les *Lettres sur la religion essentielle à l'homme, distinguée de ce qui n'en est que l'accessoire* (Amsterdam, chez J. Wetsteins et W. Smith, 1738), faisant la part, d'un côté, de la foi essentielle vécue par le croyant et, de l'autre, des rituels et formes religieuses accessoires qu'elle peut revêtir.

La deuxième caractéristique marquante du texte réside dans son genre et son ton. Le Vicaire fait une profession de foi, c'est-à-dire qu'il déclare publiquement (au sens propre de l'expression "profession de foi") la nature et les motifs de sa croyance. C'est une chose rare, pour un écrivain, de s'attacher à un tel genre littéraire. Une des conséquences en est le ton très particulier d'enthousiasme (étymologiquement : transport divin) qui parcourt le propos, ainsi que l'usage de la première personne du singulier comme dans des mémoires ou dans une autobiographie (on pense aux célèbres *Confessions* de Rousseau).

Ce qui fait toute l'importance de ce texte réside enfin dans la manière dont Rousseau considère que la question du mal est une question indépendante de la question de Dieu. De ce fait (a) la question du mal est une question non pas théologique° mais anthropologique°, (b) dans ce cadre, la fonction de la théologie est essentiellement morale et sert à donner à l'homme une idée du sens de vie et de sa destination.

Une série de problèmes se pose : si l'homme est responsable du mal, est-il capable de connaître le bien ? Rousseau inscrit, de toute évidence, sa réflexion contre le relativisme° des valeurs. C'est la raison pour laquelle l'appel à la conscience morale°, "instinct divin", est un pivot de la *Profession de foi* : si l'homme a un "instinct divin" qui lui indique naturellement le bien ou le mal, cela signifie que l'idée du bien et du mal ne vient pas exclusivement de l'éducation ou des coutumes.

L'originalité de la thèse de Rousseau est qu'elle ne consiste donc pas à condamner l'humanité viciée (par le péché originel, selon le christianisme) ou à dénoncer un Dieu mauvais, mais qu'elle est une réflexion sur l'origine et les fondements des structures anthropologiques° qui ont rendu possible le mal, ont autorisé voire favorisé le développement de dispositions malfaisantes et l'étouffement des sentiments moraux naturels :

> Comment le mal et le péché peuvent-ils être imputés à la nature humaine, si celle-ci, dans sa constitution primitive, est libre de tout mal, de tout péché, s'il n'y a pas eu de corruption radicale ? Rousseau résout ce dilemme en plaçant la responsabilité à un endroit où jamais on ne l'avait cherchée avant lui, en créant, en quelque sorte un nouveau sujet à qui il fait porter la responsabilité, l'"imputabilité". Ce sujet n'est pas l'homme isolé, mais la société humaine. (Ernst Cassirer, "L'unité dans l'œuvre de Rousseau", in *Pensée de Rousseau*, Paris, Seuil, 1984, p. 51)

C'est donc dans cette perspective que se pose également la question religieuse. Puisque Dieu n'est pas cause du mal, la foi peut servir de source d'espérance et de guide pour l'action. Cependant, c'est en un sens précis qu'il faut comprendre la foi dont parle Rousseau. C'est pourquoi le Vicaire ne cesse de dire qu'il réfléchit sur Dieu à proportion que ses besoins le réclament, sans chercher à spéculer gratuitement sur l'Être suprême. Il n'est définitivement pas un théologien°.

PRÉSENTATION DE LA *PROFESSION DE FOI*, DE SON AUTEUR ET DE SA RÉCEPTION

Bio-bibliographie de Jean-Jacques Rousseau (1712-1778)

• Rousseau : un personnage complexe

Rousseau est un personnage singulier, fils d'un horloger genevois et citoyen de Genève. Genève était, depuis le début du XVIIe siècle une cité indépendante, la "République de Genève", dans laquelle être "bourgeois" ou "citoyen", c'était pouvoir prendre une part active à la vie politique alors que les "habitants" ou les "natifs" n'étaient que des sujets passifs sans pouvoir politique. Cela explique la fierté particulière qu'éprouve Rousseau à se donner le titre de "citoyen de Genève". Jean-Jacques est mort retiré mais admiré après avoir été secrétaire de l'ambassadeur de France à Venise (1753), compositeur de musique (dont l'une des pièces, *Le Devin du village,* a été jouée à la cour, 1752), secrétaire de Dupin (1746), fermier général (collecteur des impôts royaux), philosophe en vue puis philosophe déchu et poursuivi. On a dit qu'il a été un inspirateur de la Révolution de 1789, mais il se gardait de passer pour révolutionnaire. On a dit qu'il était un singulier et "méchant ermite" (selon Diderot, avec qui il fut ami dans les années 1750 avant qu'ils ne se brouillent) au moment où lui-même croyait œuvrer pour l'humanité et le bien commun. On a dit aussi que ses convictions religieuses (que l'on étudiera) violaient la "vraie foi", alors qu'il était persuadé d'être le plus fervent des hommes.

• Une vie aventureuse

Par ailleurs, sa vie fut tourmentée et aventureuse. Dans un premier temps, ce fut l'histoire de l'ascension sociale d'un jeune Genevois à l'allure picaresque° en France, orphelin de mère, abandonné par son père à dix ans, puis expatrié à seize ans, âge auquel il quitte Genève. Puis, il a fréquenté jusqu'au début des années 1750 les salons et les philosophes (Diderot, Voltaire°, Condillac, Grimm...). Il s'est ensuite retiré à la campagne jusqu'en 1762 avant d'être poursuivi à cause de ses prises de position religieuse : celles-ci apparaissent dans le *Contrat social* où Rousseau se prononce sur la religion civile (c'est-à-dire une religion pensée à travers sa fonction politique et non comme une réalité indépendante) et dans *Émile* avec la *Profession de foi du Vicaire savoyard*. Rousseau devient alors presque misanthrope : se renfermant dans la botanique, fuyant ses ennemis politiques et intellectuels et refusant, dans ses lettres, de débattre ou de philosopher. Il ne semble pourtant jamais avoir abandonné sa maxime : "*vitam impendere vero*" (consacrer sa vie à la vérité). Tout en critiquant les philosophes, il est, en effet, un des derniers philosophes au sens humaniste : autodidacte et polymathe°.

• Rousseau : le polymathe

Ce personnage largement autodidacte (hormis les faits que l'on retrouvera dans la chronologie, v. Outils) disposait d'une grande culture : ses écrits cachent souvent leurs sources, qui sont nombreuses ; par ailleurs, il a été lui-même précepteur (professeur particulier) et disposait d'une large culture générale. Il a aussi une solide culture musicale : il fut compositeur, il a inventé une nouvelle manière de solfier (c'est-à-dire de chanter et de noter la musique), il a copié de la musique à tant la page, il a écrit un dictionnaire de musique et a rédigé tous les articles de *l'Encyclopédie* sur la musique. Il dispose également d'une forte culture scientifique : il a écrit, sans le publier, un livre de chimie, *Les institutions chimiques* ; il s'est intéressé, à la fin de sa vie, à la botanique et a écrit des bribes de traités et de dictionnaires sur la question (une vingtaine de plantes ont été découvertes par Rousseau et sont répertoriées à son nom). C'est en général le goût pour la nature° et le naturel qui s'exprime à travers la diversité des intérêts.

• Rousseau écrivain

Rousseau est l'auteur d'un traité d'éducation, *Émile* (1762), dont est extraite la *Profession de foi*, d'un traité politique, *Du contrat social* (1762), qui n'est qu'une partie d'un plus grand ouvrage prévu mais non publié, des discours sur l'homme (*Discours sur les sciences et les arts*, 1750 ; *Discours sur l'origine et les fondements de l'inégalité parmi les hommes*, 1755 ; *Discours sur l'origine des langues* – publié à titre posthume). Beaucoup, comme Claude Lévi-Strauss, ont vu dans ces écrits sur l'homme les prémices de l'anthropologie° et de la sociologie scientifiques, c'est-à-dire de la connaissance des peuples et des sociétés. La première phrase de la Préface du *Discours sur l'origine et les fondements de l'inégalité parmi les hommes* le confirme : "La plus utile et la moins avancée de toutes les connaissances humaines me paraît être celle de l'homme". Il a, en outre, écrit un roman par lettre : *La Nouvelle Héloïse* (1761). Ses lettres, enfin, attestent qu'il a beaucoup lu dans tous les domaines et en particulier des livres d'histoire.

Ce serait donc une erreur de voir dans la diversité des écrits rousseauistes une dispersion car ils sont tous traversés par une cohérence profonde.

Rédaction et réception du texte : la question religieuse avant tout

• Condamnation unanime d'*Émile*

Rousseau sait très bien, en écrivant la *Profession de foi*, qu'il va s'exposer à des difficultés. Mais il estime à la fois que c'est le passage le plus important d'*Émile* et que c'est ce qui peut le faire interdire. C'est en raison du caractère dangereux et polémique que l'œuvre représente que Rousseau a envisagé la possibilité de publier la *Profession de foi* à part. Il a envoyé à son éditeur une version à publier comme telle (il est vrai que dans sa forme, rien ne la rattache à *Émile* puisqu'il s'agit d'un discours rapporté, inséré dans le traité d'éducation qui porte ce titre). Ce qui est plus dangereux encore, c'est que Rousseau dévoile ses propres convictions à travers la *Profession de foi* puisqu'il la reconnaît comme étant la sienne dans une lettre à Moultou (un pasteur genevois, ami de Rousseau) du 18 janvier 1762 : "la profession de foi du Vicaire est la mienne".

Après la publication de *Émile*, ce fut un concert de condamnations : non tant pour le caractère révolutionnaire de l'éducation du jeune homme que pour les prises de parti de l'auteur contre la religion. Bruno Bernardi résume ainsi cette avalanche d'événements :

> Le 24 mai 1762, *l'Émile* est enfin mis en vente au Palais-Royal. Les choses, dès lors, devaient aller très vite, réalisant (et au-delà) les craintes conçues par Rousseau. *L'Émile* est saisi dès le 3 juin chez le libraire Duchesne, puis condamné en Sorbonne le 7 et par le parlement de Paris le 9 : le même jour, Rousseau, décrété d'arrestation, prend la fuite pour la Suisse. L'ermite de

Montmorency va être transformé en fuyard, pour de longues années. Le 11 juin, tandis qu'on brûle *l'Émile* à Paris, on le saisit à Genève, et, le 19, Rousseau est également l'objet d'un mandat d'amener du petit conseil de la République. Il va devoir se réfugier, momentanément, sur les terres du roi de Prusse. Aucun doute sur l'objet de cette tempête que Rousseau a déchaînée contre lui : c'est la *Profession de foi*. (Bruno Bernardi, Présentation de *Profession de foi du Vicaire Savoyard*, Paris, GF, 1996, p. 12)

• Le ton et la forme de la *Profession de foi*

Il ne faut pas lire trop vite la *Profession de foi*, et ne pas nous laisser prendre par le caractère immédiat et presque brouillon des déclarations du Vicaire : il s'agit bien de l'inscription des résultats de longues réflexions. Si le texte paraît vif et enlevé, c'est le produit d'un artifice littéraire dont le but est d'entraîner la persuasion, de donner à des sujets abstraits et difficiles l'apparence de la facilité. Ainsi, le texte est marqué par ce caractère direct, presque immédiat des prises de position du Vicaire qui est comme emporté par l'évidence de ses propres déclarations. La tonalité de ce texte est, en effet, moins philosophique que la "lettre à Voltaire", elle est plus lyrique et propre à exprimer l'enthousiasme, la sincérité et la simplicité du Vicaire savoyard. Ce discours qui est constitué de périodes rhétoriques, y compris lorsqu'il est question de métaphysique° aride, ne doit pas nous tromper sur sa portée théorique. Ce texte dévoile autant qu'il voile. S'il laisse Émile et le lecteur sur leur faim, c'est normal : telle était l'intention du bon Vicaire. Voici comment Pierre Maurice Masson résume l'esprit de cette *Profession de foi :*

Telle me paraît être la *Profession de foi :* un manuel de méthode religieuse, l'histoire émue d'une âme à la recherche de la vérité, un *Credo* théiste, un sommaire des objections rationalistes contre la foi chrétienne, une affirmation sentimentale de la séduction évangélique sur les cœurs, enfin, et, pour tout citoyen qui a le sens social, un conseil de soumission au culte et à la discipline religieuse de son pays. (Pierre-Maurice Masson, *La religion de Jean-Jacques Rousseau,* vol. II, Paris, Hachette, p. 117)

• La *Profession de foi* est un discours

Si Pierre-Maurice Masson a raison d'insister sur la tonalité lyrique et le caractère parfois erratique de l'œuvre, ce texte rhétorique a, pourtant, sa logique difficile à saisir, souvent, mais aussi puissante quand on l'a comprise. On sait que Rousseau peut avoir un traitement plus aride et rigoureux des questions qu'il traite. Aussi la forme qu'il choisit ici a-t-elle une signification que l'on ne doit pas négliger. Car au-delà des idées qu'il transmet, le discours sert à émouvoir et à plaire à Émile, à l'instar de tout bon discours classique : *docere, probare, movere, delectare* (instruire, prouver, émouvoir, plaire : un bon discours devait donc, pour les Latins, atteindre à la fois le sentiment et la raison de l'auditeur). Comme pour tout discours, il ne faut pas s'attendre à y trouver une série narrative d'événements mais plutôt une série organisée d'arguments visant à démontrer une thèse. La thèse du Vicaire est qu'il n'y a qu'une seule véritable religion : la religion naturelle°. Il utilise tous les artifices rhétoriques (propres à l'art de discourir) pour parvenir à montrer qu'il a raison. Il faut donc prendre garde au caractère argumentatif et argumenté du texte.

Celui-ci est certes marqué par l'oralité. Le genre littéraire de la profession de foi entraîne l'usage de la première personne, comme dans des mémoires ou dans une autobiographie. Mais notons qu'ici l'usage du "je" ne sert pas tant à se raconter qu'à entraîner l'identification de l'auditeur : une profession de foi n'a pas une fonction narrative ; elle cherche à avoir un effet sur les personnes à qui elle s'adresse. Ainsi, l'usage de la première personne du singulier montre moins l'intervention du "je" philosophique (à valeur générale), que celle d'un individu qui, ne visant pas à instruire, cherche néanmoins, en ouvrant son cœur de manière sincère, à conquérir une dimension exemplaire. Le Vicaire ne propose pas un catéchisme (v. La *Profession de foi* n'est pas un catéchisme).

La place de la *Profession de foi* dans *Émile* : une étape décisive dans l'éducation du héros

• *Émile* : un roman d'éducation

Émile (1762), dont est extraite la *Profession de foi,* est un roman mettant en scène l'éducation d'un enfant selon des principes pédagogiques naturels° que Rousseau entend substituer à l'artifice des principes éducatifs qui étouffent la nature° humaine. Cet ouvrage est à destination des précepteurs et des parents disposés à élever leurs enfants selon des méthodes propres à former les enfants sans les déformer. Il s'oppose, dans la lignée de Montaigne°, à ceux qui préfèrent faire des têtes "bien pleines" plus que "bien faites". Il condamne aussi le dressage que peut représenter l'éducation d'Ancien Régime, visant à former des hommes de cour et des femmes de salon. Le but de Rousseau est au contraire la formation de l'homme en général ; cette formation doit suivre, au fur et à mesure du processus éducatif, l'ordre des choses que la nature permet à l'enfant de comprendre et que le besoin lui commande d'apprendre.

• Où en est Émile avant la *Profession de foi* ?

Bien que la *Profession de foi du Vicaire savoyard* eût pu être un texte indépendant, Rousseau décide de l'introduire comme une étape dans la formation d'Émile. Examinons le rôle qu'elle y joue.

La fin du Livre III sur la morale dans lequel se situe la *Profession de foi du Vicaire savoyard* marque la fin de l'enfance. Durant la période précédente, Émile a élaboré des connaissances sur la nature° par différents dispositifs pédagogiques ayant visé à faire naître en lui certaines dispositions à la curiosité et une propension à connaître plus que des connaissances toutes faites. Seulement, cet Émile n'est pas encore un homme accompli parce qu'il n'a aucune idée des rapports humains. Cela ne signifie pas qu'il n'en a pas eu. Mais il n'y a pas encore réfléchi comme un objet en tant que tel, et n'a pas encore d'idées à même de régler ses rapports à autrui, à la société et à certaines croyances fondamentales. Rousseau le dit :

> Émile n'a que des connaissances naturelles et purement physiques. Il ne sait pas même le nom d'histoire, ni ce que c'est que métaphysique et morale. Il connaît les rapports essentiels de l'homme aux choses, mais nul des rapports moraux de l'homme à l'homme [...] En un mot Émile a de la vertu tout ce qui se rapporte à lui-même. Pour avoir aussi les autres vertus sociales, il lui manque uniquement de connaître les relations qui les exigent, il lui manque uniquement des lumières que son esprit est tout prêt à recevoir. (*Émile*, Livre III)

Émile n'a donc aucune connaissance réflexive à même de lui indiquer qui il est, quels sont sa place, ses devoirs et sa destination dans le monde. C'est précisément à répondre à cette question que travaille le livre IV d'*Émile*. Cela explique la tonalité très particulière de la *Profession de foi* : cet enthousiasme visant à susciter en Émile l'adhésion à certaines idées morales pourtant abstraites.

• Fonction de la *Profession de foi* dans l'éducation d'Émile

Cette *Profession de foi* ou tout discours analogue (puisque la profession n'est pas adressée directement à Émile) doit intervenir dans la vie de l'enfant au moment de l'adolescence. Émile sort de l'enfance : il devra trouver une compagne et développer un sens moral. Or, pour Rousseau, c'est à ce moment qu'il s'agit de faire surgir dans l'enfant des dispositions morales et religieuses :

> C'est ici la seconde naissance dont j'ai parlé ; c'est ici que l'homme naît véritablement à la vie et que rien d'humain n'est étranger à lui. Jusqu'ici nos soins n'ont été que des jeux d'enfants ; ils ne prennent qu'à présent une véritable importance. (*Émile*, Livre IV)

Il est à remarquer que c'est la première fois qu'Émile reçoit son instruction d'un discours : ordinairement, le précepteur ne parlait pas, ou le moins possible, faisant en sorte, par des artifices pédagogiques, de rendre Émile à même de développer par lui-même les connaissances utiles. Cette fois, il semble que le sens moral ne puisse s'apprendre autrement qu'en suivant l'exemple d'un autre et en se laissant persuader par sa parole. En effet, la morale n'est pas une expérience faite sur les choses du monde mais une expérience sur soi : "Il importe ici de prendre une route opposée à celle que nous avons suivie jusqu'à présent, et d'instruire plutôt le jeune homme par l'expérience d'autrui que par la sienne" (*Émile,* Partie IV).

• Les valeurs morales ne se transmettent pas : comment les susciter ou les éveiller ?

Prenons garde : la *Profession de foi* n'est pas un enseignement ; on n'y transmet pas des valeurs morales. Le Vicaire propose la vérité de son cœur à un autre cœur pour y éveiller des sentiments analogues aux siens. Pourquoi l'éveil du sens moral doit-il en passer par le discours ? N'est-il pas un "instinct" ("Conscience ! Conscience ! Instinct divin") ? Certes, il est un "instinct" mais qui s'éveille à l'occasion d'abstractions et d'idées générales seules à même d'offrir des règles de vie. Est-il moral, celui qui n'est pas touché par le bien en général et par les règles qu'il impose ? Il faut qu'Émile règle ses passions par un usage de sa conscience°. Inversement, qui reste pris dans l'immédiat, dans un rapport aux événements singuliers, n'a pas la hauteur de vue nécessaire pour être dit moral et pour s'orienter lui-même dans l'existence avec la constance nécessaire à la sagesse.

En ce sens, la *Profession de foi* répond à un problème pédagogique : comment faire naître en Émile des dispositions morales qu'il n'a pas encore ? Par quel artifice ? Par quel discours ? Il ne faut donc pas perdre de vue le fait que tout le propos du Vicaire vise à cela : faire naître en Émile une conscience réflexive de lui-même, de sa place dans le monde, compris comme Création divine, afin qu'il ait les principes pour diriger sa vie lui-même : suivre la foi qui lui semble évidente et non les dogmes qu'on lui impose, et suivre les devoirs moraux qu'elle implique.

La querelle entre Rousseau et Voltaire : premier arrière-plan de la *Profession de foi du Vicaire savoyard*

• Critique de l'optimisme par Voltaire

On peut replacer le texte, pour continuer à en saisir les enjeux, dans un débat entre Rousseau et Voltaire°. Ce débat tournait autour de ce que l'on appelle l'optimisme°. Il y a plusieurs représentants de l'optimisme mais le plus connu est Leibniz° dont on connaît, par l'intermédiaire de *Candide*, sa formule : "tout va pour le mieux dans le meilleur des mondes". Mais, l'affirmation exacte de Leibniz est : "tout va pour le mieux dans le meilleur des mondes possibles". Le Dieu mathématicien de Leibniz ne choisit pas le meilleur absolu. Mais il choisit la meilleure possible parmi toutes les combinatoires qu'il peut établir, tout en restant cohérent et en intégrant le plus de diversité possible entre les individus. C'est pourquoi l'optimisme de Leibniz est une philosophie de la perfection comme *optimum* non comme absence de mal : quelque mal qu'il y ait, il y en a toujours le moins possible pour le plus de bien – aucune optimisation n'est exempte de défauts.

Autour de cette mauvaise interprétation voltairienne s'est constitué un débat houleux. Voltaire° écrivit le *Poème sur le désastre de Lisbonne* (1756) où il développait un argument contre l'optimisme° : comment Dieu peut-il être parfait s'il y a des tremblements de terre qui font des dizaines de milliers de victimes innocentes ? Mais inversement, qu'est-ce qu'un Dieu qui serait responsable du mal, pire, d'un mal gratuit ? L'événement du tremblement de terre est la preuve par le fait de l'inconséquence de l'optimisme° :

> Philosophes trompés qui criez : "Tout est bien"
> Accourez, contemplez ces ruines affreuses
> Ces débris, ces lambeaux, ces cendres malheureuses,
> […] Direz-vous : "C'est l'effet des éternelles lois
> Qui d'un Dieu libre et bon nécessitent le choix" ?
> Direz-vous, en voyant cet amas de victimes :
> "Dieu s'est vengé, leur mort est le prix de leurs crimes" ?
> Quel crime, quelle faute ont commis ces enfants
> Sur le sein maternel écrasés et sanglants ?

• Critique de cette critique par Rousseau

Rousseau (dans une lettre dite "Lettre à Voltaire", datée du 18 août 1756) ne l'entend pas ainsi et réprouve trois choses dans le poème de Voltaire° :

(a) le contresens fait sur Leibniz° que nous venons d'évoquer,
(b) l'irrecevabilité morale du pessimisme,
(c) la volonté de rapporter à Dieu la cause du mal et de la destruction : l'on pourrait aussi bien la rapporter aux hommes qui se réunissent dans des villes surpeuplées et dans des maisons fragiles, se mettant ainsi eux-mêmes en péril.

Dans cette lettre, Rousseau rend à Leibniz° la signification des théories que Voltaire° a sinon mal comprises au moins mal restituées. De ce fait, la critique de Voltaire, selon Rousseau, n'atteint pas son but. Rousseau propose alors un certain nombre d'arguments qu'il reprendra dans la *Profession de foi*. Les deux arguments principaux sur lesquels nous reviendrons sont :
(a) d'une part, l'erreur de Voltaire° qui confond le mal général° et le mal particulier° – le premier n'existe pas, le deuxième a une existence relative aux êtres qu'il affecte non une existence absolue –,
(b) d'autre part, le sujet d'imputation du mal qui, contrairement à ce que pense Voltaire°, n'est pas Dieu mais l'homme, en raison de sa liberté.

• Mieux vaut être optimiste concernant Dieu

Rousseau critique surtout le fait que la réfutation de l'optimisme° est contraire au bonheur des hommes. À tout prendre, l'homme serait plus heureux à vivre dans l'optimisme que dans sa réfutation. Faisons toutefois attention : Rousseau ne préfère pas l'illusion optimiste à la lucidité pessimiste ; il montre qu'il n'y a pas plus de raison de dire que Dieu est coupable que de dire que l'homme l'est, mais qu'en revanche, pour le bonheur et la sagesse humaine, il vaut mieux dire que l'homme est responsable du mal plutôt que Dieu. C'est au fond, l'impératif du bonheur humain qui préside au choix entre deux interprétations possibles du désastre de Lisbonne : Rousseau brosse donc, déjà, malgré les arguments métaphysiques° abstraits, l'image d'une religion pensée à partir de l'homme et à la mesure de son bonheur.

Il s'agit d'une religion très éloignée de celle d'un Dieu monarque et transcendant, présidant aux destinées des hommes de toute sa souveraine autorité. C'est au contraire un Dieu dont chacun trouve la vérité en lui, un Dieu qui relie les hommes à partir de leur commune humanité. Ce contexte nous permet donc de poser un des problèmes agités par la *Profession de foi* : en quel type de Dieu est-il meilleur de croire ?

En un Dieu qui serait responsable du mal, et ce faisant, en un mal fatal, ou en un Dieu que la bonté rendrait incapable du mal, et, ce faisant, en un mal dont l'existence ou l'inexistence dépendent de l'homme ? Mais, subordonner ainsi Dieu au bonheur humain est très problématique du point de vue des religions instituées : cela leur apparaît comme une hérésie (une opinion fausse en matière de foi, qui mérite condamnation).

• La fin de non-recevoir de la part de Voltaire

Voltaire n'a pas répondu à Rousseau. Mais on peut considérer que *Candide* paru à Genève en 1759 tient lieu de repartie. Pangloss y tient le rôle de Wolff, disciple de Leibniz°, et défend, par une logorrhée, c'est-à-dire un flux de paroles sans fin, un discours abstrait et ridicule, la thèse selon laquelle "tout est pour le mieux dans le meilleur des mondes". La formule, pour Candide, finit par être vidée de son sens en raison des horreurs qu'il croise durant ses pérégrinations.

En définitive, il est possible de considérer que la *Profession de foi* dont Rousseau a commencé la rédaction en 1759, constitue, en partie, la réponse à *Candide* de Voltaire et offre une réflexion générale sur Dieu et l'ordre du monde.

L'ARRIÈRE-PLAN MORAL DE LA *PROFESSION DE FOI* : QUESTIONS ET RÉPONSES DE ROUSSEAU SUR LA MORALE

Le scepticisme du Vicaire

• La *Profession de foi* n'est pas un catéchisme

Le Vicaire précise bien qu'il ne souhaite pas donner un dogme ou une doctrine constitués puisqu'il les refuse. Il ne souhaite pas non plus démontrer à Émile une quelconque vérité religieuse ou morale. Il cherche à faire qu'Émile soit disposé à être sensible à la foi et aux questions morales. Cela correspond aux principes de l'éducation de Rousseau : transmettre des connaissances n'est pour lui ni possible ni souhaitable ; la meilleure chose à faire, en termes d'éducation, est de construire des dispositifs permettant à l'élève de s'élever lui-même au savoir : "Commencez par mettre votre conscience en état de vouloir être éclairée. Soyez sincère avec vous-même. Appropriez-vous de mes sentiments ce qui vous aura persuadé, rejetez le reste." (p. 124) ;

“Tenez votre âme en état de désirer toujours qu’il y ait un Dieu, et vous n’en douterez jamais” (p. 125).

Ainsi s’expliquent :

(a) la polarisation du discours du Vicaire sur les sentiments à même d’emporter la persuasion de l’adolescent,

(b) un style qui est moins une démonstration qu’une exhortation : “Souvenez-vous que je n’enseigne point mon sentiment, je l’expose” (p. 68).

Il s’agit bien d’une profession de foi, non d’un catéchisme : on expose les sources du sentiment d’admiration pour les œuvres de Dieu et de Jésus° ; on ne propose pas une imitation de Jésus-Christ°.

• Une réflexion sur la source des bonnes et des mauvaises dispositions morales

Cette partie d’*Émile* est une réflexion sur les sources des bonnes et des mauvaises dispositions morales en l’homme (car comme le veut “l’éducation négative”, dont parle Rousseau, il s’agit d’abord et avant tout de lui apprendre à bien agir, d’éviter qu’Émile développe une propension au vice). Tout le propos doit être articulé à ce thème pour être compris : que ce soient les questions de métaphysique° sur l’ordre, la justice et la bonté de la création (permettant de dégager que seules de mauvaises dispositions de l’homme peuvent expliquer l’origine et le fondement du mal), que ce soit sur des questions institutionnelles, sur la rivalité des différentes religions constituées en tant qu’elles sont les habits différents d’une même foi (c’est la disposition à croire qu’il y a de vraies et de fausses religions qui conduit (a) à l’ignorance de la vraie foi et au refuge dans le dogme, (b) à alimenter la destruction de l’homme par l’homme à travers l’intolérance).

• Le scepticisme modéré du Vicaire : au fondement de la conviction intérieure

Le Vicaire n’emprunte pas seulement verbalement au scepticisme° ancien des pyrrhoniens, c’est-à-dire des penseurs qui se revendiquent de Pyrrhon, penseur sceptique de l’Antiquité. Il considère, au-delà de cela, que le savoir et notre capacité de savoir sont structurellement finis. C’est pourquoi il propose une forme de doute que l’on pourrait appeler modéré. Ce doute consiste à refuser la fausse certitude d’une part, mais aussi à ne pas se réfugier dans le scepticisme pour éviter de chercher la vérité. Il y a là une critique contre le dogmatisme des religions, mais aussi peut-être contre la légèreté facile des libertins et des athées : ceux-ci peuvent se complaire dans la facilité du doute plutôt que de chercher sincèrement la vérité.

Un des exemples que Rousseau donne de son scepticisme° inspiré du pyrrhonisme est celui du diallèle (du grec : *dia* = entre ; *allêlos* = l'un et l'autre) ou cercle logique. Il considère que les théologiens° prouvent les miracles par le dogme et le dogme par les miracles, ce qui est un cercle qui ne prouve rien : "Ainsi donc, après avoir prouvé la doctrine par le miracle, il faut prouver le miracle par la doctrine, de peur de prendre l'œuvre du démon pour l'œuvre de Dieu. Que pensez-vous de ce diallèle ?" De ce point de vue, on ne peut que douter de convictions aussi mal fondées sur les miracles. Exemple parmi d'autres de l'usage méthodologique du scepticisme par le Vicaire : il cherche ainsi à se purger des croyances infondées ou mal fondées des religions établies.

• Des dogmes à la conviction intime

Saisissons bien le niveau auquel se place volontairement le discours du Vicaire° savoyard. Ce dernier ne prétend pas rivaliser avec les métaphysiciens° qui cherchent des preuves de l'existence de Dieu, réfléchissent sur les noms et les attributs divins et disputent sur la question. "Mon dessein n'est pas d'entrer ici dans des discussions métaphysiques qui passent ma portée et la vôtre, et qui, dans le fond, ne mènent à rien." (p. 88). Son doute a précisément pour but de déplacer la question de Dieu et de la foi de la sphère des abstractions théologiques° à la sphère de l'évidence subjective et du sentiment. Ainsi, c'est la conscience de la limitation ou de la finitude du savoir humain qui conduit le Vicaire :

(a) à situer son discours en deçà du raffinement intellectuel des querelles théologiques°,

(b) à considérer que la raison, ne pouvant être un fondement dernier des convictions religieuses et morales, celles-ci doivent trouver un fondement hors d'elle, dans un sens naturel, une sensibilité au bien et au mal ("Pénétré de mon insuffisance, je ne raisonnerai jamais sur la nature° de Dieu que je n'y sois forcé par le sentiment de ses rapports avec moi"). Comme on ne peut pas tout démontrer, le sentiment apparaît comme un recours contre les insuffisances de la raison.

• **Le sentiment et la raison : la sincérité comme clef de la vérité**

Il y a, dans l'anthropologie° rousseauiste, non une imperméabilité de l'ordre de la raison et de l'ordre du sentiment, mais une primauté du sentiment auquel on doit revenir pour donner à toute démarche rationnelle un fondement et une mesure. En ce sens, foi et savoir ne sont pas de deux ordres ; le savoir et la foi, pour ne pas être dévoyés, doivent être reconduits à leur racine commune : la conscience morale°. En ce sens, le fondement de la vérité est moins, pour Rousseau, dans une correspondance entre l'intellect et les choses extérieures à l'intellect (conception de la vérité comme objectivité), qu'entre l'intellect et le sentiment naturel et pré-intellectuel provenant de la conscience morale (conception de la vérité comme sincérité). Ainsi, la vérité renvoie, pour Rousseau, à la sincérité plus qu'à l'objectivité.

La question du mal

• **L'origine du mal : la faiblesse de la volonté**

La réflexion de Rousseau porte également sur la faiblesse de la volonté humaine. Rousseau fait implicitement référence à Médée°, personnage de la mythologie qui a tué père et frères pour permettre à Jason, son amant, de prendre la Toison d'or. Car Sénèque°, philosophe stoïcien et dramaturge de l'antiquité romain, lui fait dire dans une de ses pièces intitulée *Médée* : *video meliora proboque, sed deteriora sequor* (je vois le meilleur et je l'approuve, mais c'est le pire que je poursuis).

Plusieurs hypothèses pourraient s'offrir à Rousseau pour expliquer que l'homme fait le mal alors qu'il connaît le bien :

(a) la première consiste à dire que la volonté humaine est intrinsèquement viciée, mauvaise. C'est ainsi que l'on pourrait comprendre le péché originel dans le christianisme. Mais Rousseau refuse d'accuser la nature° humaine : il n'y a aucune raison pour que l'homme soit mauvais par nature.

(b) la deuxième hypothèse serait que l'homme n'a naturellement pas de conception du bien et du mal et qu'il fait le mal sans le savoir, suivant ses sentiments individuels, ses préjugés, ses coutumes (chacun jugeant le bien ou le mal selon ces mêmes préjugés). C'est ainsi que les relativistes règlent le problème : le bien et le mal sont choses variables et relatives, ils n'ont pas d'existence absolue. Mais Rousseau estime que l'homme a un sens moral (la conscience°) infaillible qui lui permet de sentir infailliblement ce qui est bon ou mauvais. C'est pourquoi, il critique vertement le relativisme° de Montaigne° :

> Mais que servent au sceptique Montaigne les tourments qu'il se donne pour déterrer en un coin du monde une coutume opposée aux notions de la justice ? Que lui sert de donner aux plus suspects voyageurs l'autorité qu'il refuse aux écrivains les plus célèbres ? (p. 88)

(c) la troisième hypothèse consisterait à affirmer que l'homme est responsable de ses propres excès alors qu'il a naturellement un pouvoir de distinguer le bien et le mal. Cette troisième hypothèse, qui est celle de Rousseau, suppose l'introduction de deux facultés : d'une part, la conscience° (le sens moral de l'homme grâce auquel il connaît naturellement le bien et le mal : "Conscience ! Conscience ! Instinct divin, immortelle et céleste voix ; guide assuré d'un être ignorant et borné, mais intelligent et libre ; juge infaillible du bien et du mal.", p. 90) ; d'autre part, la liberté (qui permet à l'homme de résister à cette voix de la nature° en lui pour se donner des principes de vie divergents).

• L'homme fait souvent le mal en croyant avoir de bonnes raisons de le faire

Mais d'où l'homme tire-t-il ses "bonnes raisons" de faire le mal qui pervertissent ses sentiments moraux naturels ? Il ne les tire pas de sa nature° mais du développement de ses facultés et de la vie sociale qui changent son rapport à lui-même, altèrent sa nature et sa perception des choses :

> Mais quand, pour connaître ensuite ma place individuelle dans mon espèce, j'en considère les divers rangs et les hommes qui les remplissent, que deviens-je ? Quel spectacle ! Où est l'ordre que j'avais observé ? Le tableau de la nature ne m'offrait qu'harmonie et proportions, celui du genre humain ne m'offre que confusion, désordre ! (p. 70)

Rousseau donne un exemple de cela dans le *Discours sur l'origine et les fondements de l'inégalité parmi les hommes*. Il évoque le savant qui ferme la fenêtre pour ne plus entendre les cris de douleur venant de la rue : ce savant résiste à sa pitié naturelle qui le dérange alors qu'il travaille, si bien qu'il croit avoir une bonne raison de lui tourner le dos en fermant la fenêtre ; son travail de savant est le désir de ne pas céder au sentiment mais à la raison seule…

La source du mal résulte donc (a) de la liberté humaine, (b) du choix libre de faire le mal, (c) du développement de dispositions à choisir le mal plutôt que le bien (émanant principalement de la société et du développement corrélatif de l'amour-propre). Ainsi, dire que c'est l'homme, en tant qu'il est libre, qui est responsable du mal, c'est à la fois disculper Dieu qui a fait l'homme plus parfait en le rendant capable de suivre le bien volontairement plutôt que mécaniquement, et en même temps, c'est affirmer que cette perfection, étant exigence, peut faire que l'homme s'oriente lui-même sans le savoir vers des décisions qui ne sont pas des composantes du bien.

• L'homme n'est pas naturellement moral mais dispose naturellement d'un sens moral

L'homme n'est pas naturellement moral, au sens où il n'a pas de conceptions du bien et du mal par nature° (avoir pitié de quelqu'un, ce n'est pas avoir une idée du bien et du mal mais seulement un sentiment de pitié). Toutefois, dès qu'il construit intellectuellement de telles conceptions abstraites, sa conscience° est à même de les lui faire aimer : "connaître le bien, ce n'est pas l'aimer : l'homme n'en a pas la connaissance innée, mais sitôt que sa raison le lui fait connaître, sa conscience le porte à l'aimer : c'est ce sentiment qui est inné" (p. 90).

Inversement, la tendance à vouloir augmenter son bénéfice individuel le conduit souvent à un calcul égoïste qui éloigne l'homme de la voie du bien. Il y a donc une forme de réminiscence platonicienne (pour Platon°, les idées sont innées, savoir c'est se souvenir) des valeurs morales : chacun a une faculté à distinguer les conceptions bonnes des mauvaises. Mais, Rousseau n'est pas platonicien au sens strict parce que la reconnaissance de ce qui a une valeur morale n'est pas intellectuelle (chez Platon, ce sont les Idées que l'on retrouve par réminiscence), mais elle est sensible (chez Rousseau, c'est la sensibilité morale qui seule est à même de servir de critère bien-fondé pour des représentations morales que l'on construit). L'idée qu'il n'y a pas de connaissance naturelle du bien, pas plus qu'il n'y a de droit naturel a déjà été développée dans le *Discours sur l'origine et les fondements de l'inégalité parmi les hommes* : mais là où ce discours cherchait le fondement du mal, ainsi que l'origine de la disposition des hommes au mal moral, la *Profession de foi* cherche plutôt l'origine et le fondement du bien ainsi que le critère pour évaluer nos conceptions morales.

• Ne pas pervertir les sentiments antérieurs à toute formation, faire correspondre nos conceptions à notre sens moral

> Quoique nos idées nous viennent du dehors, les sentiments qui les apprécient sont au-dedans de nous, et c'est par eux seuls que nous connaissons la convenance ou disconvenance qui existe entre nous et les choses que nous devons respecter ou fuir. (p. 89)

C'est ainsi que l'éducation est centrale pour présenter à l'enfant des situations à même de le conduire à développer de bonnes dispositions et des jugements moraux sains, au lieu que la société lui présente souvent des situations qui lui donnent occasion de ruser, de contourner ses sentiments naturels et de développer des dispositions à agir en décalage par rapport à eux. Mais cela signifie donc que les convictions de l'homme ne sont pas l'effet des circonstances et des situations rencontrées par la personne, car la conviction dépend, en dernière instance, d'une sensibilité interne à l'homme. Toute divergence morale est l'effet de la pression du contexte dans lequel l'homme se met lui-même. Tout l'effort du Vicaire est précisément de montrer que l'homme est seul responsable du mal et de montrer qu'en même temps, il a en lui les moyens de bien agir en faisant appel à sa conscience°.

La clef de la morale du Vicaire : un certain réalisme des valeurs morales

• Duplicité de l'homme

Il faut prendre au sérieux les affirmations du Vicaire sur le caractère double, duplice, de la nature° humaine. Cette duplicité n'est pas innée, puisqu'elle est le résultat d'altérations multiples qui séparent l'homme de lui-même. Mais elle permet de comprendre qu'il y a dans l'homme deux types d'intérêts (la notion d'intérêt est donc équivoque) :
(a) un intérêt résultant des circonstances sociales et de l'histoire – cet intérêt est l'amour-propre,
(b) l'intérêt inné qu'il doit toujours prendre comme guide parce qu'il ne l'enferme pas sur lui-même mais contient des dispositions altruistes (comme la pitié naturelle) d'une part, et d'autre part des dispositions à admirer et à aimer ce qui est bien en soi – cet intérêt est appelé conscience° :

> Chacun, dit-on, concourt au bien public pour son intérêt. Mais d'où vient donc que le juste y concourt à son préjudice ? Qu'est-ce qu'aller à la mort pour son intérêt ? Sans doute nul n'agit que pour son bien ; mais s'il est un bien moral dont il faut tenir compte, on n'expliquera jamais par l'intérêt propre que les actions des méchants. (p. 88)

• Critique de ceux qui estiment que l'homme est naturellement poussé à agir par amour-propre

En réfutant la notion d'intérêt strictement articulée à la satisfaction des besoins et désirs égoïstes, Rousseau critique une série de mouvements puissants à son époque. On peut les faire remonter aux réflexions de penseurs du XVIIe sur l'amour-propre. La Rochefoucauld (1613-1680), par exemple, dans ses *Maximes* (1665), montre comment toutes les attitudes humaines y compris les plus magnanimes et les plus désintéressées peuvent toujours être décrites ou expliquées comme des effets de l'amour-propre. Ne sortirait-on jamais, dans notre rapport aux choses, de cette notion très fermée de l'intérêt personnel ?

Helvétius (1715-1771), penseur matérialiste, dans *De l'esprit* qui parut quatre ans avant *Émile* (en 1758), s'inscrit dans cette trajectoire. Il estime qu'il n'est d'intérêt que ce qui sert le plus étroitement au bénéfice individuel. Rousseau défend, au contraire, qu'existe un sens moral. Celui-ci peut conduire l'individu à se sacrifier pour ce qu'il croit bon en soi ou pour autrui. Le simple constat qu'existent de tels sacrifices est la preuve d'une sensibilité impersonnelle au bien. C'est dans cette perspective que l'on doit également comprendre l'éloge paradoxal du fanatisme dans la dernière note de la *Profession de foi*.

• La conscience comme "révélateur" de ce qui est bien, bon ou juste

On pourrait croire que Rousseau, faisant constamment appel au sentiment, défend un subjectivisme moral : ce que je crois être le bien, c'est ce que je sens être tel et cela n'engage donc que moi. Dire cela est incorrect. Car la sensibilité au bien, d'une part, n'est pas singulière : tous les hommes la partagent ; d'autre part, cette sensibilité ne révèle pas la subjectivité humaine, elle montre la bonté, qui est dans le monde lui-même. Il doit donc y avoir une forme d'harmonie qui relie la conscience° à l'ordre du monde. Cette conjonction de la subjectivité et de l'objectivité qui fait que ce que chacun sent sincèrement être le bien, c'est le bien même, nécessite une métaphysique°. Fonder cet espoir, telle est la fonction de la *Profession de foi*.

Le Vicaire ne fait pas reposer la morale sur la subjectivité, mais sur l'existence d'un Créateur qui est garant de l'harmonie entre subjectivité morale et objectivité des valeurs. C'est la raison pour laquelle la conscience° est un "instinct divin". L'appel à la subjectivité n'est donc pas subjectiviste, l'appréciation de la valeur morale des choses et des actions ne dépend pas du goût variable de chacun. Mais, la subjectivité morale révèle naturellement ce qui est objectivement bon pour celui qui ne l'étouffe pas sous l'artifice et les mauvaises habitudes.

UNE MÉTAPHYSIQUE OPTIMISTE ET UNE ANTHROPOLOGIE DE LA SIMPLICITÉ

Matérialisme ou idéalisme ? Les “méditations métaphysiques” du bon Vicaire

• Le doute non cartésien du Vicaire

Il est possible de considérer qu’existe une grande proximité entre le début de la *Profession de foi* et les *Méditations métaphysiques* de Descartes°, ce que le Vicaire remarque lui-même : “j’étais dans ces dispositions d’incertitude et de doute que Descartes exige pour la recherche de la vérité”. En effet, le texte commence par le doute. Mais, le doute n’est pas ici un moyen comme le doute de Descartes qui consistait à faire un effort artificiel pour douter de tout, afin de voir s’il y avait au moins une certitude qui résisterait. Le doute est ici présenté comme un facteur déclencheur, involontairement subi par le Vicaire, renforcé par la perplexité dans laquelle le laissent les querelles des théologiens et des philosophes :

> Je consultai les philosophes, je feuilletai leurs livres, j’examinai leurs diverses opinions ; je les trouvais tous fiers, affirmatifs, dogmatiques [...] Je compris encore que, loin de me délivrer de mes doutes inutiles, les philosophes ne feraient que multiplier ceux qui me tourmentaient et n’en résoudraient aucun. (p. 54-55)

Le Vicaire ne fait aucun effort pour douter et n’essaie donc pas de trouver une première certitude mais plutôt de sortir de l’incertitude à partir d’un aveu de faiblesse de la raison : “je conçus que l’insuffisance de l’esprit humain est la première cause de cette prodigieuse diversité de sentiments” (p. 54). Cela conduit le Vicaire à un double impératif : celui de ne pas essayer de savoir plus qu’on ne peut, et celui de limiter notre enquête à ce qui nous est nécessaire. Cette attitude consistant à limiter les prétentions de la raison et à éviter son penchant à la spéculation est assez courante aux XVIIe et XVIIIe siècles.

• Les premières vérités fragiles de la méditation du Vicaire

La faiblesse fondamentale de l’esprit humain ne conduit pas pour autant le Vicaire à abandonner son amour de la vérité, en sorte que dans sa recherche de la vérité, comme examen de conscience, le Vicaire n’atteint pas la première certitude de Descartes (“Je pense donc je suis”). Le Vicaire, au contraire, quand il est reconduit à l’évidence du fait qu’il pense (comme Descartes), s’aperçoit que sa pensée est l’intrication profonde de la sensation produite par les choses en nous et des choses extérieures. Autrement dit, contrairement à ce que pense Descartes, la pensée n'est pas une donnée claire et distincte ; elle n'est donc pas une première vérité. Ainsi, la première certitude est de manière contemporaine une difficulté : le déploiement conjoint de soi et du monde.

• Un Vicaire ni matérialiste ni idéaliste

Le Vicaire a en vue deux partis opposés au sien :

(a) Le parti des idéalistes d'abord. Car il critique que l'on puisse avoir une conception de soi-même séparée de la matière (même si l'on sent que la force active qui nous compose est différente de la passivité de la matière).

(b) Les partis matérialistes ensuite, Helvétius en tête, et sans doute aussi des empiristes (Locke, Hume) et sensualistes (Condillac). Ils considèrent que le moi est passif et que toutes ses pensées et connaissances résultent passivement des sens. Ils considèrent surtout, que la pensée n'est rien d'autre que le résultat d'un mécanisme matériel et qu'il n'y a, dans l'univers, que de la matière.

Dans ces deux cas, notre Vicaire défend :

(a) que l'expérience des choses et l'expérience de soi sont intimement et indéfectiblement liées. C'est la raison pour laquelle il renvoie dos à dos les attitudes idéalistes et matérialistes qui n'ont un sens qu'abstrait, c'est-à-dire détaché de l'expérience concrète que l'on fait de soi-même et du monde. Car on ne fait jamais l'expérience de pensée pure ou de matière pure ; les deux sont toujours originairement liées. Il estime donc que Descartes° a tort lorsqu'il considère un pouvoir de penser et des propriétés mentales indépendantes des données des sens et du sentiment,

(b) que, pour autant, la pensée n'est pas déterminée par les données sensibles, sinon elle ne serait que pure passivité mécanique, mais qu'elle est une force active à même de comparer et de juger les données qu'elle reçoit et, *in fine*, de choisir. Ce dernier point est très important parce qu'il doit aussi être articulé à la conception générale du rapport entre la vie et la matière que le Vicaire développe. Ils s'agit d'un vitalisme° qui consiste à penser la vie comme une substance active ou un principe actif qui se surajoute à l'inertie de la matière.

• Un Vicaire vitaliste

Le Vicaire, en estimant que la vie en l'homme est quelque chose de plus que la matière, et plus généralement qu'il faut supposer en plus du principe matériel passif, un principe vital et actif, contredit le point de vue d'un Diderot, qui pense le mouvement comme intrinsèque à la matière, ou les positions mécanistes, qui défendent que la vie n'est pas autre chose que le mouvement matériel des parties de l'être vivant. Pour Rousseau, la vie est une substance qui a des propriétés irréductibles aux simples propriétés matérielles, même si elle ne peut exister sans la matière et lui est intimement liée. L'idée que l'âme est une force vitale expansive qui peut étendre son sentiment d'exister au-delà des limites de son corps et, de ce fait, s'identifier à son semblable hors d'elle, est importante pour comprendre la morale et la foi du Vicaire.

• Une étrange conception de la vérité

> Je ne suis donc pas simplement un être sensitif et passif, mais un être actif et intelligent, et, quoi qu'en dise la philosophie, j'oserai prétendre à l'honneur de penser. Je sais seulement que la vérité est dans les choses et non dans mon esprit qui les juge, et que moins je mets du mien dans les jugements que j'en porte, plus je suis sûr d'approcher de la vérité : ainsi ma règle qui est de me livrer au sentiment plus qu'à la raison est confirmée par la raison même. (p. 59-60)

La dernière formule est étonnante car on définit ordinairement la vérité comme ce que l'on trouve par l'exercice de la raison. Or, pour Rousseau, la raison est le produit de l'activité du "moi" qui compare, différencie... Elle ne peut donc être source de vérité. Car accéder au vrai, c'est se libérer des productions artificielles de notre subjectivité. La vérité est donc bien dans le sentiment immédiat que nous inspire notre nature°.

Ainsi, le Vicaire pense que moins la raison est législatrice, dans les jugements, plus ce sont les sentiments naturels qui s'expriment. Ainsi, moins il y a de moi dans les jugements, plus il y a de vérité. Cet axiome est à retenir car il est, si l'on veut, un autre pilier essentiel de la morale et de la religion du Vicaire. Ce dernier développe l'idée selon laquelle la vérité a son critère non dans la raison qui raffine mais dans les choses telles qu'elles nous affectent, telles qu'on les sent avant toute intervention de la raison. Cela permet également de comprendre la critique récurrente des philosophes dans le texte.

• Une vérité sensible : l'appel à la sincérité plutôt que l'appel à la "raison raisonnante"

On soulignera, pour finir, qu'une telle conception est centrale pour saisir comment, chez le Vicaire, la vérité est liée au bien, au beau et au juste. On ne doit pas comprendre cela en un sens platonicien, c'est-à-dire au sens d'une liaison idéelle entre le bien, le vrai, le beau et le juste.

C'est au sens où l'expérience originaire du monde, par l'individu, est toujours dotée d'une valeur affective et morale de plaisir, de déplaisir, de beauté, de laideur, de bonté, de justice… Autrement dit, l'expérience authentique du monde est une expérience simple, esthétique et morale, là où la raison introduit dans l'expérience des représentations complexes, artificielles et désincarnées. C'est précisément dans cette expérience originaire et simple que doivent pouvoir se trouver les racines de la vérité.

Ce moment de la réflexion du Vicaire (p. 56-60) est particulièrement dense et important parce qu'il permet (a) de fonder la distinction entre la matière et inerte et le mouvement vital sur l'expérience que chacun peut faire de soi-même (sentant sa pensée comme activité appliquée sur une matière sensible passive), non par une expérience de pensée mais par une pratique réflexive. Il permet également (b) de fonder un certain réalisme moral en montrant que les valeurs morales sont indissociables de l'expérience originaire et authentique du réel : elles sont *dans le monde* et non *dans la tête*, tout simplement parce que le moi n'est pas discernable de l'expérience sensible qu'il fait du monde, il est dans le monde (remise en cause de la querelle entre idéaliste et matérialiste).

Le mouvement, l'ordre, le bien : une cosmologie fondée sur l'harmonie

• Étude du premier article de foi : "je crois qu'une volonté meut l'univers et anime la nature" (p. 63)

Rousseau reprend une série de *topoi*° de la pensée théologique° lorsqu'il prouve l'existence de Dieu par la nécessité d'un premier moteur, par exemple. On trouve cela chez un théologien du XIIIe siècle, saint Thomas d'Aquin° qui, dans la *Somme théologique,* reprend cela à la *Métaphysique* d'Aristote°, philosophe grec du IVe siècle avant notre ère, dont il s'inspire. Mais, en même temps, le Vicaire renouvelle ces preuves, lorsqu'il affirme, par exemple, l'équivalence entre l'automotricité du premier moteur et une volonté. Ainsi, selon lui, l'existence du mouvement est non seulement la preuve qu'a existé un premier moteur pour mettre en action la matière inerte (car elle n'a pu se mettre en mouvement seule sans un principe actif extérieur), mais surtout que ce premier moteur est une volonté car il est doué de spontanéité (il a sa cause en lui-même) : "j'aperçois dans le corps deux sortes de mouvements, savoir, mouvement communiqué, et mouvement spontané ou volontaire" (p. 60). Le texte fonctionne donc systématiquement par reprise et déplacement de thématiques classiques, les insérant dans l'ensemble cohérent d'une religion naturelle°.

• Étude du second article de foi : "la matière mue selon certaines lois me montre une intelligence" (p. 65)

Après avoir prouvé l'existence d'une volonté suprême source de mouvement, le Vicaire° s'attache à montrer que cette volonté se déploie avec intelligence et en vertu d'une fin. Ainsi, il défend l'idée que le monde, comme Création, n'est pas le produit d'un hasard mécanique mais d'une volonté bienfaisante :

> Que d'absurdes suppositions pour déduire dans cette harmonie l'aveugle mécanisme de la matière mue fortuitement ! Ceux qui nient l'unité d'intention qui manifeste dans les rapports de toutes les parties de ce grand tout [...] il m'est impossible de concevoir un système d'êtres constamment ordonnés que je ne conçoive une intelligence qui l'ordonne. (p. 67-68)

Ce point est important pour Rousseau qui cherche à soutenir l'idée que le bien, tel que notre conscience° le perçoit, est réellement LE bien. L'importance de ce passage réside dans le fait qu'il permet au Vicaire d'asseoir une forme d'optimisme° métaphysique° qu'il reprend à Leibniz°, cité dans la "lettre à Voltaire". Le thème de l'harmonie, entendue comme la congruence ou la correspondance des parties d'un ensemble était déjà un thème leibnizien. Ce thème permet de faire correspondre sensibilité (car l'harmonie se sent avant de se penser), sentiment (car l'harmonie crée un sentiment de bien-être et peut être considérée comme la racine du sentiment esthétique et moral) et intelligence (car l'harmonie peut être pensée et démontrée à travers l'étude des êtres vivants en particulier, dont toutes les parties se combinent, dépendent les unes des autres et s'entraident pour faire vivre l'organisme tout entier).

Le Vicaire considère qu'il tombe sous le sens que le hasard ne peut produire l'harmonie apparente du monde. Il s'oppose donc aux théories mécanistes de la nature° qu'il considère comme des artifices rationnels et qu'il réfute moins par un appel à la raison que par un appel au sentiment. Ainsi, le Vicaire suit le principe qui consiste à trouver les racines du vrai dans une expérience simple et primordiale du monde. L'ordre n'est pas la soumission de tout aux lois de la nature comme le pensait Descartes° parce que ces lois sont des abstractions. L'ordre, au contraire, est l'expression de la correspondance harmonique concrète des parties du tout de la nature, de chacun des individus les uns avec les autres. L'harmonie se perçoit donc indépendamment de toute abstraction. Sentir cette harmonie est la voie vers la perception du bien et de la perfection de la création.

La toute-puissance de Dieu est alors puissance d'ordonner. En tant que volonté une et unifiante, elle est volonté bonne. En tant que volonté qui établit équilibre et correspondance harmonique entre les parties, elle est volonté juste : "je ne laisse pas d'apercevoir l'intime correspondance par laquelle les êtres qui le composent se prêtent un secours mutuel" (p. 65). Une volonté qui s'étend sur tout, souhaite naturellement conserver ce tout sur lequel elle s'étend et auquel elle s'identifie. Autrement dit, c'est l'amour de soi divin qui le conduit à conserver dans le meilleur état et de manière ordonnée toutes les parties du monde.

• L'optimisme apologétique du Vicaire : le sentiment de l'harmonie de la création pour stimuler le sentiment moral

Un tel optimisme apologétique° consiste à affirmer que la nature°, comme Création, est faite selon le principe sinon du bien, au moins du meilleur (de *l'optimum*) et qu'en ce sens, le principe du mal ne peut être en elle. Cette évidence se fonde encore une fois, moins sur une démonstration que sur le sentiment que l'expérience des choses nous donne : (a) du fait que la matière ne peut être cause de son propre mouvement, (b) du fait que chaque partie correspond à chaque autre d'une manière ordonnée et (c) qu'enfin cette correspondance des parties est le signe que tout est fait par une volonté souhaitant le bien. L'appel au sentiment est non seulement un ressort central de l'exposition de sa métaphysique°, mais il découle des principes développés plus haut.

Par ailleurs, ce moment est important dans la démarche parce qu'il permet au Vicaire de considérer que la nature° humaine, comme partie de la création, est en harmonie avec le tout et peut trouver en elle les principes de la vie ordonnée, de la vie bonne et juste. Le moment permet aussi d'attribuer l'origine du mal non à la création ou à la nature humaine mais à l'homme tel qu'il s'est fait et altéré dans son histoire.

Soulignons, enfin, que Rousseau reste fidèle à son scepticisme° modéré ou au principe de la finitude de la raison : il affirme que si nous sommes à même de sentir que le monde a été créé selon une fin, nous ne sommes pas à même de le savoir ni de savoir quelle est cette fin, car la portée de notre esprit ne s'élève pas à celle de l'intellect divin.

• Le troisième article de foi : "l'homme est donc libre dans ses actions, et, comme tel, animé d'une substance immatérielle, c'est mon troisième article de foi" (p. 74)

L'homme est, en dernière instance, responsable du mal parce que son existence et sa perception sont dépendants de la société. Après avoir examiné les questions métaphysiques°, le Vicaire s'applique maintenant à une anthropologie°. Il a pour but de montrer que l'homme, en général, et la société, en particulier, sont responsables du mal. Le Vicaire reprend ici des questions apologétiques° classiques que Rousseau avait déjà évoquées dans la "lettre à Voltaire". Il place comme centrale la contestation de la thèse selon laquelle le mal est une composante de la Création. Cette thèse contrevient, en effet, à l'optimisme° métaphysique au profit d'une forme de pessimisme. En outre, la thèse en question tend à renverser la vision harmonique exposée par Rousseau et qui est centrale pour asseoir sa morale.

• Inexistence du mal général, existence du mal particulier

La thèse du Vicaire sur le statut métaphysique° du mal se résume en deux affirmations. La première consiste à dire qu'il n'existe pas de mal général° du point de vue de la Création : "le mal général ne peut être que dans le désordre, et je vois dans le système du monde un ordre qui ne se dément pas". La seconde est qu'il n'existe qu'un mal particulier° dont l'homme, en tant qu'il est libre, est l'origine – Rousseau appelle le mal particulier, mal moral, opposé au mal général ou mal physique qui n'existe pas, car il est toujours largement compensé par un bien :

> Je ne vois pas qu'on puisse chercher la source du mal moral ailleurs que dans l'homme libre, perfectionné, partant corrompu ; et, quant aux maux physiques, si la matière sensible et impassible est une contradiction comme il me le semble, ils sont inévitables dans tout système dont l'homme fait partie. (Lettre à Voltaire)

Le Vicaire opère donc un déplacement de la question du mal : cette question passe du domaine de la cosmologie (le mal comme partie intégrante de l'univers) au domaine politique, social et moral (le mal est une composante des cultures humaines et n'a de réalité que dans leur cadre). Au fond, Rousseau fait passer le pessimisme d'une thèse sur la nature° de l'univers à une thèse sur l'humanité.

Ainsi, tout un effort du Vicaire se déploie pour montrer que le mal physique n'est pas un mal véritable mais se résout toujours dans un bien plus grand qui le compense (par exemple, "la douleur du corps, n'est-elle pas un signe que la machine se dérange et un avertissement d'y pourvoir ?", p. 75). Le mal vient de l'incontinence morale de l'homme qui voyant le bien fait le mal, ou pire encore, ayant les moyens de voir le bien a construit des moyens artificiels de reconnaître du bien là où il y a du mal et, de ce fait, d'avoir de bonnes raisons de faire le mal.

• Une anthropologie et une morale de la simplicité

La question est bien : d'où vient le mal ? Rousseau la traduira, après avoir considéré qu'il n'y a pas de mal général° inhérent à la Création, par : quelles sont les dispositions qui rendent l'homme à même de produire le mal particulier dont il se prétend victime (p. 76) ?

"Nous voulons, écrit Rousseau à la page qui suit la *Profession de foi*, que l'homme soit toujours un, le plus qu'il est possible". Telle doit être, en effet, la conséquence pratique° d'une philosophie qui proclame la bonté de la nature°. Ainsi, le rôle de la morale et de la foi sont de rétablir dans l'homme l'unité primitive de lui à lui-même et de lui au monde, qui a été détruite par la vie sociale. C'est pourquoi, le Vicaire n'a rien affirmé plus fortement, ni avec une éloquence plus émue, que la dualité de l'être humain : "non, l'homme n'est point un ! Je veux et je ne veux pas ; je me sens à la fois esclave et libre… j'ai toujours la puissance de vouloir, non la force d'exécuter…" La perte de l'unité (entre ma manière sociale d'agir et l'ordre de mes sentiments naturels, par exemple) est donc comme le péché originel par où l'homme s'est séparé de l'unité naturelle, mais cette perte d'unité n'est pas un vice intrinsèque à la nature° humaine. C'est le produit d'une histoire qui conduit l'homme à s'éloigner de lui-même des lois de sa nature pour coller de plus en plus aux lois artificielles de la société corrompue.

Bonheur et vertu

• Agir moralement rend-il heureux ?

Le Vicaire ouvre une réflexion sur le mérite qui traverse la *Profession de foi*. L'homme doué de liberté, d'un principe actif (Rousseau est vitaliste° ne l'oublions pas) est capable de s'élever au-dessus de sa réalité matérielle. Il est donc capable de résister à l'ordre de la nature° mais aussi de bien agir volontairement, autrement dit d'avoir du mérite moral. Mieux, le Vicaire considère que des bonnes actions résulte le bonheur, comme si le bonheur était le salaire de la vertu. Cela peut paraître paradoxal quand la plupart des penseurs sur la morale estiment que l'on ne fait jamais le bien qu'en étant capable de sacrifier son intérêt égoïste, et qu'inversement faire le bien apporte rarement le bonheur. Si Rousseau peut affirmer que le bonheur est le prix des bonnes actions, ou encore qu'il correspond à ce que la personne bonne mérite, c'est en raison même de l'harmonie qui existe entre le sens moral naturel de l'homme et l'ordre naturel de la nature d'une part, et d'autre part, grâce à l'existence en lui d'une sensibilité impersonnelle au bien qu'est la conscience° : celle-ci le rend sensible à autre chose qu'à son intérêt égoïste.

Si la vie vertueuse produit le bonheur, c'est en raison de la satisfaction de soi, non du plaisir ou de l'amour-propre ; c'est ce dont nous rend capable le jugement de soi sur soi de la conscience morale°. Autrement dit, le sens moral qu'est la conscience° est d'autant plus important que, sans lui, il n'y aurait pas de bonheur pour le vertueux. Mais, avec lui, toute action vertueuse suscite un plaisir moral qui, s'il est produit par soi, entraîne une satisfaction ; celle-ci constitue le vrai bonheur. “Soyons bon premièrement, et puis nous serons heureux” (p. 77).

• La réflexion sur la dualité âme-corps comme voie d'accès à la compréhension de la morale

Il faut prendre au sérieux la dualité de l'homme. Il y a bien, en effet, dans l'homme une sensibilité dépravée, désordonnée que Rousseau appelle l'amour-propre (dont l'histoire et la société humaines sont l'origine et le fondement) et une sensibilité morale ordonnée au bien (qui est naturelle ou innée). Pour théoriser ce point, le Vicaire fait référence à une thématique platonicienne et chrétienne, celle du corps-tombeau, du corps-prison. Dans le *Phédon*, Platon°, évoquant la mort prochaine de Socrate° fait référence au corps-tombeau – en grec, c'est un jeu de mots : *sôma* (corps) *sêma* (tombeau) – auquel l'âme est attachée et duquel elle se libère à la mort du corps. Ainsi, Rousseau évoque lui aussi l'éternité de l'âme. Cette idée est importante pour comprendre comment l'âme peut être sensible à autre chose qu'à son existence temporelle et physique. Mais Rousseau renouvelle l'usage de ces images. Il les utilise comme une propédeutique° pour montrer à Émile qu'il faut faire abstraction de soi pour atteindre un degré d'impersonnalité nécessaire à la morale :

> Quand je n'aurais d'autre preuve de l'immatérialité de l'âme que le triomphe du méchant et l'oppression du juste en ce monde, cela seul m'empêcherait d'en douter. Une si choquante dissonance dans l'harmonie universelle me ferait chercher à la résoudre. (p. 78)

• L'âme s'étend au-delà du corps car elle est capable d'étendre sa sensibilité au-delà de lui

Dans un premier temps, le bon Vicaire renvoie à la thématique de la "lettre à Voltaire" qui est une reprise du livre de Job°, livre de l'Ancien Testament dans lequel il est question de la victoire incompréhensible de l'injuste sur le juste, du méchant sur le bon (sauf si l'on fait l'hypothèse de l'éternité des âmes et d'une récompense *post-mortem*). Mais, il renverse l'argument qu'elle était censée servir : le fait que la foi, c'est aimer Dieu malgré tout, malgré le mal même qu'il peut nous faire subir. Rousseau utilise la thématique comme argument pour prouver que l'âme n'est pas réductible à son appartenance au corps matériel. Cela lui permet de défendre qu'être en phase avec les racines de la morale suppose de conquérir une forme d'impersonnalité, de mettre entre parenthèses notre situation dans le monde, pour nous laisser affecter non par notre intérêt égoïste mais par le caractère moral intrinsèque aux situations. Autrement dit, Rousseau utilise la thématique de la victoire de l'injuste sur le juste pour montrer à quel point la factualité de notre insertion dans un lieu et dans un corps ne peut servir de guide moral, mais qu'au contraire, trouver un guide moral passe par une forme de dessaisissement par rapport à notre situation individuelle.

Aussi, la morale comme capacité à être affecté par des valeurs impersonnelles, par la nature° intrinsèquement morale des situations plus que par l'intérêt strictement individuel que l'on peut y avoir, est la preuve du fait que les frontières de l'âme sont plus amples que celles du corps. Corrélativement, pour s'exprimer comme morale, l'âme doit se représenter comme relativement indépendante des frontières de son corps, au lieu de s'identifier strictement à lui. L'âme, comme substance active, est donc à même de dépasser les frontières du corps qu'elle anime ; ce dépassement est condition de la morale. Or, on sait que Rousseau fait de la pitié, identification de soi à la souffrance d'autrui, un des sentiments moraux fondamentaux. Il est donc clair que Rousseau renouvelle la thématique chrétienne à partir des principes qu'il a précédemment établis.

• Vertu, bonheur et satisfaction

Ce faisant, le Vicaire a montré comment il était possible de tirer son bonheur de la vertu : obéir à cette sensibilité morale impersonnelle est source de satisfaction par une forme de réunion de l'âme avec ses principes. Inversement, obéir aux impératifs de notre intérêt égoïste apporte certes le plaisir que l'on associe souvent au bonheur, mais non cette satisfaction spirituelle de la bonne action. Cela permet également de fonder le mérite moral sur des critères d'évaluation indépendants de la manière dont les hommes distribuent les récompenses dans les sociétés. Mieux, cela permet de montrer que le mérite n'est pas dans la récompense, mais dans la satisfaction intègre de celui qui, en accord avec son sens profond, a suivi les impératifs de sa conscience° plutôt que ceux de son intérêt égoïste et des préjugés sociaux. Car tout le mal vient, au contraire, du fait de suivre “nos besoins périssables et nos désirs insensés” (p. 80). La liberté morale est donc conquise au prix d'une libération de ces chaînes : l'inscription dans notre corps même des vices que l'histoire nous a conduit à développer. Il convient aussi de dépasser l'image d'individu aux frontières bien déterminées que nous donne notre corporéité.

• L'éternité de l'âme sans paradis, enfer ni purgatoire

La sensibilité impersonnelle au bien qu'est la conscience° est une forme d'éternité de l'âme. Cette éternité est moins à prendre comme promesse de résurrection qu'au titre d'une remontée au principe vital, actif et éternel, qui nous permet de sortir de nous et de notre intérêt restreint, pour nous identifier aux autres, à la nature° et à la volonté sage qui, animant l'univers, anime également l'être humain.

Ce fondement du bien éternel est alors présenté, très classiquement, en opposition avec les biens passagers et illusoires que nous proposent les sens lorsqu'on n'en use pas en fonction de nos besoins, mais que l'on en abuse pour augmenter indéfiniment le bien-être de notre personne mortelle et finie. Mais il n'est nulle trace de jugement dernier, de pesée des âmes ou d'enfer pour les damnés chez le Vicaire, comme en atteste ce passage à la fois ironique et acerbe : “ne me demandez pas non plus si les tourments des méchants sont éternels ; je l'ignore encore, et n'ai point la vaine curiosité d'éclaircir ces questions inutiles” (p. 80). On n'agit pas moralement en espérant le paradis après la mort pour jouir du bonheur du sage.

Pour le Vicaire, le salut est dans ce monde-ci, et la damnation des méchants dans le fait qu'ils sont dédaignés par les bonnes âmes et non dans la promesse de l'enfer. Il débarrasse donc la morale fondée sur la foi de ses oripeaux superstitieux au profit d'une foi authentique. Celle-ci est fondée sur l'enthousiasme vital suscité par le sentiment de la vie et de l'activité en soi. Rousseau joue et prend des libertés avec les dogmes chrétiens au moment même où il croit les interpréter fidèlement en les articulant à ce qui est vraiment utile à la vie morale : "Le dogme n'est rien, la morale est tout, Dieu n'exige point de nous de croire puisqu'il ne nous en donne pas le pouvoir, mais il exige la pratique de la vertu parce que chacun est maître de ses actions." (Lettre à Voltaire).

• Prendre soin de soi

Prendre soin de soi en prenant connaissance de ce que l'on est, de notre place dans l'univers et des devoirs qui nous incombent, est un *topos*° de la philosophie antique de Platon° (voir la célèbre formule du temple de Delphes : "*gnôthi séauton*", "connais-toi toi-même"). Elle est réinvestie par Rousseau dans une réflexion qui fonde le soin de soi-même, non sur une connaissance objective de son rôle dans l'univers, mais sur le sentiment subjectif du devoir.

La morale du "fond du cœur" est celle de l'authenticité, du retour de l'homme à ce que lui dicte, en lui, sa nature° loin des préceptes extérieurs des coutumes, du désir de se distinguer socialement ou d'accroître inconsidérément son propre bien-être. Cette morale est articulée à ce que nous avons appelé l'anthropologie° de la simplicité qui parcourt l'œuvre de Rousseau en général et la *Profession de foi* en particulier.

UNE PHILOSOPHIE DE LA RELIGION

La deuxième partie de *la Profession de foi* emprunte un ton différent de la première. Son objet également diverge dans la mesure où il n'y est plus question de la foi° mais des religions établies dont Rousseau conteste la légitimité absolue qu'elles revendiquent. Elle est reliée à la première partie par une interruption du discours du Vicaire, qui peut apparaître artificielle.

Religion naturelle et protestantisme

La pensée de Rousseau est très proche du protestantisme°. Rousseau lui-même a été élevé dans la Genève protestante, par des pasteurs (notamment le pasteur Lambercier, dont il est question dans les premiers livres des *Confessions*), et, même s'il s'est converti au catholicisme en 1728, il ne semble pas avoir abandonné la religion de ses parents et de sa Genève natale.

Par ailleurs, Rousseau s'inscrit aussi dans la tradition qui, en rupture avec la scolastique° (qui faisait de la philosophie la servante de la religion), pose la possibilité d'une religion de la raison naturelle, une religion philosophique. Ainsi, il ne s'agit pas, pour la raison, de démontrer des dogmes révélés mais d'ouvrir par elle-même la voie de la vraie religion. On connaît la phrase de Pascal° qui distingue le "Dieu des philosophes" du "Dieu d'Abraham". Cela a conduit beaucoup de philosophes à être condamnés pour athéisme comme Spinoza°, philosophe juif du XVIIe qui a été excommunié en raison de sa théologie° rationnelle contraire aux dogmes de sa religion – "athéisme" signifiant alors déviation par rapport aux dogmes des religions établies.

La philosophie des Lumières a imposé cette religion des philosophes sous le nom de "religion naturelle°". Ce positionnement conduit également à remettre en cause la Bible comme Révélation divine. Cette remise en question de la Révélation est assez peu compatible avec le protestantisme° et explique certainement la condamnation que les autorités protestantes ont infligée au texte de Rousseau.

Une religion du libre examen

Tout l'enjeu des réflexions métaphysiques° du Vicaire a moins été une fin en soi qu'un moyen pour montrer comment faire un usage correct de nos facultés, c'est-à-dire comment en user, jusqu'où les pousser, selon quel principe d'utilité : "toute la théologie que je puis acquérir de moi-même par l'inspection de l'univers, et par le bon usage de mes facultés, se borne à ce que je vous ai ci-devant expliqué" (p. 101).

Le passage précédent qui fait toute l'originalité de la proposition du Vicaire est un des fondements de sa religion naturelle° : "Les sentiments que vous venez de m'exposer [...] me paraissent plus nouveaux par ce que vous avouez ignorer que par ce que vous dites croire" (p. 96).

À nouveau le Vicaire nous montre que le scepticisme° est central dans sa démarche et qu'il vient compléter l'éducation négative d'Émile, c'est-à-dire une éducation qui consiste moins à offrir à l'élève des savoirs et des valeurs qu'une éducation qui vise à éviter qu'il tombe dans l'erreur et le vice. Le Vicaire évite de croire savoir ce que l'on ignore. Ce scepticisme conduit à la fois à considérer comme douteuses les explications infondées, mais en même temps à adhérer aux seules propositions qui apparaissent avoir une certaine évidence et un fondement. Ce scepticisme est clairement à l'œuvre soit quand le Vicaire° affirme la circularité des discussions sur les miracles, soit quand il affirme qu'il y a des raisons d'égales forces pour ou contre la Révélation, c'est-à-dire une incapacité rationnelle de trancher qui conduit non à la conviction mais à l'abstention. Cela amène le Vicaire à exposer non des vérités qu'il sait, mais des vérités qu'il sent.

C'est encore une fois un scepticisme° qui donne lieu à l'affirmation d'une pensée libre mais, en même temps, consciente de ses fragilités donc tolérante :

> Il y a tant de raisons solides pour et contre, que, ne sachant à quoi me déterminer, je ne l'admets ni ne la rejette ; je rejette seulement l'obligation de la reconnaître [...] Je reste sur ce point dans un doute respectueux. Je n'ai pas la prétention de me croire infaillible : d'autres hommes ont pu décider ce qui me semble indécis ; je raisonne pour moi et non pour eux ; je ne les blâme ni ne les imite. (p. 118)

Le Vicaire conclut : “voilà le scepticisme involontaire où je suis resté ; mais ce scepticisme ne m'est nullement pénible, parce qu'il ne s'étend pas aux points essentiels à la pratique° et que je suis bien décidé sur les principes de tous mes devoirs” (p. 120). Ce “scepticisme involontaire” n'est nullement pénible (contrairement à celui du début de la *Profession de foi*) pour cette raison que son pouvoir négateur de toute certitude a été converti en pouvoir créateur d'un nouveau rapport à la foi et aux convictions morales.

Ainsi, la religion naturelle° du Vicaire, religion qui se fonde sur l'aveu d'ignorance et la finitude du savoir, est décisive pour stimuler, en soi, le libre examen (toute vérité est incomplète et inachevée) et la tolérance vis-à-vis des croyances d'autrui (l'incomplétude des vérités implique l'erreur qu'il y a à vouloir en imposer une plutôt qu'une autre) :

> Il est difficile, quand on discute, de ne pas prendre quelquefois le ton affirmatif ; mais souvenez-vous qu'ici toutes mes affirmations ne sont que des raisons de douter. Cherchez la vérité vous-même : pour moi, je ne vous promets que de la bonne foi. (p. 95)

Refus des mystères et de la Révélation : ébranlement des bases du christianisme

• Remise en cause des trois religions du Livre

Le Vicaire remet en cause l'idée de Révélation et les trois religions du Livre : christianisme, judaïsme, islam. Il s'interroge sur les fondements de leurs divisions, sur les éventuelles bonnes raisons de croire plus en telle qu'en telle autre, sur l'obscurité des dogmes qui les animent et qui sont trop peu fondés en raison pour recevoir un assentiment solide. Il faut "renvoyer bien loin le missionnaire qui, avant la vérification des preuves, veut se dépêcher d[...]' instruire et de [...] baptiser" (p. 116). La raison de cela est précisément liée au fait que ce n'est ni à la tradition, ni à l'autorité d'assurer à la foi ses dogmes, mais que le devoir de l'individu est de suivre ce qu'il croit vrai et d'examiner toujours les raisons qu'il a de croire plutôt que de ne pas croire : "nul n'est exempt du premier devoir de l'homme, nul n'a droit de se fier au jugement d'autrui" (p. 116).

• C'est la conscience non l'autorité des institutions qui peut indiquer ce qu'il faut croire

Reconduisant au *dictamen* de la conscience morale° comme juge, en dernière instance, du bien et du mal et du bien-fondé des convictions individuelles, Rousseau est très proche du philosophe protestant° de la deuxième moitié du XVIIe siècle, Pierre Bayle, bien connu pour son engagement en faveur de la tolérance (*De la tolérance*, 1686 ; *Commentaire philosophique sur ces paroles de Jésus-Christ : "Contrains-les d'entrer"*, 1688) : "Ils ont beau me crier : soumets ta raison ; autant m'en peut dire celui qui me trompe : il me faut des raisons pour soumettre ma raison." (p. 101). La capacité de chacun à trouver par lui-même la voie de la vérité se fonde, *in fine*, sur la commune appartenance des hommes au même genre et leur égalité en termes de capacité d'accès au vrai. Cela implique à la fois que tout ce que peuvent affirmer les hommes peut être soit une affirmation de leur raison naturelle, soit quelque chose dont ils ne savent pas la vérité. Si c'est un témoignage de leur raison naturelle, alors chacun peut en retrouver, en lui, l'évidence propre. Si, au contraire, l'on admettait certaines personnes ayant une connivence particulière avec Dieu, ou avec quelque puissance surnaturelle que ce soit, cela impliquerait la possibilité du messianisme aveugle. Ramener tout l'enseignement de la foi à un enseignement naturel, cela implique de faire des prophètes comme Jésus° non des envoyés de Dieu au sens où ils seraient dotés d'une sur-nature, mais des hommes exemplaires (sur ce point Rousseau, encore une fois, est proche du protestantisme). C'est la raison pour laquelle Jésus, au titre d'homme exemplaire, est comparé à Socrate°. Son enseignement n'est pas pensé comme surnaturel et intouchable mais comme parlant à la raison naturelle et lui rappelant certaines évidences morales essentielles. Ainsi le Vicaire opère un déplacement décisif dans son refus du prophétisme qui n'est qu'une conséquence logique de sa conception de la foi.

• Contestation du caractère superstitieux des religions révélées au profit d'une religion pour qui le seul livre est celui de la nature

De la même manière, il subvertit la notion de Livre qui réunit les trois religions que nous avons déjà évoquées, en affirmant qu'un seul Livre existe : celui de la nature°. Il n'est pas de parole révélée que certains pourraient lire et interpréter, et que les autres devraient suivre. Le Livre de la nature, en tant que Création, dit mieux ce que Dieu a voulu que n'importe quel dogme.

Le Vicaire enfonce un coin dans l'autorité de l'institution ecclésiastique qui ne tient que par l'hypothèse de certains mystères détenus par des savants, lesquels en tirent toute leur autorité :

> Je n'ai jamais pu croire que Dieu m'ordonnât, sous peine de l'enfer, d'être savant. J'ai donc refermé tous les livres. Il en est un seul d'ouvert à tous les yeux, c'est celui de la nature. C'est dans ce grand et sublime livre que j'apprends à servir et à adorer son divin auteur. Nul n'est excusable de n'y pas lire, parce qu'il parle à tous les hommes une langue intelligible à tous les esprits. (p. 117)

C'est dans le même contexte intellectuel que Rousseau révoque l'idée de Révélation, de vérités révélées car toute évidence ne peut procéder que d'une évidence morale intime. La parole de Dieu n'est jamais autre chose que ce à quoi il a voulu que nous soyons moralement sensibles à travers notre conscience morale°, “instinct divin” : “Apôtre de la vérité, qu'avez-vous donc à me dire dont je ne reste pas le juge ? Dieu lui-même a parlé : écoutez sa Révélation. C'est autre chose. Dieu a parlé ! Voilà certes un grand mot”.

Être soi-même juge de ses idées est le fin mot du libre examen tel que Rousseau l'entend. En ce sens, sa religion suppose l'émancipation par rapport à toute dépendance personnelle vis-à-vis d'un dogme ou d'une institution. La liberté est le moteur d'une recherche par soi-même d'une vérité que chacun a les moyens d'atteindre.

La tolérance

C'est dans le même cadre qu'il faut comprendre la tolérance, thème décisif de la philosophie des Lumières. Voltaire° lui a donné ses lettres de noblesse et s'est engagé pour la faire exister. La tolérance au sens du Vicaire n'est pas le fait de permettre à chacun de penser ce qu'il veut pour mieux pouvoir se désintéresser des croyances et convictions des autres :

> Parmi tant de religions diverses qui se proscrivent et s'excluent mutuellement, une seule est la bonne si tant est qu'une le soit, il ne suffit pas d'en examiner une, il faut les examiner toutes, et, dans quelque matière que ce soit on ne doit pas condamner sans entendre ; il faut comparer les objections aux preuves ; il faut savoir ce que chacun oppose aux autres, et ce qu'il leur répond. Plus un sentiment nous paraît démontré, plus nous devons chercher en quoi tant d'hommes se fondent pour ne pas le trouver tel. (p. 110)

Tolérer, c'est pouvoir supporter et donc s'efforcer de comprendre. Aussi, la tolérance de Rousseau n'est pas une tolérance libérale qui se résumerait en l'autorisation qui est faite à chacun de vivre selon son intérêt propre et ses propres croyances. Mais elle est une exigence qui impose, par la recherche toujours faillible dans laquelle chacun est du vrai, de ne pas condamner les croyances d'autrui – parce que les nôtres sont toujours insuffisantes. Il faut, au contraire, mettre nos croyances à l'épreuve de celle d'autrui et celles d'autrui à l'épreuve des nôtres pour nous soumettre au *dictamen* de la vérité.

"L'Église et l'Évangile" : un nouveau protestantisme du Vicaire savoyard

• Caractère arbitraire des formes religieuses

Le Vicaire construit donc une critique forte de toutes les religions établies et des règles sans autre raison que la convention qui les structure : "C'est avoir une vanité bien folle de s'imaginer que Dieu prenne un si grand intérêt à la forme de l'habit du prêtre, à l'ordre des mots qu'il prononce, aux gestes qu'il fait à l'autel, et à toutes les génuflexions" (p. 99).

Il s'agit alors de penser le mal à travers la tendance de chacune des religions à se considérer comme LA vraie et, ce faisant, à faire la guerre aux autres pour des raisons aussi superflues que la forme d'un habit de prêtre. Encore une fois, il est clair que le mal ne provient pas de la foi en elle-même, mais des conventions sociales qui modèlent les pratiques religieuses. Le désir, plein d'amour-propre, de s'approprier la vérité conduit à une double erreur : la vérité n'est à personne ou, encore, l'avoir pour l'un, c'est ne rien enlever à l'autre qui peut aussi l'avoir ; la vérité est une, en sorte que l'existence de plusieurs religions est une perversion.

• Remise en cause de l'autorité religieuse

On peut mettre en rapport cette conception de l'autorité religieuse avec ce que Rousseau dit de l'autorité politique à travers la notion de volonté générale dans le *Contrat social* : celle-ci n'est pas le résultat d'un processus majoritaire où les plus nombreux auraient raison, mais d'une inspection libre par chacun, dans le silence de ses passions, indépendamment de son intérêt particulier, de ce qu'il croit juste. C'est donc par une remise en doute de tous les dogmes que le Vicaire cherche à repousser l'obscurité des mystères et des Révélations pour se constituer lui-même comme fondement de sa propre foi : "la meilleure religion est infailliblement la plus claire : celui qui charge de mystères, de contradictions le culte qu'il me prêche m'apprend par cela même à m'en défier" (p. 105).

C'est le sens de la querelle entre l'Inspiré et le Raisonneur qui met en présence des thèses excessives en leur genre : vouloir tout démontrer par la raison est outrecuidant et se livrer à une irrationalité enthousiaste est un non-sens, qui conduit à des dialogues de sourds sans fin. C'est dans le moyen terme d'un effort humble, conscient de ses limites, que l'on peut parvenir à constituer des évidences suffisantes pour asseoir la foi : "l'orgueilleuse philosophie mène au fanatisme. Évitez ces extrémités ; restez toujours ferme sur la voie de la vérité, ou de ce qui vous paraîtra l'être dans la simplicité de votre cœur" (p. 126).

Il faut admettre que tout ne peut être prouvé par la raison et que le sentiment a une place fondamentale pour la morale et la foi. Mais l'on ne peut pour autant se livrer ni à la pure "raison raisonnante" ni au pur sentimentalisme. C'est alors que l'on peut ouvrir une voie humaine à la morale et à la foi. Rendre à l'homme sa maîtrise sur lui-même tout en créant en lui des dispositions à la vie bonne et juste : voilà l'enseignement de la religion du Vicaire :

> Je consens que vous leur appreniez toutes les balivernes du catéchisme, pourvu que vous leur appreniez aussi à croire en Dieu et à aimer la vertu. Faites-en des chrétiens puisqu'il le faut, mais n'oubliez pas le devoir plus indispensable d'en faire d'honnêtes gens. (*Conseils à un curé*)

La conclusion d'une polémique religieuse radicale : un appel à la modération

• Une climatologie des religions

Le Vicaire défend des thèses extrêmement radicales puisqu'il réfute l'idée d'une religion vraie mais tend à considérer que les formes variées que revêt la foi sont accidentelles et peuvent recevoir une explication climatologique dans la stricte suite d'un Montesquieu (1689-1755). Ce dernier, rend compte, dans *l'Esprit des lois* (1748) des divergences entre les gouvernements des différents peuples du monde par des causes liées aux climats, aux circonstances et à l'histoire. De même, ce sont les circonstances particulières qui donnent aux hommes l'occasion d'incarner leur foi dans telle ou telle forme ou rite. Le rite et la forme instituée des religions revêtent donc un caractère accidentel en comparaison de la foi° dont ils sont supposés être les vêtements :

> Je regarde toutes les religions particulières comme autant d'institutions salutaires qui prescrivent dans chaque pays une manière uniforme d'honorer Dieu par un culte public, et qui peuvent toutes avoir leurs raisons dans le climat, dans le gouvernement, dans le génie du peuple, ou dans chaque autre cause locale qui rend l'une préférable à l'autre, selon les temps et les lieux. Je les crois toutes bonnes quand on y sert Dieu convenablement. (p. 120)

• Suivre la religion de nos pères

La conclusion modeste du Vicaire est que, comme il est impossible de trancher entre les religions qui se différencient sur des points indémontrables, arbitraires et conventionnels, il s'agit de suivre la religion de nos pères car l'important est la foi non les formes qu'elle revêt : "le culte essentiel est celui du cœur" (p. 120). Le vrai enjeu de la *Profession de foi* n'est pas tant de permettre à Émile de choisir son Église que de faire jaillir en lui des dispositions à la foi qui, quelle que soit la forme instituée qu'elles revêtent, sont l'essentiel : "dans mes instructions je m'attacherais moins à l'esprit de l'Église qu'à l'esprit de l'Évangile, où le dogme est simple et la morale sublime, où l'on voit peu de pratiques religieuses et beaucoup d'œuvre de charité" (p. 122).

• **Ne pas négliger la fonction politique des religions**

En outre, la réflexion du Vicaire prend un tour politique lorsqu'il considère la fonction sociale des religions, d'une part, et l'importance décisive de la paix civile, d'autre part. Il considère, en effet, qu'il ne peut pas ne pas y avoir de compatibilité entre les institutions politiques publiques et l'assentiment privé pour certaines convictions morales et religieuses. Aucune conviction ne peut menacer la paix civile, mais au-delà de cela, Rousseau donne une raison à cette suspension de la conviction : sa fragilité même.

> En attendant de plus grandes lumières gardons l'ordre public ; dans tout pays respectons les lois, ne troublons point le culte qu'elles prescrivent ; ne portons point les citoyens à la désobéissance ; car nous ne savons point certainement si c'est un bien pour eux de quitter leurs opinions pour d'autres, et nous savons très certainement que c'est un mal de désobéir aux lois. (p. 123)

Ces développements de la fin de la *Profession de foi* font signe vers le dernier chapitre du *Contrat social* sur la "religion civile" : les dispositions subjectives des individus ne peuvent en rien s'opposer aux institutions politiques salutaires où ils évoluent. Il ne s'agit pas non plus d'un principe laïque avant l'heure, puisque le Vicaire ne prône pas une séparation de l'Église et de l'État. Mais il s'agit plutôt de penser en quoi les bonnes dispositions des individus, que la religion favorise, doivent seconder les institutions politiques et servir de fondement à la justice même.

JEAN GIONO
LES ÂMES FORTES
(1949)

Un profond malentendu pèse sur l'œuvre de Jean Giono : on voit souvent chez le romancier de Manosque le chantre de la Provence, un écrivain régionaliste célébrant la nature et le folklore. Cette image est fausse, et la lecture des *Âmes fortes* suffit à renverser ces clichés simplistes, relevant du contresens. La modernité de la structure narrative mise en place dans ce roman, la noirceur et la force des caractères explorés, l'inscription de ces personnages dans une nature cosmique travaillée par des mouvements obscurs de création et de destruction montrent combien Giono ne saurait être placé dans quelque cousinage avec Marcel Pagnol. Il est vrai que ce dernier a puisé dans *Jean le Bleu* de Giono pour écrire son film *La Femme du boulanger*… Mais l'auteur d'*Un roi sans divertissement* ou du *Hussard sur le toit* est un écrivain d'une autre trempe, d'une envergure qui le fait dialoguer avec Homère et Stendhal, Pascal° et Virgile, Melville et Faulkner. Giono est d'ailleurs un auteur fréquemment invité dans le programme de Français-Philosophie des classes préparatoires scientifiques : *Les Âmes fortes* suivent *Les Grands Chemins* et *Le Moulin de Pologne*, autres preuves sans doute de la place occupée par le romancier dans la littérature mondiale et de sa puissance d'imagination et de création : de sa capacité à donner à voir et à penser.

Jean Giono rédige *Les Âmes fortes* en 1949 ; son œuvre vient de prendre un tournant lié aux événements historiques (la Seconde Guerre mondiale) et personnels (le malentendu sur son rêve d'une communauté terrienne). Fasciné par la violence – les faits divers, les crimes, les déchaînements naturels –, le romancier se défie des déterminismes historiques ou sociaux pour expliquer l'origine du mal : sa vision, articulée à l'exploration de toutes les possibilités du récit, semble désigner un fond naturel indifférencié traversé de soubresauts indomptables. Par-delà son individualité et sa situation, l'homme semble en quête d'un *retour* à ce Tout originel que constitue l'être. Telle est la pulsion de destruction (pulsion de mort° ?) qui gouverne souterrainement ce que les hommes nomment, par habitude, le mal.

Voilà les faits, les structures et les thèmes que nous privilégierons dans le développement ci-dessous. Celui-ci ne saurait prétendre épuiser un roman aux multiples facettes : il cernera sur les plans génétique, narratif, thématique, philosophique, ce qui éclaire ou assombrit l'énigme du mal placée au cœur du roman.

LE ROMAN DANS L'ŒUVRE DE GIONO

Une "chronique" romanesque

Les trois titres précédemment cités, *Les Âmes fortes*, *Les Grands Chemins*, *Le Moulin de Pologne*, appartiennent au cycle des "Chroniques" écrites par Giono dans la période qui suit la Seconde Guerre mondiale (v. Outils, Chronologie). L'édition finale des Chroniques romanesques de Giono chez Gallimard, en 1962, comprend ces titres : *La Nuit du 24 décembre 1826*, *Une histoire d'amour*, *Un roi sans divertissement*, *Noé*, *Le Moulin de Pologne*, *Les Âmes fortes*, *Les Grands Chemins*. Le terme "chroniques" n'est pas à prendre au sens journalistique, mais dans une signification plus ancienne : un ensemble de faits historiques, souvent d'anecdotes et d'observations, recueillis et consignés dans l'ordre chronologique. Une chronique est l'énumération des instants destinés à produire un tout linéaire signifiant. Mais lorsque Giono définit le genre des chroniques dans une lettre à son éditeur, Gallimard, le 2 janvier 1948, il insiste sur l'importance des lieux : "*Chroniques* comprend des romans qui sans être précisément des *suites* sont centrés sur l'histoire familière d'un pays." Une "chronique romanesque" articule donc un temps et un espace, élabore un espace-temps, comme il lie ensemble matériau historique (des faits, parfois *divers*) et élaboration romanesque imaginaire. Le romancier puise dans un passé provençal et alpin le matériau de ses fictions, lestées du poids de la "réalité". Nourries de faits divers, ces chroniques visent à révéler des mentalités et à éclairer des caractères singuliers, parfois inquiétants ou monstrueux. Une interrogation morale sous-tend ces œuvres qui montrent des personnages confrontés à des forces (la destinée familiale désastreuse dans *Le Moulin de Pologne*) ou à des tentations (celle de la cruauté pour le héros d'*Un roi sans divertissement*) obscures. Mais aucune réponse moralisatrice n'est apportée pas ces romans, ni aucune interprétation idéologique, philosophique ou métaphysique rassurante : la technique de narration, multipliant les relais et les points de vue, creusant les énigmes et jouant de l'ellipse, entretient le doute face aux abîmes de la condition humaine. Les chroniques sont aussi des leurres : si le terme générique annonce un récit linéaire, enchaînement de faits signifiants selon le principe chronologique, la composition romanesque ménage constamment des creux, des vides, des lacunes, des reprises ou des contradictions par lesquels la vérité des êtres, de la société et du monde apparaît à la fois horriblement claire et fondamentalement indécidable. *Les Âmes fortes* illustrent parfaitement cette "seconde manière" romanesque de Giono, en rupture avec le lyrisme, le symbolisme et l'élan mythique des œuvres d'avant la Seconde Guerre mondiale.

Celle-ci a en effet marqué une rupture et creusé une blessure chez le pacifiste Giono, celui qui entretenait autour de lui, dans la ferme du Contadour, une communauté de jeunes gens en révolte contre la modernité, inquiets de la montée des fascismes et désireux de retrouver "les vraies valeurs" au contact de la nature (v. Outils, chronologie). Cette utopie s'est fracassée contre l'Histoire du premier XXe siècle. Pire, en 1944, les engagements de Giono et son œuvre ont été perçus comme des préfigurations et des soutiens au régime du maréchal Pétain et à son idéologie du "retour à la terre" – contresens complet pour un écrivain marqué par l'anarchisme de son père italien, profondément opposé à toute forme de fascisme et de racisme. Une amertume profonde teinte désormais l'œuvre de Giono, plus sombre, pessimiste, même si demeurent dans ses récits un sens de la farce et une admiration pour les puissances de vie dégagées par les caractères héroïques. Ces derniers savent résister, par leur puissance de création et d'affabulation, par les ressources de leur imagination et de leur parole, aux puissances de destruction et à la pente suicidaire que tout homme porte en lui.

La genèse du roman

La genèse du roman est reconstituée par Robert Ricatte dans l'édition du roman dans la collection Bibliothèque de la Pléiade, chez Gallimard (p. 1008-1056). Suivons le fil de cette création gionienne.

Les Âmes fortes devaient n'être à l'origine qu'une nouvelle intitulée *La Veillée* : Giono pensait l'intégrer dans un ensemble d'œuvres brèves réunies sous le titre *La Chose naturelle*. Il commence la rédaction de sa nouvelle le 27 décembre 1948 et la poursuit, suivant un principe d'expansion romanesque et d'invention fictionnelle, jusqu'au 28 avril 1949. Entre ces deux dates, la vingtaine de pages de *La Veillée* sont devenues un véritable roman, à la surprise du romancier lui-même : Giono a besoin d'imprévisibilité pour créer ; il s'accorde une totale liberté pratique, comme pour se laisser surprendre par la tournure des événements et le surgissement des caractères. Un témoignage de Giono sur le devenir de son ébauche éclaire ce principe d'écriture, fondé sur le caprice et l'ouverture aux possibles :

> J'en étais là, je croyais mon livre presque terminé, j'ai pris le train pour Marseille. Je ne sais pas si vous êtes comme moi, mais les secousses, le rythme du train, ça fertilise l'imagination... Parmi ces femmes qui bavardaient à la veillée, il devait bien y en avoir une qui racontait sa vie. L'histoire de cette femme... Alors je me suis dit : "Ton roman, il n'est pas fini. Il est à peine commencé." J'ai recommencé, comme ça, sans savoir où j'allais. J'ai fait parler la femme et puis une autre qui racontait la même histoire, mais toute différente. Peu à peu Madame Numance s'est glissée dans l'histoire je ne sais comment. (Entretien avec L. et R. Ricatte, août 1955, cité par R. Ricatte, notice citée p. 1010-1011)

La composition des *Âmes fortes* confirme ce rôle dévolu au hasard créateur : comme le relève R. Ricatte, le tournant de l'écriture correspond au moment où Giono décide de faire de Thérèse "la grande criminelle", en contradiction avec le portrait d'amoureuse passionnée de Madame Numance tracé par l'autre voix du récit. Giono efface la férocité inattendue placée un temps chez Madame Numance (qui tue un chaton de la pointe de son ombrelle) pour la concentrer chez Thérèse. Celle-ci offre désormais plusieurs visages, selon les points de vue. Le principe organisateur du roman se découvre tout à coup : c'est celui de la vérité plurielle – "le ciel romanesque n'a plus un seul centre de gravitation, mais plusieurs ! C'est, dans l'ordre du récit, une révolution copernicienne" note R. Ricatte (article cité, p. 1020).

Logique de la surprise, du surgissement et du dévoilement : le choix du titre définitif suit la même loi. Le premier titre, *La Veillée*, possède une certaine neutralité, désignant seulement l'unité de temps et de lieu qui confère au récit sa densité – Giono inscrit alors sa nouvelle dans la tradition du *Décaméron* de Bocace ou de l'*Heptaméron* de Marguerite de Navarre, au XVIe siècle, où une situation donnée contraint des personnages à tuer le temps en échangeant des histoires. *La Chose naturelle* intrigue davantage et semble vouloir nommer l'innommable – le mal ? Celui-ci serait immanent, c'est-à-dire inscrit ici-bas, dans la nature des choses, ne dépendant d'aucun dieu, d'aucune force supérieure (d'aucune transcendance). Nécessité de la nature, le mal ne serait même pas "le mal", encore moins le "Mal" : seulement "la" chose naturelle, banale, quotidienne, inscrite dans chaque vie et chaque lieu explorés par les chroniques gioniennes. Un sous-titre devait un temps enrichir la dénomination du recueil de nouvelles : "La chose naturelle/ou/Rien dans les mains", écrit Giono sur son manuscrit. Deux interprétations peuvent ici être esquissées : "rien dans les mains" renvoie au vide existentiel, au néant de la passion et du désir qui menace d'emporter l'être humain dans une pulsion (auto-)destructrice. Se retrouvent ici les thèmes de l'ennui et du divertissement mobilisés par Giono dans ses chroniques, en particulier dans *Un roi sans divertissement* : confronté à la blancheur de la neige, à l'effacement du paysage durant les longs mois d'hiver dans la montagne, l'énigmatique M. V. répond à ce vide par la cruauté. Maculer tout ce blanc par du sang répandu, le sang de victimes, permet de "divertir", de détourner de ce "rien" menaçant. Ce roman peut aussi se lire comme une métaphore de l'écriture romanesque : elle est "divertissement", moyen de survie, art de laisser des traces sur la blancheur de la page, sauvetage de notre attirance pour les gouffres où nous entraîne l'ennui grâce aux puissances de l'imagination créatrice. Mais *Un roi sans divertissement* se fait aussi réécriture, dans un sens matérialiste et athée, de la formule de Blaise Pascal° : "Un roi sans divertissement est un homme plein de misère". La salut ne se trouve plus, chez Giono, dans le pari sur l'existence de Dieu. L'homme doit inventer les conditions de son propre sauvetage, avec les moyens du bord… Au contact du mort déjà raide dans la pièce d'à côté, les vieilles des *Âmes fortes* bavardent, parlent, inventent, mentent : elles affirment, au bord du néant, leur humanité – leur vitalité concentrée dans leur verbe.

Une seconde interprétation du sous-titre "Rien dans les mains" renverrait à cette vérité que le récit polyphonique (à plusieurs voix) s'ingénie à dérober. Au terme du roman, après avoir entendu ces voix discordantes et ces récits contradictoires, le lecteur ne possède rien d'assuré et de tangible – il est peut-être renvoyé, s'il veut tenir en main quelque chose, à sa propre force d'affabulation.

Et *Les Âmes fortes* ? Le titre définitif était d'abord écrit par Giono au singulier, et désignait la seule Thérèse engagée dans un plan résolu de captation de biens, d'amour, d'être – de vampirisation de Madame Numance. Le passage au pluriel inclut dans le titre d'autres personnages : les époux Numance, dont la générosité démesurée, l'épanchement en autrui de leur avoir comme de leur être, est une manifestation paradoxale de leur puissance d'exister concentrée dans une seule et grandiose passion. L'expression "âmes fortes" est empruntée par Giono au moraliste du XVIIIe siècle Vauvenargues : "Ce qui constitue ordinairement une âme forte, c'est qu'elle est dominée par quelque passion altière et courageuse à laquelle toutes les autres, quoique vives, soient subordonnées" (*Réflexions et maximes*, n° 588). Chez Giono, comme le souligne R. Ricatte (notice citée), cette passion dominante a le pouvoir de remplacer la réalité, de faire vivre sur un plan supérieur, celui de l'imaginaire qui est aussi, face au vide et à l'ennui offerts par la pauvre "réalité", le Réel. Thérèse est portée par un désir d'être dévorant, violent et cruel, comme les Numance dont l'existence se consume glorieusement en dons – une générosité qui est aussi une entreprise résolue de possession de l'autre (v. Ordre et démesure). Ces "âmes fortes" accèdent à une intensité de vie dans laquelle se dévoile une vérité de l'existence : le travail obscur des forces, des pulsions et des passions universelles. Chez ces personnages, une réponse a été trouvée à la terreur d'exister, de se confronter au néant, et à l'absurdité de l'existence : faire passionnément et absolument le mal ou le bien (l'un n'est que l'envers de l'autre) est une réponse à cet ennui qui fait le fond de la condition humaine. Ainsi se comprend cette formule de Giono, dans son carnet (24 janvier 1949) : "S'il n'y avait pas le mal la vie ne voudrait rien dire. Il faut s'arranger pour que la vie ne soit pas trop terrifiante."

Notons enfin, pour être complet, que le titre *Les Âmes fortes* fait écho aux *Âmes mortes*, roman russe de Nicolas Gogol (1842) où un propriétaire terrien achète des serfs morts (dont le décès n'a pas été officiellement enregistré) qui lui serviront de gage pour emprunter de l'argent. Autres temps, autres contrées, mêmes mœurs ?

LE RÉCIT, FORME-SENS

On l'a compris : la forme originale inventée par Giono dans ce récit, porté par le concert des voix des veilleuses, informe directement le fond du roman. Cette "forme-sens" permet de faire surgir le mal, révélé dans ses formes trompeuses et séduisantes.

L'unité temporelle : le temps d'une veillée

• Une rencontre suscitée par l'événement social de la mort

Le roman commence *in medias res* : le lecteur est d'emblée confronté à un dialogue. Sans aucune présentation préalable, les personnages annoncent eux-mêmes les circonstances qui président à leur rencontre. Dans la petite communauté villageoise, le surgissement de la mort d'un membre impose aux survivants des devoirs. Avant que le corps n'aille à l'église puis soit enterré, la vie domestique doit s'arrêter, le temps se trouvant entièrement dévolu à un hommage nocturne. Jean Giono restitue l'ambiance d'une veillée mortuaire campagnarde, dans la première moitié du vingtième siècle. Pour chasser l'ennui et meubler ce temps vide, la conversation va remplir un rôle essentiel : la parole fera ressurgir le passé et dévoilera certains secrets autour desquels la rumeur a jusque-là erré... Cette nuit que le texte nous invite à suivre fournit une unité temporelle au romancier. C'est pourquoi dès la deuxième page (p. 8) les voix s'enquièrent de la quantité de bois et de café disponible : au fur et à mesure que les provisions diminueront, l'aube – identifiée comme fin et but ultime du récit – se rapprochera. La dernière page accomplit cette prévision : "Le jour se lève" (p. 370) constate une voix, qui vient confirmer l'entrée dans une nouvelle histoire. Les voix s'éteignent, au profit d'un silence représenté par le blanc de la page. Nous l'avons vu : seules la parole et l'affabulation permettent de lutter contre le vide de la vie.

Les Âmes fortes, grâce à ces circonstances fictives mises en scène par le romancier, revendiquent clairement leur oralité. Aucun élément du récit ne sera introduit sans être pris en charge par une voix, confirmé ou contesté par une autre : la veillée, jadis consacrée au plaisir des contes et légendes transmis de génération en génération, est ici occupée par un dialogue entre commères : Thérèse, Berthe et la "buveuse de café". Le texte met en scène la confrontation entre des versions contradictoires des mêmes événements. La vérité est l'objet de transactions : on ne l'atteint, partiellement, qu'au bout d'un débat opposant les points de vue. Cette structure dialectique du récit (en forme de dialogue) n'a pas seulement des conséquences formelles. Elle favorise un examen critique des us et coutumes habituellement respectés par la société. Cette puissance corrosive de la conversation se manifeste très rapidement dans le roman : dès la page 27, deux veilleuses reviennent sur l'activité qui les réunit. Et l'une d'entre elles – que l'on identifiera à Thérèse, pour sa liberté d'opinion et son horreur des conventions – présente la veillée funèbre et tous les rituels qui entourent la mort comme de simples "habitudes", "une affaire de convenance". Derrière l'ironie légère du propos transparaît une mise en cause radicale des usages sociaux : en suggérant qu'on enterre rapidement les cadavres, sans cérémonie, comme on le ferait de celui d'un chien, le personnage ébranle tout l'édifice de la civilisation humaine. Le ton apparemment badin du propos ne peut entièrement masquer cette dimension proprement anarchiste de ses conséquences. Il n'est aucune valeur, aucune croyance qui soit susceptible de résister à un tel examen critique des préjugés. Ce cynisme° à la Diogène (philosophe grec de l'Antiquité) s'attaque ouvertement aux tabous fondateurs de la société humaine. L'irrespect des commères à l'égard du corps gisant dans la pièce voisine se manifeste ensuite plaisamment dans un appétit insatiable qui les conduit à dévorer ses caillettes… L'atmosphère, loin d'être compassée et élégiaque, recouvre d'emblée des tonalités comiques ou farcesques.

• Le dialogue entre des conteuses réunies dans la nuit

Au cours de cette nuit passée dans la demeure du mort, tandis que son épouse dort pour faire face à la rude journée qui l'attend, les vieilles femmes réunies conjurent leur crainte de mourir à leur tour. Thérèse, la seule des protagonistes dont on connaisse à la fois le prénom et l'âge – quatre-vingt-neuf ans –, est caractérisée par une envie de vivre irrépressible, que n'ont pas diminuée les malheurs environnants : la mort de son mari, puis celle de ses fils, évoquées page 28, ne sont guère parvenues à atteindre un goût intact, toujours aussi vif, pour l'existence. Ce qui aurait pu l'accabler se trouve résumé dans le lieu commun le plus éculé : "C'est la vie". La parole apparaît ici comme un art de tenir à distance les événements qui pourraient vous affecter : l'égoïsme forcené du personnage trouve dans les clichés la plus sûre des protections. Alors même que Thérèse aura déployé sur plus de trois cents pages le récit de son existence mouvementée, faite d'une âpre lutte pour la survie et contre la pauvreté, elle s'insurgera dans la dernière page du roman : pourquoi voudrait-on qu'elle ne soit pas fraîche comme la rose après cette nuit de veillée (p. 370) ?

Derrière l'humour du portrait se cache en fait une leçon narrative : raconter les péripéties qui ont jalonné sa vie permet à Thérèse de puiser une nouvelle énergie. La parole ne se contente pas de faire ressurgir le passé : elle puise en lui les forces nécessaires à la conquête de l'instant présent. C'est pourquoi Jean Giono n'offre pas une vision passéiste et mélancolique du rôle du récit dans les sociétés rurales : loin d'entretenir une vision nostalgique des temps révolus, les récits oraux échangés par les personnages reflètent une cruauté et une âpreté peu séduisantes : le temps jadis est loin de faire l'objet d'une idéalisation ! Il est d'ailleurs symptomatique que la mémoire des personnages ne remonte pas au-delà d'un événement inaugural : un incendie catastrophique, commémoré par une plaque à l'entrée du village, constitue un repère temporel grâce auquel les existences privées s'organisent. Thérèse elle-même est née deux ans après ce sinistre qui fit périr deux petites jumelles. Son destin se trouve ainsi d'emblée menacé par une possible destruction, à moins que Thérèse ne participe, par sa nature indomptable et en vertu de quelque affinité élémentaire, de la violence destructrice du feu. Le récit de sa vie est celui d'une lutte permanente, d'un perpétuel combat.

Un espace dramatique : les contours d'un *pays*

• Clôture de la chambre/ouverture des chemins empruntés

La veillée mortuaire réunit Thérèse et ses acolytes dans la maison d'Albert, non loin de la chambre où repose le corps, entouré des cierges qui se consument. Mais grâce à la parole échangée, le monde extérieur converge dans cet espace restreint. Jean Giono, dans *Noé*, évoque dès 1947 la puissance que possède l'imagination de projeter sur l'espace fini de l'atelier de l'écrivain l'univers infini de la fiction : là où un regard profane n'aperçoit qu'un mur ouvert d'une fenêtre donnant sur une villa neuve, l'écrivain reconnaît le vaste horizon du paysage dans lequel son histoire va prendre place. Ainsi peut naître ce que Giono nomme son “voyage immobile”. Cette faculté imaginative semble possédée également par les protagonistes des *Âmes fortes*. Bien qu'elles soient claquemurées pour la nuit dans la maison silencieuse, les trois femmes suscitent par leur récit l'apparition d'un pays traversé de routes et de chemins sur lesquels nous les suivons.

Ce contraste entre la clôture de la scène réunissant les actrices du dialogue et l'ouverture des contrées parcourues par les personnages peuplant le récit recoupe l'opposition entre une jeunesse pleine de virtualités à confirmer et une vieillesse définie par un passé accompli… En outre les différents lieux par lesquels passe la trajectoire de Thérèse au cours de son existence signalent l'instabilité de son destin : loin d'être bourgeoisement assignée à une demeure et à une condition, l'héroïne, toujours susceptible de chuter socialement, remet constamment en cause son sort : ses pérégrinations, susceptibles de recevoir plusieurs interprétations contradictoires, font d'elle un personnage dynamique, en lutte perpétuelle pour acquérir un statut. C'est cette qualité qui la rapproche du personnage romanesque du *picaro*, homme du peuple à qui les épreuves successives de l'existence offrent une progressive initiation (tel est le sujet du roman picaresque°, un des modèles de Giono). Cette instabilité originaire contamine la représentation morale développée par le roman : loin d'une vision fixe et définitive d'un système de valeurs pérennes, fixant le bien et le mal, le personnage a à inventer sans cesse sa propre appréhension des événements, à reconstruire constamment son jugement ; les circonstances affectent le sens qu'il confère à ses gestes. La vérité cesse d'être une et définitive ; elle devient l'objet d'une construction, le résultat d'une stratégie, voire l'enjeu d'un calcul. De même, bien et mal deviennent des valeurs flottantes, toujours réversibles.

• Le monde du bourg et ses frontières

Nul doute que Giono, habitant de cette petite localité paysanne que constitue encore à l'époque Manosque, ne se livre dans son texte à une satire acide de la mesquinerie propre à l'étroitesse des bourgs ruraux. Le souvenir du bannissement dont il a été frappé durant la période de l'épuration (v. Outils, Chronologie) n'est pas étranger à la perspicacité du regard qu'il projette sur ce monde féroce, prompt à exclure tout trouble-fête. Les descriptions de la petite bourgeoisie provinciale désireuse de garder ses prérogatives ne sont pas très éloignées de celles que Balzac avait pu proposer au siècle précédent (dans *Eugénie*

Grandet, par exemple) : les mêmes passions continuent d'habiter ces esprits étroits, attentifs au qu'en-dira-t-on et incapables de toute opinion personnelle. Les vertus chrétiennes auxquelles se réfèrent les dames de charité ne sont pour elles que des vertus d'emprunt ; la vérité, que dévoile ironiquement Thérèse, est qu'elles jouissent du spectacle de la misère et de la souffrance et ne font le bien que par affectation, afin de maintenir le rang qui est le leur… Leur apparente générosité ne va donc pas sans une part de théâtralité ; c'est pourquoi Thérèse et Firmin, dans les premiers temps de leur liaison, ont quelque droit à *jouer* le malheur, afin d'éveiller cette pitié affectée qui prend le nom de charité. Le bien ne va pas sans sa mise en scène, de même que le mal peut se consommer comme spectacle.

En outre, le bourg et les campagnes qui l'environnent constituent un espace où tout finit par se savoir, où le moindre événement minuscule peut devenir l'enjeu des rumeurs les plus vives. L'une des qualités du récit de Jean Giono est de nous faire partager la vision d'un monde où les nouvelles parviennent encore avec retard, à la vitesse des chevaux de poste, qu'un accident ou des intempéries peuvent entraver. Le rythme de ces existences dépend encore de cette lenteur de l'information, ainsi que de ses lacunes : la rumeur se nourrit des manques, s'empare des ellipses, quitte à inventer de toutes pièces les chaînons manquants. Il s'agit, pour cette parole collective et impersonnelle, de réduire l'étrangeté du réel, de se familiariser avec ce qui surgit d'un monde extérieur qu'on soupçonne toujours porteur de dangers. Il est significatif que Jean Giono définisse le bourg par les routes qui le traversent, par la provenance des courriers qui y font halte : Châtillon, Lus, Die, Valence… Ces noms géographiques construisent une carte mentale sur laquelle les hommes se répartissent entre connaissances et inconnus virtuellement hostiles : le mal, dans cet univers où le regard est encore borné par l'horizon, est d'abord ce qui surgit d'ailleurs, ce qui nous vient de l'extérieur. Les conducteurs des malles et autres voitures franchissant les cols sont auréolés d'un statut particulier : à la manière de l'antique nautonier (le passeur des fleuves), ils sont ceux qui aident à franchir les frontières ; mais ils suscitent aussi l'inquiétude, porteurs qu'ils sont d'une part de l'inconnu d'où ils surgissent. Le romancier nous aide ainsi à retrouver l'origine fantasmatique du jugement moral, cette perception apeurée de tout ce qui échappe à notre familiarité et que nous nommons parfois "le mal".

• Les fractures de la modernité technique : un *far-west* provençal

Le monde que dépeint le roman de Jean Giono subit les premiers assauts de la modernité technique. Structuré depuis des siècles par les routes et les relais de poste, la France voit sa géographie bouleversée par le tracé des voies ferrées et l'apparition de nouveautés technologiques heurtant les anciennes mentalités. Firmin et Thérèse sont issus d'un monde qui va se métamorphoser sous leurs yeux. La civilisation du cheval, dans laquelle règne le maréchal-ferrant, vit ses dernières années, déjà contestée par la civilisation du moteur. Ces prémices de l'exode rural introduisent le désordre dans une société qui se rêvait immémoriale : l'histoire entre, par effraction, dans ce monde déjà dépassé. Il est significatif que Firmin ait d'abord rejoint le Gourgeon, figure pittoresque de ce "grand centre de roulage" qu'était encore à cette époque Châtillon (p. 65). Le portrait qui nous est offert du personnage insiste à dessein sur son appartenance au compagnonnage (pensons au fameux tour de France opéré par les artisans-compagnons) ; l'hospitalité qu'il propose au couple en fuite lui est inspirée par les règles du devoir entre compagnons "dévorants". Thérèse fait preuve d'ironie à l'encontre de ces codes dont elle souligne la désuétude et la naïveté. C'est que ces sociétés initiatiques d'entraide correspondent à un ancien ordre du monde social désormais révolu ; elles ne subsistent que dans un folklore qui cache mal leur inadéquation au monde réel. La confrérie n'est plus que le masque utilisé pour tenter de cacher la déchéance d'artisans rompus par la paresse, la filouterie et l'ivrognerie. Autre comédie des valeurs morales…

Parallèlement à l'effondrement de ces anciens cadres sociaux s'élève un nouvel univers, inédit. Là où naguère régnait encore une nature sauvage, en plein milieu d'une clairière, se construit en quelques mois une ville, autour de la nouvelle gare. À plusieurs reprises au cours de son existence Thérèse bénéficie de l'aubaine représentée par ce nouveau lieu. Ici peuvent en effet s'édifier de nouvelles vies, libérées – provisoirement – du passé qui les poursuivait. Il y a une affinité entre l'art du romancier et un tel espace vierge : carrefour vers lequel convergent des destins jusqu'alors séparés, la ville moderne, avec les rencontres qu'elle facilite, représente le lieu par excellence de l'invention. Et à l'intérieur même de ce nouvel espace, entièrement voué à la technologie du rail, l'héroïne fréquente prioritairement les auberges, d'abord comme servante puis comme patronne ; en ce commerce viennent cohabiter pour quelques heures les membres les plus disparates des différentes classes sociales. C'est donc un lieu d'observation privilégié, en même temps qu'un espace où l'on peut rêver d'intervertir les destins. La comédie sociale y apparaît, sans voile aucun. C'est là que Thérèse apprend très tôt à comprendre combien le monde repose sur les intérêts financiers ; c'est là qu'elle subit, au sens propre comme au sens figuré, ses premiers déniaisements. C'est là enfin qu'a dû s'affermir sa volonté farouche d'échapper par tous les moyens possibles, par-delà le bien et le mal, à son asservissement.

Le romancier adopte une position ambivalente à l'égard de l'univers moderne en train de surgir. Il voit en lui, pour son personnage féminin, la chance offerte d'échapper à l'ancestrale condamnation de la femme, et plus encore de la femme pauvre (v. La place faite aux femmes dans une communauté rurale). Mais ce lieu, où se manifestent avec une férocité sans borne des instincts que n'estompe encore aucun vernis social, est aussi l'occasion d'une révélation radicale : la réussite attend ici ceux que ne freine aucun scrupule. Pionniers dans l'ancien monde, les nouveaux habitants de ces lieux naguère encore désolés sont prêts à reconstruire de toute pièce une société aussi injuste et inégalitaire que celle qu'ils ont fuie. Une figure incarne d'ailleurs la puissance maléfique du commerce et de la finance : c'est le prêteur sur gage usurier, ou le maquignon grossiste qui profite du malheur pour imposer ses prix. Nulle vision utopique du monde en formation n'est donc proposée par Giono ; derrière l'organisation nouvelle ressurgissent les vieux atavismes, l'éternelle cupidité. Et ce n'est pas un hasard si Thérèse concentre son ironie ravageuse sur le personnage illuminé – "colporteur de bonnes paroles" (p. 317) – qui prétend payer ses dettes en sermons vertueux : rien n'est plus éloigné du pragmatisme de l'héroïne que ces rêveries béatifiques. Thérèse est de ces êtres qui "ne s'en laissent pas facilement conter".

Les points de vue et leurs contradictions

• Comment la légende naît

En offrant des mêmes événements plusieurs versions contradictoires (v. Outils, résumé du roman), Jean Giono démontre l'importance du point de vue et entretient une forme de relativisme° au sein de son récit. Celui-ci est en effet dévolu tantôt à Thérèse qui conte alors rétrospectivement les événements qu'elle a jadis vécus comme personnage, tantôt à la "voix contre" qui a recueilli la version collective des mêmes événements désormais entrés dans la légende du pays. Or si les deux versions ne coïncident pas, le narrateur refuse de prendre position en faveur de l'une ou de l'autre. Il n'y a pas ici d'incarnation du savoir qui nous permettrait de démêler le vrai du faux. Aucune position narrative de surplomb n'est adoptée. Le lecteur se trouve ainsi invité à opérer lui-même le choix, à moins qu'il ne désire laisser coexister provisoirement ces visions hétérogènes…

Tout l'art du romancier consiste donc à nous faire comprendre comment, à partir d'un même événement, des interprétations divergentes peuvent naître. *Les Âmes fortes* suggèrent que notre perception des événements est fortement prédéterminée par des catégories stéréotypées (qui nous font prévoir la bipartition du bien et du mal, des bons et des méchants) : il y a tout lieu de penser que c'est parce qu'il affectionne les contes moraux que le lecteur aime à interpréter les relations entre Thérèse et le couple Numance en fonction du schéma de la bienfaisance récompensant la vertu malheureuse. Dans cette perspective, défendue par la "voix contre", Thérèse ne peut être qu'une innocente en butte à la malignité et à l'ingratitude d'un époux calculateur, corrupteur et cruel… La spoliation des Numance, loin d'être ourdie par Thérèse, serait manigancée à son insu par son cupide mari. De même il semble que la scène où Firmin vient ravir Thérèse, alors jeune domestique servant au château, soit fortement inspirée par un *topos*° romanesque : celui des amours contrariées que le sort parviendrait à faire s'épanouir. Pourtant, dans la version qu'en offrira Thérèse, le "rapt" apparaîtra sous un jour moins idéal, le "chevalier" occupant soudain une place assez peu héroïque. De même, le refuge des deux amants fuyards à l'auberge est tantôt dépeint avec candeur par Thérèse, tantôt représenté sarcastiquement par sa contradictrice comme décor d'une scène de beuverie et de dépravation.

La force de ce procédé narratif tient notamment au fait qu'il nous est impossible d'attribuer à chaque fragment de récit un objectif moral particulier : Thérèse ne cherche pas à jouer les beaux rôles, pas plus que l'autre vieille femme n'a l'intention de tracer d'elle un portrait systématiquement maléfique ou défavorable. Certes, il ressort des anecdotes colportées par la rumeur publique que Thérèse ne fut ni une jeune fille pudique et prude, ni un parangon (un modèle) d'honnêteté et de vertu. Cependant, elle peut jouer à plusieurs reprises le rôle de victime : des mensonges et des infidélités de Firmin, de l'inconséquence d'une bienfaitrice lui faisant jouer inopportunément le rôle de fille adoptive…

Mais c'est contre cette représentation d'elle-même comme victime que Thérèse semble décidée à s'insurger avec constance. Sa propre version des faits est loin de la représenter sous un jour flatteur : responsable de la mort de son mari, observatrice impitoyable de la folle passion qu'elle aurait suscitée dans le cœur de Madame Numance, Thérèse aurait mené avec persévérance une vie vouée à la conquête progressive de son autonomie. Sachant avec quelle puissance la comédie des sentiments pouvait gouverner le monde social, l'héroïne aurait sciemment joué avec les sentiments d'autrui alors qu'elle-même serait demeurée constamment indifférente, inaccessible à aucun affect. Tel est en effet l'étonnant autoportrait offert par Thérèse dans son propre récit. C'est même dans la haine qu'elle aurait trouvé de quoi feindre l'amour : sa perfidie serait allée jusqu'à cette inversion. Et son unique motivation paraît être d'avoir refusé toute posture passive, d'avoir voulu conserver coûte que coûte la maîtrise de toute situation : l'important pour elle était de ne pas *déchoir* à ses propres yeux. L'héroïne substitue l'estime de soi à toute considération sur les motivations qui dictent ses actes. Si elle ne se plaçait pas au-delà des catégories morales, on la dirait suprêmement orgueilleuse.

• Le dynamisme du récit d'initiation

Le roman, par-delà sa division en points de vue contradictoires, recourt au modèle du récit d'initiation : le lecteur est invité à suivre les aventures d'une jeune femme de pauvre extraction, depuis l'instant où elle quitte sa famille pour rentrer au service d'autrui jusqu'à la conquête finale de sa totale indépendance. Cette fragile position sociale initiale permet au romancier de déployer un regard critique sur les dessous de la société : le monde sera ici décrit depuis ses coulisses, conformément au topos de l'arrière du décor. De fait le personnage, si tant est qu'il eût au départ des illusions, va rapidement les perdre. D'emblée le texte nous a d'ailleurs offert une représentation démystificatrice des relations familiales : l'une des deux comparses évoque l'avarice d'un mari qui l'empêcherait, si elle ne regimbait pas, de pratiquer sa piété filiale et d'assurer la survie de sa mère. L'autre dépeint les désirs incestueux d'un mari succombant aux charmes de sa propre fille. Loin d'être préservée des vices sociaux, la cellule familiale semble en offrir une rare concentration : la famille ne saurait constituer la sphère préservée du bien. De même, à l'opposé de toute vision idéalisante de la nature, le portrait qu'en trace le romancier insiste sur l'âpreté des désirs qui mobilisent les créatures, sur la puissance des forces qui s'y entrechoquent. Il n'existe pas de "bonne mère Nature" dans l'imaginaire de Giono ; la nature, fondamentalement amorale°, n'offre aucun modèle du "bien" (on comprend ici le total contresens de ceux qui, à la Libération, ont voulu faire de Giono le chantre pétainiste de la "terre" qui "ne ment pas", de la "famille" et de la "mère-nature" ! Giono se situe exactement aux antipodes de cette idéologie de l'extrême droite française).

Le paradoxe est que ce savoir peu à peu conquis, malgré sa violence et sa radicalité, suscite chez le personnage un réel plaisir. Sans être aucunement effarouchée par ce qu'elle découvre, l'héroïne paraît avide de poursuivre son initiation. Même les dernières pages, dans lesquelles nous sont narrées les différentes étapes qui conduisent au meurtre de Firmin, ne suscitent aucun remords et paraissent dictées par un indéniable plaisir du récit : comme si la narratrice Thérèse se réjouissait d'accompagner le personnage qu'elle a été dans ce suprême effort pour conquérir sa liberté.

• "Persister dans son être" : le "caractère" et son obstination

"J'imitais tous les sentiments sans rien sentir. Et même, j'utilisais ces imitations instinctivement quand elles étaient nécessaires. Quel bonheur ! Personne ne pouvait être mon maître !" Ainsi s'exprime Thérèse page 306. L'exaltation de la narratrice témoigne de la plénitude soudain atteinte par le personnage. Passée maître dans l'art de feindre, la comédienne Thérèse n'offre plus aucune prise au monde extérieur : personne ne peut la deviner, percer le secret de ses attitudes. Elle a acquis une totale maîtrise dans l'affectation des émotions et peut ainsi constamment *donner le change*. Cette métaphore dit bien qu'elle est désormais celle qui maîtrise parfaitement les apparences, qui domine les échanges, impose ses tractations. Pour en arriver à cet état, Thérèse fut d'abord une observatrice hors pair, sachant déceler dans une attitude sa singularité, sa valeur particulière : elle a ainsi pu contempler avec sagacité les gestes de Madame Numance, écouter les intonations des voix, contrefaire les mimiques… Thérèse a opéré une véritable *lecture* de la société, avant de décider de s'en rendre maître : il lui a fallu opérer un décryptage du monde pour mieux y conquérir sa souveraineté. Avant d'être le récit d'une histoire ponctuée d'événements, *Les Âmes fortes* sont en effet d'abord un portrait en majesté : la silhouette d'abord anonyme qui s'y dessine retient l'attention par sa ténacité, sa volonté irréfragable, sa permanente tension. Chaque signe qui émane d'elle témoigne de son ardeur à vivre. Rarement personnage de fiction mérita davantage le nom de *caractère*. Dans la perspective matérialiste de Jean Giono, un personnage se définit toujours d'abord par sa complexion, sa santé, l'ensemble des signes physiques qui caractérisent sa constitution ou son tempérament : son obstination à être à tout prix, par-delà le bien et le mal.

L'INDIVIDU, LA COMMUNAUTÉ ET LA NATURE

Les deux couples : symétries et oppositions

L'intrigue centrale du roman se noue autour de quatre personnages principaux. Au sein des deux couples, le romancier fait apparaître des symétries et des oppositions. Là où règne entre Monsieur et Madame Numance une parfaite harmonie, les relations entre Firmin et Thérèse – quelle que soit la version qu'on retienne – sont constamment placées sous le signe de la discorde et de la dissimulation. Retirés dans le bourg provençal après avoir dépensé la plus grande partie de leur fortune en offrandes charitables, les Numance sont unis par une parfaite compréhension mutuelle. Aussi Monsieur Numance devine-t-il immédiatement les intentions de son épouse à l'égard de Thérèse et Firmin : il n'est pas besoin que Madame Numance explicite son dessein sacrificiel. Son époux prépare la donation et se réjouit d'offrir ainsi à celle qu'il vénère la suprême occasion de manifester sa générosité. Sa délicatesse va même jusqu'à mourir d'une crise cardiaque au moment où l'usurier véreux vient pour prendre possession de leurs biens : il s'éclipse littéralement devant ceux que sa femme a élus comme feudataires.

À l'inverse, Thérèse et Firmin, loin de toute transparence des cœurs et des âmes, dissimulent constamment leurs intentions et voient dans leur conjoint/e le premier ennemi à piéger. La violence n'épargne pas leur relation, marquée à plusieurs reprises par l'échange de coups. Parmi les motifs carnavalesques que le roman, dans sa dimension burlesque, reprend dès son ouverture, celui de la femme battue acquiert d'emblée une importance notable. Cette violence n'épargne aucune classe sociale, puisque de la commère, frappée par son mari pour avoir offert à sa mère de la nourriture, à Madame Charmasson, jeune châtelaine corrigée pour s'être livrée avec ses servantes à des "espiègleries", la cruauté masculine s'abat sans discernement. Il semblerait d'ailleurs que le récit offre fréquemment à ces victimes de l'arbitraire masculin une vengeance savoureuse : ainsi, pour Madame Charmasson, de la vision du cadavre de son vieil époux à moitié rôti alors même que le Préfet la lutinait... Où réapparaît en une scène teintée de bouffonnerie et d'humour noir le fantasme du cannibalisme ! Mais en deçà de cet imaginaire grotesque, le thème de la violence entre sexes n'est pas anodin : il situe au cœur de l'intrigue romanesque la question de l'indépendance féminine.

La place faite aux femmes dans une communauté rurale

Jean Giono est un formidable créateur de personnages féminins. Ennemonde, du texte éponyme, en offre le plus bel exemple. Giono construit fréquemment une représentation conflictuelle des relations entre les sexes. Ainsi, forte de son expérience de servante, Thérèse perçoit en tout homme un prédateur prêt à s'emparer sexuellement de sa proie. Dans une société encore régie par une stricte morale sexuelle, le déshonneur guette celle qui serait engrossée hors mariage, marquée à jamais du sceau de l'infamie. C'est pour échapper à cette marginalisation que Thérèse se fera épouser par Firmin. Choisissant pour refuge après leur fuite le lieu le plus misérable du bourg – une infâme cabane à chèvres susceptible de faire naître la commisération publique –, Thérèse met en scène sa grossesse et son dénuement. Contrefaisant – non sans blasphème – une scène de Nativité, elle joue sur la corde sensible des spectatrices éventuelles : ces dernières sont invitées à entrer dans la scène et à y jouer pieusement le rôle de donatrices... La voici en ordonnatrice d'une crèche vivante !

Thérèse, reine de l'illusion, parie sur la solidarité féminine ; elle en escompte un profit, symbolique autant que financier. Son projet se réalise : les femmes de la bourgeoisie lui offrent de quoi subvenir à ses besoins et à ceux du nouveau-né. Mais surtout, elles attirent sur elle l'attention de la généreuse mécène, Madame Numance. Celle-ci se prend d'une passion d'autant plus intense pour celle qu'elle transforme immédiatement en sa "fille" que la société ne peut concevoir le rôle d'une femme en dehors de la procréation. Thérèse n'attire autant Madame Numance que parce qu'elle est ce qu'il lui a toujours été refusé de devenir : une mère. La nostalgie de cet état auquel tout son être a toujours aspiré se manifeste d'ailleurs physiquement dans l'étrange jeunesse qu'a conservée son visage malgré les ans. Destinée à la transmission du nom et des biens, l'épouse perd sa fonction dès lors qu'elle se révèle stérile : tel est le drame de Madame Numance, que Thérèse, dans la version la plus cynique du roman, saura sciemment exploiter.

Peut-être est-ce là la seule manifestation véritable du mal dans le roman : être femme et stérile, c'est, dans la représentation qu'offre Giono du monde naturel, se trouver définitivement exclue du cycle de la vie, frappée par une fatalité irrémédiable. Et contre ce mal, aucune thérapeutique n'est envisageable. Le stratagème rêvé et accompli par Madame Numance est d'ordre magique. Son efficacité est imaginaire : il s'agit de substituer, dans la demeure cossue qu'elle occupait jusqu'alors, le corps maternel de Thérèse à son propre vieux corps, volatilisé… Comme dans l'antique mythe de Narcisse, le drame qu'explore le roman est ainsi fondé sur la vue et la possible projection de soi en autrui. La substitution ne trompe cependant personne, pas même celle qui l'opère. Jamais Thérèse ne sera Madame Numance : ironique leçon.

Dans une perspective rationnelle cette fois, et non plus imaginaire (mais la vérité comme le réel sont aussi, surtout, faits d'imaginaire), le roman offre, sinon une justification, du moins une explication plausible du fléau de la stérilité, de ce mal qui frappe le couple Numance : leurs caractères semblent être si proches, leurs pensées si réciproquement lisibles qu'ils forment un couple quasi fraternel. N'ont-ils pas également l'un et l'autre le même regard étonnamment bleu ? De là à penser à la sanction d'une tendresse incestueuse…

Ordre et démesure

Malgré l'éloignement de leurs conditions respectives, Thérèse et Madame Numance se ressemblent par certains traits. L'une et l'autre sont dotées de caractères entiers et déploient une énergie farouche pour arriver à leurs fins. Il y a en effet chez Madame Numance une dimension proprement sacrificielle : toute sa vie est gouvernée par le désir de faire le bien, dût-elle en pâtir constamment. Mais cette pensée prend une telle ampleur et une telle intensité qu'elle chasse toute autre préoccupation et exerce une totale hégémonie sur son esprit. Comme certains des modèles peints au XIXe siècle par le peintre Géricault, Madame Numance est monomaniaque, victime perpétuelle d'une obsession unique. Elle s'efforce constamment d'atteindre la plus haute générosité. Elle conçoit lucidement ses dons en dehors de tout espoir de reconnaissance ou de gratitude. Loin de toute naïveté, elle sait à quel point ceux qu'elle oblige par sa générosité voudront échapper à sa vue, oublier ses bienfaits : la fuir pour ne pas se sentir débiteurs. Cette perspicacité est d'ailleurs loin de l'accabler : son idéal n'a jamais été d'être vénérée comme une sainte. L'irrespect, l'ingratitude ni la malveillance de ses "protégés" ne suscitent en elle aucune rancœur. L'acte de donner, pour peu qu'il soit pensé dans l'absolu, n'exige aucune contrepartie. Il y a même chez ce personnage une forme de démesure qui le conduit à imaginer comme suprême et ultime manifestation de ses sentiments sa propre disparition. Pour réellement offrir à autrui un bienfait, il faudrait se supprimer : faire disparaître ainsi la dette ! Le don se consumerait donc dans un présent immédiat, sans souci aucun de l'avenir.

UN MATÉRIALISME ROMANESQUE

Le détournement du sens de la charité

Avec les époux Numance, nous sommes donc loin de la conception chrétienne de la charité – vertu théologale°, au même titre que la foi et l'espérance. Dans une optique religieuse, la charité permet au croyant de soulager la souffrance et de participer ainsi au dessein divin : le don aux pauvres vous permet de participer à leur humilité et témoigne de votre amour fraternel pour les démunis, proches – par l'esprit et le cœur – du Christ. La charité est une œuvre par laquelle il est possible que l'on soit justifié°, que l'on conquière, donc, des droits à la survie des bienheureux, que l'on se fasse digne de la grâce°. Dans ce registre, l'acte de charité permet de participer à la communion des saints. Le personnage créé par Jean Giono échappe totalement à cet univers de la piété. Sa générosité prend un sens radicalement différent. Elle se conçoit en dehors de tout souci de la transcendance (de l'au-delà) et de l'éternité. Bien qu'ils fréquentent l'Église et suivent les rituels catholiques, les personnages de Giono paraissent très éloignés de toute préoccupation religieuse. La religion constitue pour eux une culture (et un spectacle : un divertissement), non un fond doctrinal ni un objet de foi. Elle appartient concrètement au monde environnant mais est dépassée par une vision du monde qui lui est radicalement étrangère. À la question de la survie de l'âme, les commères préfèrent manifestement les plaisirs épicuriens du monde campagnard qui les entoure… La dimension carnavalesque du récit vaut aussi pour cette composante paillarde. Le lecteur est convié, il ne doit pas l'oublier, à un banquet. Les facéties du récit doivent se goûter avec délectation.

Les prestiges de l'imaginaire et la "souveraineté"

Le pouvoir imaginaire de Madame Numance atteint un sommet grâce à son évanouissement mystérieux relaté par Thérèse : personne ne saura jamais ce qu'elle est devenue, ni même ne trouvera trace de son corps. Son existence semble s'être entièrement consumée dans le suprême don accompli : Madame Numance s'est faite geste, offrande. Ce prodige la rapproche incidemment d'un personnage légendaire, capable lui aussi de s'évanouir brusquement à la vue de son public : le maître en subterfuges, Lucifer… C'est en tous les cas cette hybris°, cette démesure héroïque, qui rapproche le plus Madame Numance de Thérèse, autre être de passion, autre être *souverain*. Peut-être est-ce là un autre sens qu'il faut conférer au premier titre que Giono avait songé donner à son texte : *Rien dans les mains*. Ni l'une ni l'autre ne sera en effet saisie sur le fait. Et si Thérèse, comme elle le raconte avant le dénouement du roman, a bien été homicide et a su tuer Firmin à force de malignité, du moins son crime est-il resté, jusqu'au moment du récit, en sa quatre-vingt-neuvième année, totalement impuni !

La leçon proposée page 350 par le narrateur – délégué ici de l'auteur – est d'ailleurs on ne peut plus ambiguë : la question ne semble pas du tout être celle de la culpabilité ou de l'innocence. Le roman n'a pas à proposer une mise en accusation d'un personnage, ni à entamer son jugement. Car, aux yeux de Giono, ne sont dignes d'attention que les êtres pour qui la réalité n'a pas de consistance, qui sont capables, par leur seule force de caractère, de substituer à ce que les autres nomment réalité une *représentation* : "Séduite par une passion, elle avait fait des plans si larges qu'ils occupaient tout l'espace de la réalité ; elle pouvait se tenir dans ces plans quelle que soit la passion commandante ; et même sans passion du tout. La vérité ne comptait pas. Rien ne comptait que d'être la plus forte et de jouir de la libre pratique de la souveraineté". Ce qui fait du personnage un *caractère* n'est donc pas seulement ni principalement la force de sa volonté, mais bien sa faculté de détruire la fausse substance de la réalité en lui substituant une représentation, qui devient vérité plurielle : c'est dans cette mesure que Thérèse, comme Madame Numance, comme d'autres caractères ont un lien essentiel avec la mort : elles dissolvent par leurs projections imaginaires le monde environnant, le soumettant à une recomposition. Elles sont, à leur échelle, les romancières de leur propre vie. Et s'il y a dans leur indifférence à l'égard des normes morales consensuelles une dimension nietzschéenne°, leur souveraineté est moins une volonté de puissance, la conquête d'une santé surhumaine, qu'un exercice périlleux et héroïque pour lutter contre le naturel, se contraindre constamment à jouer le rôle qu'elles se sont assigné. C'est en cela que le critique Jacques Chabot, dans son essai *Giono l'humeur belle* (Université de Provence, 1992) a pu voir en ces héroïnes des doubles du personnage stendhalien de Julien Sorel (*Le Rouge et le Noir*). Giono rend d'ailleurs un hommage romanesque au Stendhal de *La Chartreuse de Parme* dans son cycle du hussard.

Le conte proposé par Giono est donc dépourvu de toute morale édifiante, religieuse ou sociale. Pourvu que sa paix soit respectée, la communauté villageoise semble prête à faire le silence sur les crimes dont elle a eu vent, les turpitudes dont bruit la rumeur. Tout juste la disparition de Madame Numance aura-t-elle permis à l'équilibre de la petite communauté de Châtillon de se reconstituer, une fois dissipée la cause de sa perturbation… Généreuse jusqu'au bout, Madame Numance, tel le bouc émissaire, "prend sur elle" toute la violence de la société pour l'en délivrer. Mais la nature, telle que le romancier la représente, n'est-elle pas elle-même dépeinte comme une puissance amorale°, qui crée grâce à la destruction, qui enfante dans la mort et se soucie peu des êtres qu'elle gaspille dans sa générosité dispendieuse ?

Un "conte d'hiver" : le chant de la matière

Jean Giono a en effet placé en épigraphe de son roman une citation empruntée à la pièce de Shakespeare *Le Conte d'hiver*. En anglais, *a winter's tale* est un récit légendaire que les veilleurs se rapportent alors que la saison hivernale interdit les travaux extérieurs et oblige à un refuge confortable autour de la cheminée. Les paroles échangées, les histoires récitées ont donc pour fonction d'accompagner l'attente du renouveau. Ces circonstances mettent l'accent sur les cycles saisonniers de la nature. On remarquera que le récit de Giono s'achève avec l'arrivée d'une nouvelle aube qui ouvre un jour neigeux et venteux. Le roman ménage par ailleurs quelques allusions à la période à laquelle les commères sont censées s'être réunies : le pauvre mort, Albert, a naguère tué ses cochons et fabriqué ses caillettes en prévision d'un hiver rigoureux. Nous sommes donc ici dans l'attente d'un double réveil de la nature : plongés au cœur de l'obscurité nocturne, les lecteurs sont, comme les trois commères, désireux de voir le jour mais aussi le printemps ressurgir. De fait, dans les récits qu'elle offre de son existence, Thérèse insiste volontiers sur la prodigalité de la nature, la richesse de la flore redécouverte à chaque fonte des neiges. Dans ces pays de haute Provence aux plateaux traversés l'hiver par la bise, le resurgissement de la vie a quelque chose de miraculeux. C'est cet émerveillement qui confère fréquemment au texte une dimension proprement poétique. Jouant de la tonalité bucolique, Jean Giono ouvre son roman à des inflexions lyriques où se devine le souvenir de Virgile : n'est-il pas, dans la même période, en train d'adapter certains vers des *Géorgiques* pour une suite de courts fragments illustrés par Lucien Jacques, intitulés *Accompagnés de la flûte* (Pierre Fanlac, Périgueux, 1951) ?

Dans l'optique campagnarde empruntée ici par Jean Giono, la mort est une étape nécessaire au renouvellement de la vie ; elle n'est donc pas un visage de ce que l'on nomme "le mal" : nulle fécondité ne saurait surgir sans cette redistribution préalable des énergies élémentaires que constitue la mort. Si, du point de vue de la morale, le roman de Jean Giono se situe en deçà d'une perspective chrétienne, du point de vue philosophique il relève d'une vision proche d'un paganisme épicurien (du philosophe Épicure°) : les atomes, après avoir été séparés durant cette phase analytique que constitue la mort, la dissolution des organismes, se recomposent et donnent naissance, grâce à cette synthèse, à de nouvelles formes. "Croyez-vous que la nature, reine de l'équilibre, serait tant dépensière si la mort était vraiment une destruction ? Elle est un passage. Elle est une force de transformation, comme la force qui hausse, abaisse et balance les vagues de la mer." (Giono, "Aux sources mêmes de l'espérance", 1937). Cette représentation, qu'un Denis Diderot aurait partagée à l'époque des Lumières et du matérialisme philosophique, contribue à priver la mort de toute dimension pathétique. C'est pourquoi, bien qu'elles interviennent pour veiller un mort et soient réunies à côté de la chambre mortuaire, les comparses imaginées par Giono n'engendrent guère la mélancolie et confèrent volontiers à leurs récits une tonalité humoristique. Seule feint de s'en offusquer la commère "qui boit du café" et fait la dégoûtée : représentation légèrement caricaturale de la bienséance et des superstitions... Pour les deux autres personnages de conteuses, il n'y a guère de raison d'entourer la mort de cérémonie particulière : pas plus qu'il n'y en a à vouloir exclure de la vie le spectacle de la mort, ou à expurger la représentation artistique des corps et de leur excès. Le mal n'a pas cette figure-là.

L'énigme du mal

L'aspect foncièrement contradictoire du roman *Les Âmes fortes* tient au fait que Jean Giono a recours à une forme littéraire moderniste° pour représenter un monde conçu comme fondé sur un désordre cosmique immémorial. Si la narration° à foyers multiples permet d'inviter le lecteur à se défier des *topoi*°, des opinions et des vérités préétablies, autour du personnage de Thérèse se forge l'image d'un monde rural gouverné par une hypocrisie sociale que conteste, jusque dans son souverain amoralisme°, un individu picaresque°. La conquête de l'autonomie est bien au centre du combat mené par l'héroïne pour échapper à sa condition de femme, de pauvre et de domestique. Sa ténacité, fondée sur une énergie vitale° jamais en défaut, la conduit à se défaire de tout scrupule pour dénouer peu à peu tous les liens qui entravent sa libération. Le mal peut sembler résulter de cet art de transformer autrui en simple *moyen* utilisé à des fins toutes personnelles. Les personnages apparemment secondaires des époux Numance rentrent également difficilement dans les catégories morales préétablies. Car s'ils sont les *victimes* des calculs de Thérèse et Firmin, c'est – nous découvre le récit – avec leur plein consentement. La charge critique° du roman tient à cette analyse renouvelée de la bienfaisance : la valeur sacrificielle° de la générosité apparaît brusquement indissociable d'une pulsion de mort° irrépressible. Comme nous l'avons vu, nous sommes ici à l'opposé des représentations chrétiennes de la vertu théologale° de la charité. Si Madame Numance peut faire figure de "Christ de la maternité" et sembler ainsi provisoirement "incarner le bien", aucune complaisance n'accompagne le récit de ses "malheurs". Sa ruine est aussi son apothéose°. Elle ne devient pleinement mère de Thérèse qu'en sachant que son amour restera à jamais incompris.

Jean Giono déploie ainsi une vision radicalement lucide sur le don et la seule manière de l'exercer sans rendre l'autre débiteur : en assumant sa violence et sa stérilité. Peut-on appeler cela le mal, cet envers d'un "bien" trop démonstratif pour ne pas être suspect ?

À côté de cette scène humaine régie par la comédie continue de se renouveler sans cesse, non sans ironie, le cycle fécond et amoral° d'une nature prodigue°. Là réside peut-être, en dernière instance, ce que l'on appellera "le mal". Les guillemets sont de rigueur car la nature° est ce qui est ; cette substance ignore toute catégorie morale appartenant nécessairement aux représentations humaines. La nature dévoile simplement une loi de réversibilité, par laquelle vie et mort, création et destruction communient sans cesse : "Qu'y a-t-il de plus gracieux que les colombes ? Mais le colombier sent le fauve.", écrit Giono dans *L'Eau vive*. Ce mouvement créateur-destructeur n'épargne pas l'homme, intégré selon l'imaginaire de Giono dans le magma de la vie, travaillé souterrainement par ce cycle de la matière. Un penchant existe donc en lui pour la guerre, la violence, la destruction de l'autre et de soi. Il appelle cela "le mal". Tel est le mythe que se forge Giono pour interpréter (comprendre, du moins assimiler) le scandale des guerres dont il a été, lui, le pacifiste intégral, témoin. "L'Apocalypse° est l'ensemble des événements qui font désirer la mort", écrit-il par exemple dans *Le Déserteur et autres récits*. De même, la marche dangereuse d'Angelo sur les toits, dans *Le Hussard*, ou l'épidémie de choléra sont les métaphores du "renoncement à vivre" que l'homme "porte en lui" (Alan J. Clayton, "Giono et l'attirance de l'abîme", *La Revue des Lettres modernes*, "Jean Giono, 2. L'imagination de la mort", 1976, p. 59). Les époux Numance et Thérèse, mais aussi les commères de la veillée, ces "âmes fortes" confrontés à "l'ennui en expansion" qu'est l'univers selon Giono, savent transformer ce vertige du vide et de la mort en principe de plaisir, de vie, d'affabulation et de récit.

Pour prolonger votre lecture

Le roman de Giono *Les Âmes fortes* a été adapté au cinéma, sous ce même titre, par le réalisateur Raoul Ruiz en 2000 (sortie du film en 2001). Les principaux acteurs sont Laetitia Casta, Arielle Dombasle, John Malkovich, Charles Berling.

UN THÈME

À TRAVERS

TROIS ŒUVRES

À L'ORIGINE, LE MAL

Le mal, une composante de l'existence humaine

• Une expérience

Dans les trois œuvres, le mal est présenté comme une expérience fondatrice : le chapitre IV de ***l'Émile***, c'est-à-dire la *Profession de foi du Vicaire savoyard*, présente un jeune homme, presque un *infans*, un être encore innocent (littéralement : "celui qui ne parle pas"), confronté pour la première fois à la société quand il se retrouve dans un pays étranger (figure d'un Adam exilé ?) et est accueilli dans "un hospice pour prosélytes" (nouveaux convertis) : "on lui donna des doutes qu'il n'avait pas, et on lui apprit le mal qu'il ignorait" (p. 46). Il s'agit donc d'une expérience traumatisante, d'une sorte de chute dans le mal, alors qu'il est "un jeune cœur sans expérience". Le mal prend ainsi la forme d'une "première épreuve de la violence et de l'injustice". Le Vicaire évoque lui aussi l'importance du vécu : "je sais par mon expérience qu'elle [la conscience] s'obstine à suivre l'ordre de la nature contre toutes les lois des hommes", et "peu d'expériences pareilles [à celle de sa disgrâce] mènent loin un esprit qui réfléchit" (p. 52). C'est ainsi qu'on entre dans son histoire. On sait que, pour Rousseau, l'entrée de l'humanité dans l'histoire coïncide avec l'entrée dans le malheur, la sortie de l'état (hypothétique) de nature et l'entrée dans l'état civil fondant à la fois la grandeur tragique de l'homme et son inscription dans le mal.

Expérience première, fondatrice elle aussi, démesurée, inexplicable : tel est le moment de la naissance du Mal chez **Macbeth**. Ce moment est certes préparé par la bataille sanglante : le récit du capitaine au roi Duncan en fait foi : selon lui, Macbeth "fumait d'une sanglante exécution" (I. II) et le capitaine se demande même si Macbeth et Banquo n'ont pas voulu "se baigner dedans les blessures fumantes" (I. III). Mais Macbeth est alors encore un général fidèle et un homme d'honneur. Inexplicablement – ou plutôt juste après la rencontre avec les "Fatales Sœurs" (les sorcières) –, il est comme initié au mal. C'est une expérience intérieure d'abord, quand il prend conscience qu'un abîme s'ouvre en lui : une "image d'horreur hérisse [ses] cheveux" et sa pensée "secoue [son] faible état d'homme" (I. III). Le meurtre apparaît d'abord sous forme de fantasme, il s'agit d'une première rencontre, qui le transforme profondément.

Dans ***Les Âmes fortes***, c'est tout bonnement à l'expérience vécue que font référence les récits contradictoires, puisqu'il s'agit de retracer, sous forme de chronique, l'histoire de la vie de Thérèse, depuis son placement, toute jeune encore, au château de Percy et sa fuite avec Firmin, jusqu'à cette année 1949 où elle veille un mort en compagnie de deux autres vieilles femmes. À elles trois, et à leur grand âge, elles ont à peu près tout vu, tout expérimenté, la méchanceté comme la souffrance : "Et dans la vie on en voit de toutes sortes" affirme

Thérèse (p. 58). Mais le roman explore aussi, plus précisément, les moments où émergent les sentiments. Dans son dialogue muet avec Madame Numance, Thérèse met ainsi sa proie à l'épreuve : "Mijote un peu dans ton jus. Tu n'es pas encore assez tendre. [...]. Il faut que tu fasses *l'expérience du remords*." (p. 327).

• Une affaire personnelle

Dans la même perspective, l'exploration du mal est d'abord une exploration de soi, en tant qu'individu, que personne. Pas de "discours savants ni de profonds raisonnements" ; loin du Vicaire le souci de philosopher (p. 51). L'ambiance de la *Profession de foi* nous plonge dans la vie privée, dans l'intimité banale de l'élève et du maître, au quotidien, intimité au sein de laquelle se noue le dialogue et qui renvoie le lecteur à sa propre existence. Le **Vicaire** se présente comme un "homme sans qualités", un "je" – "moi, homme simple et vrai" (p. 70) –, ni puissant, ni savant, ni saint, un homme comme tous les autres. Il a suivi, comme tant d'autres, un chemin tout tracé : "J'appris ce qu'on voulait que j'apprisse, je dis ce qu'on voulait que je disse, je m'engageai comme on voulut" (p. 51) et en appelle à la confrontation avec un jeune homme en qui il a reconnu une histoire semblable à la sienne : "je parvins au même point où vous êtes". La persuasion se fera par la reconnaissance d'une même expérience et, partant, d'un même "intérêt" : "la raison nous est commune, et nous avons le même intérêt à l'écouter : pourquoi ne penseriez-vous pas comme moi ?" (p. 51). On comprend dès lors que les trois œuvres privilégient l'usage de la première personne, le témoignage d'un "moi" omniprésent en ce qu'il pose problème et exige des réponses : "je me lasse de parler en tierce personne, et c'est un soin fort superflu ; car vous sentez bien, cher concitoyen, que ce malheureux fugitif, c'est moi-même" (p. 48), s'exclame bien vite le narrateur de la *Profession de foi*, ce qui permet à Rousseau de parler en son nom propre, au discours direct : le récit du jeune interlocuteur du Vicaire évoque en effet la propre expérience de Rousseau (voir *Les Confessions*, chapitre III).

Il s'agit donc de parler de soi, mais pour comprendre "qui on est". Or le problème du mal prend ici sa place : dans son questionnement sur le statut de sa personne, **Thérèse** en arrivera peu à peu à considérer qu'on peut accéder à l'être par le mal : "Ce qui m'intéressait, c'était d'être ce que j'étais, et de faire ce que je faisais [...] Pour m'éprouver, je me dis même : est-ce que tu serais capable de tuer dans ce cas-là ?" (p. 306). Un autre passage de son récit est très explicite : s'interrogeant sur elle-même elle s'est, dit-elle, demandé : "Qu'est-ce qui te tient ?" (p. 315). Comment se définir ? "*Je n'étais même pas méchante*" conclut-elle (p. 316), mais, voulant aller "au fond des choses", elle poursuit son enquête : "Qu'est-ce qui te rend heureuse ? Je fis soigneusement le tour de tout et je me répondis : Je suis heureuse comme un furet devant le clapier". Cette révélation la comble : "Ça, mes enfants, c'était une découverte !". Voilà Thérèse enfin satisfaite, capable de dire : "je suis qui je suis" (p. 318). "Croyez-moi, quand on arrive à trouver un truc de ce genre, on est quelqu'un" (p. 325). Faire le mal permettrait alors d'exister, d'affirmer plus fortement sa personnalité.

S'éprouver, se tester : n'est-ce pas ce que fait aussi **Macbeth**, lorsqu'il cède à la tentation d'expérimenter le mal, comme limite et preuve de soi ? Inversement, il est parfois difficile, voire impossible de savoir qui l'on est : "Mais cruels sont les temps, lorsque nous sommes traîtres/Et ne le savons pas" (IV. II) dit Ross : Macduff sera le coupable qui s'ignore, et qui découvre avec horreur qu'il est responsable de la mort de sa famille.

De la personne à l'homme : l'humanité en question

• Un questionnement sur la nature humaine

C'est une question essentielle pour **Rousseau**, et elle traverse toute son œuvre. Le témoignage personnel recouvre un discours anthropologique° (c'est-à-dire un discours sur l'homme). Pour Rousseau, l'homme est naturellement bon : "… content de la place où Dieu m'a mis, je ne vois rien, après lui, de meilleur que mon espèce ; et si j'avais à choisir ma place dans l'ordre des êtres, que pourrais-je choisir de plus que d'être homme ?", déclare le Vicaire (p. 70). Dès le "premier retour" sur lui, l'homme éprouve un sentiment de reconnaissance et de bénédiction", il "s'attendrit", s'ouvre à l'amour (p. 70). Le Vicaire explore "le genre humain", "médite sur la nature de l'homme", sur le "cœur humain" (p. 70-71), s'effraie des contradictions qu'il découvre : "… je me disais : Non, l'homme n'est point un : je veux et je ne veux pas, je me sens à la fois esclave et libre ; je vois le bien, je l'aime, et je fais le mal…". Le "je" ne représente ici plus l'individu, mais prend une dimension universelle, engage l'humanité tout entière, justifiant le passage du récit à "l'exposé" pédagogique et à la réflexion philosophique et religieuse.

Shakespeare examine aussi dans son œuvre la fragilité et les incertitudes de la nature humaine : qu'est-ce qu'être un homme ? "Êtes-vous un homme ?" demande Lady Macbeth à son époux, qui lui répond : "Oui, et un homme hardi, qui ose regarder/Ce qui pourrait épouvanter le diable" (III. IV). Au moment d'affronter le spectre de Banquo, comme on affronte un "ours", un "rhinocéros" ou un "tigre", Macbeth se rassure encore : "Tout ce que l'homme ose, je l'ose" (III. IV). Pourtant l'idée du meurtre l'a au début terrifié : "Ma pensée, où le meurtre encor n'est que fantasme/Secoue à tel point mon faible état d'homme/Que la raison s'étouffe en attente, et rien n'est/Que cela qui n'est pas" (I. III).

S'agit-il alors de gagner en courage, en virilité (du latin *vir*, qui signifie précisément "homme", au sens masculin du terme) ? Tuer, faire le mal, est-ce affirmer cette virilité ? Il semble que pour **Lady Macbeth** ce soit le cas. Macbeth, selon elle, serait trop faible : "Mais je crains ta nature/Trop pleine elle est du lait de la tendresse humaine" (I. V). Quand il décide de renoncer au crime, dont il perçoit le caractère "horrible", "abominable" – "Nous n'irons pas plus loin dans cette affaire", I. VII) –, et que Lady Macbeth lui reproche de vivre comme un "couard", il répond : "Allons, paix :/J'ose tout ce qui peut convenir à un homme ; Qui ose plus n'en est pas un." Commettre ce crime, ce serait dépasser les limites, les frontières de l'humain, passer de l'humain à l'inhumain. Ce à quoi Lady Macbeth réplique : "Donc quelle bête/Vous a fait révéler cette entreprise à moi ?/Quand vous l'avez osé, alors vous étiez homme ;/ Être plus que ce que vous étiez, ce serait/Être homme d'autant plus" (I. VII).

Elle-même ne s'est-elle pas débarrassée de son humanité en implorant les esprits de la délivrer de son sexe et de toute pitié, de tout sentiment humain ("… faites-moi/Sans mon sexe, et du front à l'orteil comblez-moi/De la pire cruauté ! I. V) ? Elle renonce à sa féminité : "Venez à mes seins de femme/Prendre mon lait comme fiel" (I, V, p. 81), et imagine qu'à la place de Macbeth elle n'aurait pas hésité, capable du plus atroce des actes meurtriers, commis sur son bébé : "J'aurais, tandis qu'il souriait à mon visage,/Arraché le mamelon à sa gencive édentée/Et fait éclater son cerveau, si j'avais juré comme vous/Avez juré" (I. VII).

Le mal est donc un enjeu, quand il s'agit de tracer la frontière de l'humain. Quand **Macbeth** demande aux meurtriers, pour tester leur détermination, s'ils sont "si évangéliques" qu'ils continuent à prier pour Banquo même s'il les a dupés, le premier répond : "Nous sommes hommes, mon souverain" : il revendique ici sa part d'humanité, dans toute son ambiguïté ; être homme, c'est être sensible à la pitié comme à la tentation. Macbeth réplique que ce n'est pas si simple : "Aïe ! oui, sur le registre vous passez pour hommes ;/Comme limiers lévriers, métis, épagneuls, mâtins,/barbets, caniches et chiens-loups/Ont tous le nom de chiens". De la même manière qu'il y a différents types de chiens, "ainsi est-il des hommes". Et Macbeth veut savoir quelle sorte d'hommes ils sont, c'est-à-dire s'ils sont capables de tuer (III, I). Plus tard, quand Malcolm lui conseille "Résiste comme un homme", Macduff répond : "Mais d'abord je dois ressentir comme un homme" (IV, III). Être un homme, ce n'est donc pas seulement faire preuve de courage, ce n'est pas être capable de combattre, de tuer : c'est éprouver des sentiments.

Pourtant, pour en revenir à la comparaison de Macbeth, l'homme n'est-il pas "un loup pour l'homme" ? L'œuvre de Giono nous confronte à la violence humaine, à la cruauté (c'est-à-dire, ici, à ce qui est "cru", naturel). Le récit de la "vieille cuite" revient de manière obsédante dans l'œuvre du romancier, et prend place dans *Les Âmes fortes* : "On l'a retrouvée cuite. Mais avant qu'on sache que c'est elle qui cuisait, l'odeur avait donné faim à tout le monde. Et c'était une vielle de soixante-dix ans. Ce qui prouve que c'est humain." (p. 290). **Giono** insiste sur ce cannibalisme, métaphoriquement pratiqué par les "sorcières" de la veillée funèbre. Manger ou être mangé : la condition humaine n'est pas si éloignée de la condition animale. Nombreux sont les prédateurs parmi les personnages du roman gionien, à commencer par les trois vieilles complices réunies autour du banquet du mort, et si l'une d'elles fait allusion à des bêtes qui pourraient le dévorer faute de bougies pour l'éclairer (p. 32-33), c'est peut-être pour déguiser les scrupules qu'elle éprouve à se gaver des caillettes du pauvre Albert. On sait que Giono avait d'abord intitulé son roman "La chose naturelle ou rien dans les mains". La chose naturelle, c'est la méchanceté humaine. Thérèse était une "gourmande", selon les dires du Contre (p. 357 ; le "Contre" désigne la contre-voix du dialogue, contredisant Thérèse), et l'Albert était "carnassier" (p. 35).

Cette interrogation sur ce qui, en l'homme, "fait la bête" explique sans doute la très grande occurrence des figures animales dans les deux œuvres littéraires, qui déploient un véritable bestiaire, souvent hideux et maléfique. Les sorcières de ***Macbeth*** sont accompagnées de leur horde de bêtes malfaisantes : chat et crapaud dès la scène I de l'Acte I, porcs égorgés, rats (*ibid.*), chat tigré, hérisson, salamandre, grenouille, chauve-souris, vipère, lézard, chouette, dragon, loup, requin, tigre, (IV. I). Lady Macbeth conseille à son époux : "soyez sous elle le serpent" (I. V) et Macbeth désigne Banquo par le terme de "serpent" (III. II). Le loup (II. II), la chouette qui hulule (II. II), les criquets complètent ce tableau, de même que les chevaux redevenus sauvages et qui se dévorent entre eux (II. IV), ou encore les pies, choucas et corbeaux (III. IV), les chiens (III. I) et les scorpions qui ont envahi le cerveau du roi : "Oh, mon esprit est plein de scorpions, chère femme !" (III. II). À l'acte IV (I,), l'Apparition conseille à Macbeth d'être "substance-de-lion". On songe à Machiavel, conseillant au Prince de faire "le renard et le lion"…

Un bestiaire semblable se retrouve chez **Giono** : Firmin se fait volontiers renard à ses heures (p. 154), attire les autres "dans la gueule du loup" (p. 158), ou se transforme en dindon quand il veut duper ses victimes (p. 165). Thérèse découvre qu'elle est un "furet" (v. Le mal, visible). Pour décrire les bourgeoises de Châtillon, il faut parler selon Madame Numance de "bêtes fauves, de tigres, de serpents ou seulement de chameaux (mais dont les ruades font très mal)" (p. 188) ; mais elle-même se décrira "jalouse comme une tigresse" (p. 216), et à plusieurs reprises le récit évoque ses "yeux de loup", séduisants et inquiétants à la fois.

• Un questionnement sur la condition humaine

De la nature humaine à la condition humaine, il n'y a qu'un pas : "Je méditais donc sur le triste sort des mortels flottant sur cette mer des opinions humaines, sans boussole, et livrés à leurs passions orageuses, sans autre guide qu'un pilote inexpérimenté qui méconnaît sa route et qui ne sait ni d'où il vient ni où il va", se rappelle le **Vicaire** (*Profession de foi*, p. 53). L'homme est cet être à l'esprit "insuffisant" (p. 54), incapable de comprendre ce qui l'entoure, plongé dans le mystère, dans le doute, dans l'ennui. "Il faut du temps pour vous exposer tout ce que je pense sur le sort de l'homme et sur le vrai prix de la vie", plaide le Vicaire pour s'assurer de l'écoute de son protégé (p. 50). Le mal semble faire inéluctablement partie de ce sombre tableau.

Pour **Macbeth**, "La vie n'est qu'une ombre en marche, un pauvre acteur/Qui s'agite pendant une heure sur la scène/Et alors on ne l'entend plus ; c'est un récit/conté par un idiot, plein de son et furie./Ne signifiant rien" (V. v). Cette définition du *theatrum mundi*, de la triste scène où se déroule l'existence absurde des hommes, est devenue célèbre. Plus prosaïquement, Giono place dans la bouche de ses personnages des maximes populaires et fatalistes : "les choses ne vont jamais comme il faudrait", dit l'une des comparses (p. 46). Le mal, c'est aussi le mal de vivre, le mal-être, le poids de l'injustice. Quand les deux meurtriers acceptent d'assassiner Banquo, chez Shakespeare, c'est l'un pour se "venger du monde", tant il a souffert des "coups durs et des avanies", et le second parce qu'il est "si fatigué de malheur, et tant battu par la fortune" (III. I). Nous nous interrogerons plus loin sur le lien entre la violence de la condition humaine et le mal, comme réponse à cette violence, ou comme vengeance.

Thérèse ne se venge-t-elle pas de son insignifiance de femme et de servante, condamnée à une vie "terrifiante" ? (v. L'origine du mal). Mais nous nous interrogerons aussi sur les rapports plus mystérieux entre cette condition humaine et les lois de la nature. **Giono** a souvent évoqué la "condition cosmique de l'homme", une correspondance secrète, qui expliquerait notre attirance pour le gouffre, pour l'abîme, pour la dissolution dans un grand Tout primitif, ce que Nietzsche° ou Freud° désignent sous le nom d'"instinct de mort" ou de "pulsion de mort°". On remarquera simplement ici l'importance de la nuit, des nuages, de la tempête, de la boue, dans *Macbeth* et dans *Les Âmes fortes*, comme si homme et nature se mettaient à l'unisson, coïncidaient pour assombrir la vie.

• Un questionnement sur la société

Enfin, la réflexion sur le mal ne peut faire l'économie d'une réflexion sur la société, et ceci doublement : d'une part, si les hommes se sont rassemblés, c'est déjà par intérêt, c'est-à-dire pour se défendre des atteintes de la nature, de ses dangers, ou de la menace des autres hommes. Pour Hobbes°, cet intérêt est égoïste et matériel, pour Rousseau, il est déjà "spirituel ou moral" (lettre de Rousseau à M. d'Offreville, citée par Bruno Bernardi dans l'introduction à la *Profession de foi*, p. 37). Mais inversement, c'est en entrant dans l'état civil (en sortant de l'état de nature°), selon **Rousseau**, que l'homme rencontre le mal, sous la forme de la violence, de la propriété, du vol, de la guerre. Le mal s'inscrit donc dans le social. Les trois œuvres en offrent de nombreux exemples.

La tragédie de Shakespeare met en scène une lutte pour le pouvoir, qu'il s'agisse de la première révolte contre Duncan, et de la trahison de Macdonwald (prédisposé à la rébellion par les "croissantes bassesses de la nature, I. II), de l'accession au trône de **Macbeth** ou de la coalition finale soutenue par le roi d'Angleterre. La pièce se déroule sur fond de guerre. Macbeth, que la vue du spectre de sa victime plonge dans un effroi proche de la déraison, évoque la violence des combats humains dans le passé : "Le sang fut répandu ici, dans les époques disparues,/Avant qu'humaine purgation eût fait meilleure société" (III, IV), mais constate amèrement que le mal a pris des formes encore plus insidieuses dans une société apparemment plus civilisée.

Si *Macbeth* se déroule dans un monde de rois et de chefs de guerre, les œuvres de **Rousseau** et Giono font davantage appel à la violence de la misère et des rapports sociaux. Le "jeune homme" et le Vicaire sont nés pauvres l'un et l'autre, le premier évoque son "indigence" (p. 45), se décrit dans la "détresse, sans pain, sans asile, prêt à mourir de faim", p. 46). Le roman gionien se déroule entièrement dans un milieu paysan, ouvrier et bourgeois, où l'injustice est de mise : "Mais la justice dans ce bas monde ! La justice il faut se la faire soi-même/C'est malheureux à dire mais c'est comme ça : si on est trop bonne on est volée" constate Rose (p. 46). Châtillon est une petite ville méchante, où l'on sait "étouffer les cris" (p. 287).

Le roman contient une satire féroce de la famille, des turpitudes domestiques, des secrets soigneusement enfouis : "Il y avait des réunions de famille, des conseils de famille, des arrangements de famille, des affaires de famille, des fils de famille, des airs de famille [...] et le linge sale en famille" se souvient Thérèse (p. 289). La scène de la veillée funèbre se déroule sur fond des disputes sordides dont chaque vieille évoque tour à tour le souvenir. Les deux sœurs, Marie et Rose, assiègent le lit de leur mère mourante, faisant acte de présence dans le seul but de s'assurer de l'héritage (p. 46-47), et se battent comme des chiffonniers pour le partage de pauvres meubles et "hardes" (p. 51) : le passage où Rose tient la paupière de sa mère soulevée pour la forcer à la regarder (p. 47) relève de la farce grotesque tout en révélant le fond de cruauté et de rapacité des pauvres gens – on se croirait dans une nouvelle de Maupassant. Dans toutes les familles, "tu fouillerais, tu en trouverais, des choses" (p. 20). L'une a vécu entre un oncle ivrogne et "méchant comme la gale", et un mari qui touche un peu trop sa fille mais ne supporte pas que sa femme donne de la nourriture à sa mère : "Il m'a fait une scène une fois pour un morceau de lard ! À deux doigts de m'arracher les yeux" (p. 21). L'autre achète en secret des sous-vêtements à sa fille, sachant que son mari la "tuerait séance tenante" s'il l'apprenait (p. 21). Le monde bourgeois n'est pas meilleur : Madame Charmasson, vingt-quatre ans, mariée à un homme de soixante-cinq ans, maire du village, s'amusait un peu trop avec ses lingères... la rumeur court que Monsieur Charmasson la battait avec une ceinture, ou, pire, un nerf de bœuf. Elle le trompait sans doute avec le sous-préfet… et ne s'est guère émue quand il est mort dans l'incendie du château (p. 10). Ces scènes préfigurent la violence des rapports entre Thérèse et Firmin.

La méchanceté déborde très largement d'ailleurs de la sphère familiale : le "gros blond" évoqué par les récitantes (p. 39-42) est un prédateur qui arrive à chaque fois qu'un paysan meurt pour récupérer le bétail à bon prix. Il préfigure le personnage de Reveillard, qui dépossédera les Numance de leurs biens. Les rapports de classe, de patron à employé par exemple, témoignent d'une "générosité peu généreuse", comme celle que le Contre attribue à Rampal, sorte de double inversé de M. Numance, caractérisé par "sa ruse, sa malhonnêteté, sa rondeur" (p. 125-126). Le patron de Firmin, ivrogne, ne lui paie pas ses journées de travail, Mademoiselle, l'intendante du château de Percy, est "méchante comme la gale […] Pour un rond de tasse sur un marbre, c'était le grand conseil de guerre", se souvient Thérèse (p. 56). Dans son *Carnet* du 24 janvier 1949 (ses notes de préparation du roman : *Œuvres Complètes*, Gallimard, coll. "Bibliothèque de la Pléiade", p. 1020), **Giono** évoque ainsi Thérèse : "Conditionnement du meurtre/sa cruauté froide/désir de vengeance absence total de sentiment chrétien/égoïsme – âpreté (venant de pauvreté et servitude) aptitude et facilité à jouir (romantisme) cruauté". En somme, nous voici face à une humanité désolante, foncièrement, banalement, naturellement méchante, malveillante, comme l'est d'ailleurs le Contre, toujours prête à contredire Thérèse et à la démasquer, au moment par exemple du récit de l'installation à Châtillon – ou plutôt du passage par Lus ? : "Vous étiez, Firmin et vous, avec une bande de marchands de porcs […] Vous avez fait la *bombe* pendant deux jours et deux nuits avec les marchands de porcs, cette femme que je vous dis qui n'avait pas froid aux yeux et les autres" (p. 71).

Les apparences du mal

Nous avons vu (v. Repères) que le mal était visible, palpable même, que nous en avions des exemples concrets sous les yeux, mais qu'il était aussi une menace permanente, une "épée de Damoclès" invisible et d'autant plus terrifiante.

• Le mal, visible

La récurrence du lexique de la vue frappe dans les trois œuvres. Chez **Rousseau**, le jeune fugitif a assisté au spectacle de la corruption humaine : "il avait vu" (répété par les anaphores) "l'injustice et la dureté des hommes" (p. 46- 47). Le Vicaire n'est pas en reste : "il voyait partout des hommes victimes de leurs propres vices et de ceux d'autrui ; il voyait les pauvres gémir sous le joug des riches, et les riches sous le joug des préjugés" (p. 50). Son élève réagit à cette description : "Ah quels tristes tableaux ! m'écriai-je avec amertume (p. 50). Et lorsqu'il regarde "les hommes", le Vicaire s'exclame à son tour : "Quel spectacle ! Où est l'ordre que j'avais observé ? Le tableau de la nature ne m'offrait qu'harmonie et proportions, celui du genre humain ne m'offre que confusion, désordre ! [...] Je vois le mal sur la terre" (p. 71).

Mais que voit-on, quand on voit le mal ? D'abord sans doute des images de mort (elles émaillent le roman de Giono et les scènes de *Macbeth*), et de sang. Mort, comme celle de Duncan : "Regardez la mort même ! ah debout, debout, voyez/L'image du grand jugement !" dit Macduff devant le corps de Duncan (II. III). Sang, comme celui qui tache les mains de Macbeth, et que la reine lui demande d'aller laver, (II. II) ; sang encore dont elle "dore" les faces des valets "pour que ça paraisse leur crime", sang sur le visage du meurtrier de Banquo quand il entre dans la salle et que **Macbeth** le remarque : "Il y a du sang sur ta face" (III. IV). La précision des descriptions, "vingt ouvertures de plaies sur sa tête" (III. IV), ou poignards "couverts d'obscènes caillots" (II. II) rend la présence du sang plus obsédante encore. Des crimes sanglants et "abominables" jalonnent la tragédie, ceux des enfants de Macduff par exemple, et l'une des trois Apparitions est un "enfant sanglant" (IV. I). Le sang, on ne voit même que lui, il "crève les yeux" : "Qu'est-ce que ces mains ? ha ! elles crèvent mes yeux !" s'écrie Macbeth une fois son forfait accompli, et il imagine que, loin de pouvoir le laver de sa main, le rouge du sang colorera "les multitudes marines" (II. II), envahissant l'univers tout entier. Macbeth s'étonne que la reine puisse "avoir de telles vues/Et garder sur [ses] joues le rouge naturel", quand lui, en proie à un "effroi profond", est "blanc de peur" (III. IV).

Ces images, tirées de la réalité ("ceci est une vue horrible", dit Macbeth devant les cadavres, II. II), envahissent aussi l'esprit des personnages : **Lady Macbeth** finira somnambule, tentant désespérément de laver les taches de sang incrustées sur ses mains comme le remords s'est incrusté dans sa conscience (V. I). Macbeth ne cesse de voir le spectre sanglant de Banquo, invisible aux autres convives : "ne secoue pas/Tes boucles de sang caillé contre moi" (III. IV). Plus tard, Macbeth revoit encore "Banquo aux cheveux en caillots" (IV. I). Plus étrange encore, dans cette tragédie de visions et de cauchemars, le fantasme précède l'action : avant de passer à l'acte meurtrier, Macbeth "voit" l'arme du crime : "Est-ce un poignard que je vois devant moi/Le manche vers ma main ?" (II. I), et il suit pour ainsi dire en direct une préfiguration de son crime : "Je ne t'ai pas, cependant je te vois toujours./Fatale vision, n'es-tu pas sensible/Au toucher comme à la vue ? [...] Je te vois là, aussi palpable dans ta forme/Que celui qu'à présent je tire [...] et je te vois encore ;/Sur ta lame et ta poignée des gouttes de sang/Qui avant n'y étaient pas. Mais il n'y a rien de cela !/C'est la sanglante affaire qui s'inscrit/ainsi devant mes yeux" (II. I).

Le thème du sang apparaît souvent dans le roman de Giono. Thérèse, surtout, se représente en furet : "J'étais heureuse d'être un piège, d'avoir des dents capables de saigner ; et d'entendre couiner les lapins sans méfiance autour de moi […] Le furet ne mange pas de viande, voilà pourquoi je me foutais de l'argent. *Il boit le sang. Si je trouvais quelque part du sang à boire, ça vaudrait peut-être la peine de me glisser dans le terrier*". Quand elle découvre les Numance, elle comprend que "C'était bien du *sang* […] Les gens que tu vises ne tiennent à rien, sauf à aimer ; et ils te tombent dans les pattes. L'amour, c'est tout inquiétude. C'est du *sang* le plus pur qui se refait constamment" (p. 316-317). Le furet **Thérèse** veut saigner Madame Numance, la vider comme un lapin.

• Le mal, invisible

Le mal n'existe pas hors du travail symbolique propre à l'homme, c'est d'abord une représentation : il est donc aussi invisible, et nous hante d'autant plus.

Invisible d'abord parce qu'il se cache, et, protéiforme, prend d'autres visages, d'autres formes. Chez **Rousseau**, le mal ne dit pas son nom, preuve en sont toutes les turpitudes qui s'épanouissent en pleine impunité à l'hospice pour prosélytes de l'*incipit* (premières lignes) de la *Profession de foi*.

On verra que le mal sait prendre toutes les apparences du bien dans le roman de Giono, et que longtemps, à Châtillon, on plaindra, on aimera **Firmin et Thérèse**, image parfaite du jeune couple méritant.

Le mal est aussi invisible parce qu'on fait tout pour ne pas le voir : "Et viens, aveugle nuit,/Recouvre l'œil plein de pitié du jour/Et de ta main sanglante et invisible/Déchire, mets en pièces le grand lien de vie/Qui me tient enroulé.", demande **Macbeth** (III. II). Le mal se dissimule sous les énigmes : "Les augures et les incidents captés/Par pies, choucas et corbeaux, ont révélé/L'homme de sang le plus secret…", dit encore Macbeth, parlant de lui (III. IV). Le mal appartient à notre zone d'ombre, frontière incertaine entre le réel et le rêve. C'est entre autres ce que symbolisent les sorcières, qui apparaissent et disparaissent, impalpables comme souffle ou fumée. Banquo s'étonne : "La terre fait des bulles, comme l'eau en fait,/Et celles-ci en sont : où ont-elles passé ? ", et Macbeth répond : "Dans l'air. Ce qui semblait corporel a fondu/Comme le souffle au vent." (I. III). Sorcières, spectre et apparitions sont autant de présences fulgurantes et éphémères, qui laissent sans réponse les questions qu'ils ont eux-mêmes suscitées. D'où la remarque de Banquo aux sorcières : "Vos barbes cependant m'empêchent d'interpréter" (I. III). Énigmes encore que les bruits sourds du monde : Lennox, la nuit du crime, se souvient que "furent entendues des lamentations/Dans l'air, avec d'étranges cris de mort,/Et qui prophétisaient en terribles accents/D'horribles rébellions" (II. III). Le mal est alors une énigme menaçante ; les sorcières parlent par énigmes, que Macbeth ne comprend qu'à moitié, et qui le perdront. "Là où nous sommes, il y a des poignards dans les sourires des hommes,/Proche du sang, plus proche du sanglant", dit Donalbain à Malcolm en lui conseillant la fuite (II. III).

Thérèse elle aussi sait que le mal peut à tout moment l'accabler et imagine le pire : "La première fièvre passée, tout me faisait peur. Je voyais mes frères, je voyais mon père, je voyais ma mère, je voyais ma sœur, je voyais des catastrophes, du malheur partout, des misères, jusqu'à imaginer des choses auprès des quelles la mort n'est rien" (p. 61). Elle-même ne parle-t-elle pas par énigmes, et n'annonce-t-elle pas à Firmin sa perte déjà programmée, quand au tout début du roman, et alors que le lecteur, encore "innocent", lui fait pour ainsi dire confiance, elle dit à son amoureux : "C'est toi qui paieras les pots cassés, en fin de compte" (p. 63), ou encore "attends un peu, je te le ferai regretter ce joli cœur, tu verras" (p. 68) : habileté du romancier qui, par le truchement d'un badinage apparemment amoureux, laisse entrevoir le crime final : le mal était donc là, dès le début dans le roman, caché, et nous n'avions rien vu !

Enfin, le mal apparaît en filigrane, comme une possibilité non encore explorée, latente : l'inceste n'est pas loin dans les relations entre la mère et la fille, ou le père et la fille, évoqués dans la scène inaugurale du roman gionien (p. 20-21). Sait-on vraiment qui a mis le feu au château de Percy, provoquant la mort de Monsieur Charmasson ? Il s'en est fallu de rien que Firmin tue Madame Numance. Selon **Giono**, auteur d'un recueil de nouvelles, *Faust au village,* qui intégrait au départ *Les Âmes fortes*, le diable règne dans nos maisons. Le mal est larvé, toujours disponible, en même temps qu'il échappe à toute définition claire, impensable et indicible : "La langue ni le cœur/Ne peuvent te penser ni te nommer", dit Macduff (II. III). Comme le remarque justement G. Wilson Knight dans sa *Préface* (GF, p. 7), dans *Macbeth*, le mal est "absolu", "étouffant", s'enveloppe d'un "manteau de nuit" pour mieux confondre les hommes.

Ce caractère énigmatique du mal prend dans l'œuvre de **Rousseau** la forme d'une question anthropologique et philosophique : comment expliquer le mal ? "Être bienfaisant, qu'est devenu ton pouvoir ?" demande le Vicaire à Dieu (p. 71). En effet, le mal n'existe que par la conscience que l'homme en a. On pourrait dire que nos trois œuvres traitent surtout de la conscience de la faute, ou de son absence.

• La conscience de la faute

La honte est un des premiers sentiments éprouvés par l'homme, c'est pour Rousseau "une honte native" (p. 47), que ressent toute " âme pure" dans un monde corrompu, surtout si on a un caractère timide comme le fugitif, encore jeune, donc malléable et perfectible. Le Vicaire a décidé de faire appel aux "lumières primitives" de son disciple (p. 52), lui-même ayant, alors qu'il était plongé dans le doute, consulté ses "lumières primitives", n'écoutant que son "assentiment intérieur", ne suivant que sa "lumière intérieure" (p. 55). La conscience est chez Rousseau chose évidente : le Vicaire est "résolu d'admettre pour évidentes toutes celles auxquelles, dans la sincérité de mon cœur, je ne pourrai refuser mon consentement" (p. 56). C'est une voix de l'âme, une voix intérieure qui nous dit "qu'en faisant notre bien aux dépens d'autrui nous faisons mal" (p. 83). "Tout ce que je sens être bien est bien, tout ce que je sens être mal est mal" (p. 83). La conscience° du bien et du mal nous habite : "Il est donc au fond des âmes un principe inné de justice et de vertu, sur lequel, malgré nos propres maximes, nous jugeons nos actions et celles d'autrui comme bonnes ou mauvaises, et c'est à ce principe que je donne le nom de conscience" (p. 89). Une première conclusion s'impose : il n'y a de mal que parce qu'il y a un bien, de conscience du mal que parce qu'il y a conscience du bien, de remords que parce que faire le bien apporte un contentement de soi : "L'Être souverainement bon" a promis aux hommes un bien, ce qui revient à "leur en donner l'idée" et "leur en faire sentir le besoin" : "je lis ces mots écrits dans mon âme : *Sois juste et tu seras heureux*" (p. 77).

La conscience° innée du bien est la clef de voûte de la pensée de Rousseau. L'enfer est "dans le cœur des méchants" : "C'est dans vos cœurs insatiables, rongés d'envie, d'avarice et d'ambition, qu'au sein de vos fausses prospérités les passions vengeresses punissent vos forfaits" (p. 80). Nous pourrions multiplier ici les citations de la *Profession de foi* : l'homme "sent" quand il fait le mal (p. 73 : à noter, la répétition de "je sens", le sentiment étant pour Rousseau une forme de la connaissance). Dieu, dit le Vicaire, "m'a donné la conscience pour aimer le bien, la raison pour le connaître, la liberté pour le choisir". Cette conscience est universelle, ce qui explique aux yeux du Vicaire que, parmi tant de civilisations et de cultes différents, les "notions de bien et de mal ne varient guère" (p. 87).

L'homme a donc l'amour spontané du bonheur, de la vertu, il est fasciné par les belles actions (p. 85). Restituons ici l'exclamation lyrique qui fait désormais partie de notre patrimoine culturel : "Conscience ! conscience ! instinct divin, immortelle et céleste voix ; guide assuré d'un être ignorant et borné, mais intelligent et libre ; juge infaillible du bien et du mal, qui rend l'homme semblable à Dieu, c'est toi qui fais l'excellence de sa nature et la moralité de ses actions..." (p. 90).

Cette conscience° du bien n'est pas le moins du monde absente de *Macbeth* : Shakespeare est un auteur de la Renaissance, plongé dans les débats de son temps sur l'origine du mal et la liberté humaine. Dans un monde livré à une noirceur implacable, l'énumération en contrepoint par Malcolm des vertus des rois, "Telles justice et vérité, tempérance et sûreté,/Bonté avec humilité, persévérance, miséricorde,/Dévouement, patience et courage, constance", apporte un éclairage humaniste (IV. III). Malcolm est une figure du Bien, pur comme le Galaad des romans de la Table ronde, encore "ignorant de la femme" (IV. III), et qui n'a jamais menti encore. Figure lumineuse, doublée par celle du roi d'Angleterre, saint homme qui guérit le Mal (IV. III) par son action "miraculeuse". Duncan était un roi bon, Lennox avait prié pour que "quelque ange saint" vole au secours de la patrie. Le thème de la Grâce divine inonde la fin de la tragédie de la lumière retrouvée.

Mais les méchants ont eux aussi conscience du mal : ***Macbeth*** est une œuvre centrée sur la culpabilité. Macbeth, juste avant son premier crime, nomme "la pitié, comme l'enfant nu nouveau-né/Chevauchant l'ouragan, ou chérubins du Ciel/Montés sur les courriers invisibles de l'air…" (I. VII), qui le pousse à renoncer. Quand il s'abandonne au mal, c'est en toute conscience ("*let that be*", I. iv), même s'il préfère agir en se cachant des autres et de lui-même : "Étoiles, cachez vos feux !/Que la clarté ne puisse voir mes désirs profonds et noirs :/Que l'œil devant la main se ferme ; et cependant cela soit/Ce que les yeux, quand tout est fait, craignent de voir" (I. IV). Lady Macbeth de même supplie : "Que mon couteau pointu ne voie pas la blessure/Qu'il fait, et que le ciel sous le couvert du noir/Ne vienne pas épier pour me crier : Arrête !" (I. V). Ces personnages éprouvent l'horreur de l'acte, même avant de l'avoir commis, au moment où la pensée de l'acte surgit en eux. Ils éprouvent cette même horreur après avoir agi : Macbeth a "'horreur de penser à cela que j'ai fait ;/Le revoir je n'ose pas" (II. II). C'est ce qui explique que Macbeth a "assassiné le sommeil" (II. II). L'esprit torturé des criminels fait qu'ils mangent "dans la crainte" et dorment "sous le tourment de ces terribles rêves/Qui la nuit nous secouent". À l'instar des méchants de la *Profession de foi*, Macbeth et sa femme connaissent l'enfer, une "furieuse" folie (III. II) qui ne les quittera plus. L'évanouissement de Lady Macbeth n'est sans doute pas feint : elle ne supportera pas son crime, deviendra une épave humaine aussi souffrante que terrifiante. Macbeth de même sent "ses meurtres cachés qui lui collent sur les mains" dit Angus (V. II) ; "tout ce qui est en lui se condamne d'être là" renchérit Menteith.

Chose plus étonnante, d'autres personnages innocents éprouvent un sentiment de culpabilité, comme si eux aussi connaissaient intimement le mal. **Banquo** souhaite se délivrer des "pensées mauvaises, que nature/libère dans notre sommeil". Il a rêvé des trois Fatales Sœurs (II. I) et craint de les avoir écoutées, d'avoir été sensible à la tentation. De fait, il a bien à un moment été de connivence avec Macbeth. **Macduff**, coupable de l'abandon de sa famille, se le reproche amèrement : "Ô coupable/Macduff, c'est pour toi qu'ils ont été frappés !" (IV. III). Le preux Malcolm lui-même, promis à la royauté, s'accuse de tous les crimes et péchés possibles en dressant la liste de tout le mal qu'un homme – a fortiori un gouvernant – peut faire ; il reconnaît en lui "Toutes les variétés de vices" (IV. III), et se définit comme plein de luxure, concupiscent, insatiable, avare, injuste, belliqueux. Ce qui n'est qu'un piège destiné à tester la vertu de Macduff n'en est pas moins troublant : après tout, peut se demander le spectateur, serait-ce si étonnant ?

Dans l'œuvre de **Giono** la mauvaise conscience est naturelle. Au début, alors que deux des vieilles femmes n'ont aucun scrupule à dévorer les caillettes du mort arrosées de vin blanc (p. 29), la troisième tente en vain de leur faire prendre conscience du respect dû au défunt : "Chut ! Rendez-vous compte qu'on veille un mort" (p. 27). Désacraliser ainsi la veillée funèbre, c'est renoncer à son humanité : "On n'est pas des chiens" (p. 27). "Mon cœur se soulève. Manger ces choses blanches dans la maison d'un mort ! [...] Je trouve que vous êtes sans gêne. Le pauvre Albert est à peine étendu raide sur son lit, et tout de suite vous lui mangez ses caillettes [...]". La mort c'est sacré (p. 34), continue-t-elle : en vain les autres lui disent-elles "n'aie pas honte" (p. 35).

D'ailleurs, à Châtillon, on ne parle que de conscience : tout le monde au village a quelque chose à se reprocher. "Tu ne pouvais pas faire un pas dans la rue sans entendre : S'ils avaient la conscience tranquille" (p. 103). La suspicion est la chose du monde la plus partagée, on soupçonne les Numance de tout et de rien. L'expression revient, dans cette page, comme un leitmotiv, sept fois. Quant à Monsieur Carluque, il cherche à se disculper à l'avance : "Il parla rapidement ensuite de sa *conscience tranquille*. Mais ce n'était que pour la bonne bouche" (p. 104). Même la bonne Madame Numance se fait des reproches : "j'ai honte de profiter de toi et de ta jeunesse" (p. 209), dit-elle à Thérèse. Et, consciente qu'elle est "capable d'être méchante" (p. 211), ou "jalouse comme une tigresse" (p. 216), elle se fait "un peu de reproche de ce qu'elle appelait sa rouerie" (p. 217).

La seule qui est au-delà de toute conscience, parce qu'elle est au-delà du bien et mal, c'est **Thérèse**. Elle a d'ailleurs démasqué la honte : "Les péchés qu'on ne commet pas sont affreux ; ceux qu'on commet : zéro, poussière [...]. La colère se croit toujours juste. Quand elle est passée, vient la honte, et la honte, c'est la haine. Tu te fais haïr pour rien. Faites-vous haïr pour quelque chose. Il y a un proverbe : 'Bien mal acquis ne profite jamais.' C'est de la blague [...] Possède, et tu verras". Elle poursuit : "Ils disent conscience. Ils disent remords. D'accord. C'est de la monnaie. Payez et emportez. Si c'était gratuit, ce serait trop beau. Moi, j'estime : du moment qu'on est chrétien, on a le droit de tout faire." (p. 291) Cette réflexion rapproche Thérèse de la démystification nietzschéenne° de la morale chrétienne, arme des "esclaves" née du ressentiment et qui vise à culpabiliser les "forts" ou à justifier un "bon droit" imaginaire.

Quelques formes du mal dans les œuvres

Poursuivant notre investigation, nous pouvons à présent nous demander ce que l'homme a à se reprocher, quelle forme prennent ses crimes. Ce faisant, nous admettons que le mal, dans les œuvres, est surtout ce que Leibniz distinguait comme le "mal moral". Mais auparavant, qu'en est-il du mal métaphysique° et du mal physique ?

• Le mal métaphysique et le mal physique

Dans la ***Profession de foi***, le mal métaphysique°, c'est-à-dire l'imperfection de la condition humaine, doit être accepté comme une donnée première, mais ce mal, d'une certaine manière, n'en est pas un : l'ordre du monde est bon et harmonieux, même si cette harmonie implique des désastres incompréhensibles pour notre esprit : “le mal que l’homme fait retombe sur lui sans rien changer”, l’ordre du monde reste intact (p. 75). Il en est de même pour la souffrance : “le mal physique ne serait rien sans nos vices, qui nous l’ont rendu sensible” (p. 75), la douleur et la mort sont naturelles (p. 76). Dans sa réponse à Voltaire, au sujet du Désastre de Lisbonne (v. Œuvres, *Profession de foi du Vicaire savoyard*), Rousseau proposait de penser que d’innombrables victimes du séisme, si elles avaient été épargnées, auraient peut-être connu un sort encore pire, la maladie, les atteintes d’une vieillesse insupportables.

Les choses sont moins claires s’agissant de Giono et de *Macbeth*. Comment interpréter ce “grand incendie”, qui a précédé – comme un signe ? une “annonciation” ? – la naissance de Thérèse ? Il fait l’objet d’une série de questions et réponses entre Thérèse et l’une de ses interlocutrices : “Il y a eu beaucoup de morts ?/Les neuf qui sont marqués sur la croix. Mais là il y a le nom d’une mère et de ses deux filles : deux jumelles. C’étaient des petites de toute beauté, il paraît./Ça avait pris la nuit ?/Oui, et dans la saison comme maintenant où on bourre les feux. Sans doute une cheminée qui a flambé d’abord, puis un grenier à foin et, en fin de compte une vingtaine de maisons, à la file” (p. 11). Nous avons déjà parlé de la “condition cosmique de l’homme” chez **Giono** : le mal existe, et il ne sert à rien, dans une perspective athée (où l’on ne croit en aucun dieu, ni aucune transcendance), de se demander si le mal “sert” à quelque chose, s’il répond à une volonté supérieure.

Dans *Macbeth*, les personnages ne cessent de poser des questions, vivent dans un étonnement permanent, incapables de comprendre les raisons de ce mal triomphant, inhumain, surnaturel, imprégné de nuit, de tempête, qui semble n’avoir aucune justification et qui les enveloppe de terreur. Est-ce que le monde est pur désordre, pure déraison ? **Macbeth** en est-il la victime impuissante ? On pense ici à la fatalité grecque, mère de la tragédie (v. L’origine du mal).

• Le mal moral : la faute revient à l’homme

Ceci étant, il est vrai que dans les trois œuvres, le mal est surtout celui que l’homme fait : le mal général “ne peut être que dans le désordre, et je vois dans le système du monde un ordre qui ne se dément point” (p. 76) constate le Vicaire. L’homme seul est à mettre en cause : “Ôtez nos funestes progrès, ôtez nos erreurs et nos vices, ôtez l’ouvrage de l’homme, et tout est bien” (p. 76).

En quoi consiste ce mal moral ? Pour **Rousseau**, il s’agit d’abord des mœurs jugées dépravées (il faut faire la part des préjugés d’époque) auxquelles a été confronté le jeune exilé : homosexualité, mensonge, hypocrisie. Le Vicaire a eu le tort de prendre des maîtresses non mariées, par respect du caractère sacré du mariage : mal lui en a pris ! Il est arrêté, chassé, à cause de son innocence même : "et j'eus lieu de comprendre, aux reproches dont ma disgrâce fut accompagnée, qu'il ne faut souvent qu'aggraver la faute pour échapper au châtiment" (p. 52). La religion catholique, "ne sert que de masque à l'intérêt" (p. 46). C'est, entre autres, pour cette raison que le Vicaire conseillera à son élève de rejoindre le calvinisme. L'exemple du mal ronge vite les âmes sur lesquelles il a de l'influence : aigreur, misanthropie, orgueil, vanité, colère, mépris des autres sont les mauvaises graines que le Vicaire aura à extirper (p. 49). Surtout, Rousseau met en cause les dogmes, qui "rendent l'homme orgueilleux, intolérant, cruel" si bien qu'ils "portent le fer et le feu" au lieu de la paix (p. 98). Les pages 112 à 116, sorte d'examen comparé des religions, montrent "à quelle absurdité mènent l'orgueil et l'intolérance, quand chacun veut abonder dans son sens, et croire avoir raison exclusivement au reste du genre humain". En cela Rousseau est bien un philosophe des Lumières, s'élevant au nom de la raison universelle contre toutes les formes du fanatisme religieux, siège des passions mauvaises.

Le mal revêt aussi la forme de l'hypocrisie et du mensonge. **Macbeth** ment quand il feint de reconnaître avoir tué les deux gardes de Duncan par colère (II. III). Avec Lady Macbeth, il joue la comédie du vassal fidèle et de l'hôte bien attentionné : "Nous demeurons vos adorants" dit Lady Macbeth à Duncan (I. VI) ; elle conseille à son époux : "semblez comme l'innocente fleur mais soyez/Sous elle le serpent" (I. V). Dès lors le mensonge, le faux-semblant, la ruse, feront partie de la stratégie de Macbeth pour éliminer ses opposants. Le mensonge est également l'arme des sorcières, dont Macbeth comprend trop tard qu'il a été une victime : "Et qu'on n'écoute plus ces ennemis jongleurs/Qui nous ont enroulés dedans le double sens" (V. IX).

Arme de sorcière, le mensonge est une pratique habituelle pour Thérèse, comme d'ailleurs pour Firmin. Le roman de **Giono** superpose avec virtuosité les récits mensongers et les récits des tromperies par lesquelles chaque personnage entend manipuler les autres. Thérèse ment tellement qu'elle ne peut même imaginer que les gens soient sincères : "elle avait un air dissimulé" (p. 217), pense-t-elle de Madame Numance, "sa malice est cousue de fil blanc". Firmin "voulait voir jusqu'à quel point il pourrait tromper Thérèse" (p. 168). Il "vend" Thérèse et sa maternité : "Nous vendons du malheur, ma fille. Tu es notre vitrine" (p. 192), sachant à merveille prendre un air benêt – de dindon – pour tromper son monde. Thérèse est pour sûr la meilleure des comédiennes, elle qui "savait dire la vérité d'un air faux". Elle étudie ses mimiques – "J'avais alors l'air mourant et il semblait que je prenais le ciel à témoin [...] C'était de toute beauté !" (p. 322) –, se transforme, avec une grande application : "À la fin, j'imitais tous les sentiments sans rien sentir" (p. 306). Dans la *Profession de foi*, même le philosophe est insincère : "Pourvu qu'il s'élève au-dessus du vulgaire, pourvu qu'il efface l'éclat de ses concurrents, que demande-t-il de plus ? L'essentiel est de penser autrement que les autres" (p. 55). Tout est dans le paraître… D'ailleurs, "être et paraître, la différence que c'est !", ironise l'une des vieilles réunies autour du mort (p. 19).

L'égoïsme est une autre forme du mal. **Thérèse** choque dès la scène inaugurale en affirmant n'aimer ni ses belles-filles ni ses petits enfants : "Comme on devient égoïste !/Je ne suis pas égoïste mais qu'est-ce que vous voulez que je fasse de trois belles-filles ?/[…] Vous dites que vous n'aimez personne et que vous n'avez que vous./Eh bien ! Où vois-tu du malheur dans tout ça ?" (p. 52-53). On aura peine à trouver en elle une trace d'amour maternel, alors qu'elle aura trois enfants. "Moi, il y avait d'abord moi", affirme-t-elle (p. 324).

L'égoïsme va de pair avec la volonté de puissance. On ne peut expliquer la tentation de **Macbeth** et de sa femme sans faire appel à l'ambition, à la soif de pouvoir : dans une longue tirade, il examine les raisons qui lui font vouloir la perte de Banquo : "C'est pour la race de Banquo que j'aurai souillé mon âme !" (III. I). Roi sans descendance, il ne peut supporter que le trône revienne aux descendants de celui qui a été son compagnon de combat.

C'est sans doute le personnage de Thérèse qui révèle cependant le mieux la soif de domination sur les autres. Thérèse est pure "avarice" (avidité) : elle désire la perte des autres, jouit du mépris qu'elle leur porte, se sentant supérieure. Giono note dans son *Carnet* du 24 janvier 1949 une phrase à mettre dans la bouche de son personnage : "ce que je voulais – qui était quoi ? eh bien la puissance" (*op. cit.*, p. 1021). **Thérèse** s'affirme dans une volonté absolue de pouvoir sur les autres et sur elle-même. Elle se donne pour but de posséder Madame Numance, qu'elle connaît "comme si je l'avais faite" (p. 326). Thérèse, en qui Giono reconnaît avoir découvert peu à peu au cours de l'écriture de son roman "la vraie criminelle", a tué en elle tout sentiment humain : "j'appris à faire exactement le contraire de ce que mon cœur me commandait de faire" (p. 302). Son intelligence du mal lui donne la capacité d'avoir "barre" sur les gens (p. 322). Elle tourne Firmin "sur le gril comme un hareng" (p. 297), lui "mâche la besogne" (p. 299), en fait sa chose, son pantin. Thérèse par moments excelle dans la direction d'acteurs : "Je continuais à perfectionner Firmin" (p. 311), lequel la considère comme "le dieu qui fait pleuvoir" et se laisse "façonner". Sorte de Pygmalion, qui modèle la vie et les sentiments des autres à leur insu, Thérèse accède alors à une dimension démiurgique (le "démiurge" est le grand architecte, le créateur de l'univers). Quand elle affirme "je suis qui je suis", elle fait penser à Dieu, qui, dans la Bible, se révèle à Moïse en disant "je suis celui qui est". Thérèse s'est créée elle-même, comme une œuvre d'art – "J'étais arrivée à être parfaite" (p. 302), au prix de "sacrifices", d'une véritable ascèse.

La contagion du mal

Un autre aspect du mal est la facilité avec laquelle il se répand. Le jeune innocent de la ***Profession de foi*** est déjà passablement contaminé, "la mauvaise fortune avait déjà flétri son cœur", même si "le mal, presque inévitable, n'était pas absolument consommé" (p. 46-47). Il s'en faut de peu qu'il ne devienne un "gueux" et un "athée" (p. 47). Pour le Vicaire, il s'agit de faire vite s'il veut le sauver : "Vous êtes dans l'âge critique où l'esprit s'ouvre à la certitude, où le cœur reçoit sa forme et son caractère, et où l'on se détermine pour toute la vie, soit en bien soit en mal. Plus tard, la substance est durcie, et les nouvelles empreintes ne marquent plus..." (p. 123).

Dès que **Macbeth** tombe dans le mal, il ne cessera de grandir dans le mal et par le mal, un mal qui se propage en lui par ondes successives, sans qu'il comprenne par exemple pourquoi il n'a pas pu dire "Amen" pour conforter les gardes dans leur sommeil, ce qui lui aurait évité de les tuer. "Choses commencées dans le mal/Prennent force en soi par le mal" comprend-il (III. II). C'est ainsi que Macbeth s'enfoncera de plus en plus profondément dans l'univers du mal, jusqu'à rêver d'une destruction universelle et à faire de l'Écosse un cauchemar de sang : "Dût le trésor des germes de Nature/S'écraser dans un vomissement de destruction" (IV. I). Lui-même constate que le sang appelle le sang : "Il y aura du sang ; on dit : sang veut du sang" (III. IV), et qu'il est vain de revenir en arrière : "[...] et dans le sang/J'allai si loin, que s'y je n'y pataugeais plus,/Reculer serait aussi dur que pousser" (III. V).

La contagion se fait aussi entre les personnages, comme le prouve l'influence de Lady Macbeth sur son époux : "Viens ici, que je puisse verser mes esprits/Dans ton oreille, et par la force de ma langue/Chasser ce qui t'empêche de ce cercle d'or/Par quoi le sort et le secours surnaturel/Semblent te couronner." (I. V). Le mal semble même se généraliser à toute la nature, comme si un seul crime pouvait provoquer, en chaîne, un désordre total et universel, une inversion de tous les codes, une perversion de toutes les espèces ; **Macbeth** tue Duncan, et voilà que les chevaux s'entre-dévorent, et que la chouette à souris tue un faucon. On peut à nouveau évoquer ici la mythologie grecque, et les crimes "originels" (le meurtre des enfants de Thyeste par son frère Atrée par exemple), qui donneront lieu, de génération en génération, à une cascade d'actes abominables.

Chez **Giono** enfin, le mal fait tache d'huile : Firmin rend Thérèse fourbe et avide, Thérèse rend Firmin de plus en plus ambitieux et méchant, Thérèse elle-même devient de plus en plus rouée, de plus en plus méchante : Giono montre dans ses *Carnets* comment, à partir d'un personnage de femme qu'il concevait au départ comme romantique, certes affabulatrice, mais plutôt innocente, et amoureuse de Madame Numance, elle s'est peu à peu assombrie, jusqu'à devenir la prédatrice machiavélique et cynique de la fin du roman. Comme si le mal s'était glissé sous la plume du romancier, s'imposant à lui progressivement comme une nécessité. Il faut en effet se souvenir que le mal n'existe qu'à travers la représentation que nous nous en faisons.

Le mal, une représentation

• Du récit

L'évocation du mal fait d'abord appel à l'imagination. Selon G. Wilson Knight (*Préface* à *Macbeth*, GF, p. 30) : "[...] ***Macbeth*** nous révèle un mal inexplicable en termes de volonté et de causalité, qu'il adresse sa vision non à l'intelligence critique mais à l'imagination sensible [...]". Le mot apparaît dans le monologue de Macbeth : "Les peurs présentes/Sont moindres que d'horribles imaginations" (I. III). On pourrait définir la tragédie de Shakespeare comme une suite de récits de cauchemar : chacun apprend les catastrophes de la bouche d'un autre, Lady Macbeth apprend l'aventure de la rencontre avec les sorcières par une lettre de Macbeth, Macduff apprend de ses pairs ce qui est arrivé à sa famille. Macbeth ne cesse de poser des questions, d'exiger des réponses. C'est un messager qui lui apprend que la forêt s'est mise en marche : "Je dois vous raconter ce que j'ai vu [...] Comme je montais la garde sur la colline/J'ai regardé vers Birnam, tout à coup m'a semblé/La forêt commence à bouger" (V. v).

Dans ***Les Âmes fortes*** Giono a fait le choix du récit et rien que du récit : le roman est une construction habile, qui fait s'entrecroiser des voix, des paroles contradictoires. Le ton est celui du récit oral, qu'il s'agisse de conversations ou de monologues intérieurs, de récits qu'on se fait à soi-même. Giono a beaucoup insisté sur ce point dans la préparation de son roman. On lit dans ses carnets : "Reprendre le ton du récit oral. Très important/Il faut même que ce ton soit très marqué" (*op. cit.*, p. 1041). Les expressions populaires renforcent encore cette dimension : le "Contre" sollicite Thérèse, lui demande de donner sa version des faits : "eh bien, Thérèse, qu'est-ce que vous en dites de tout ça ? Vous êtes là, vous écoutez cette histoire sans piper ?" (p. 271). Plus loin : "As-tu fini ton histoire, Thérèse ?/Oui, là, somme toute, elle est finie./Alors, je continue la mienne, car, tu le sais, je n'ai pas dit le plus beau." (p. 332). Il s'agit bien de raconter des histoires, chacune des femmes y allant de son interprétation. Les deux versions se rejoignent enfin autour d'une vérité, celle de la mort de Firmin : "Maintenant, Thérèse, je te laisse finir l'histoire. Tu dois connaître le fond des choses mieux que moi", dit le "Contre" (p. 365) : et Thérèse reprend la parole pour confirmer le rôle qu'elle a joué dans cette mort.

Ce qui est plus curieux, c'est que Rousseau, dans un texte à vocation pédagogique et à dimension philosophique, choisisse le récit comme forme d'expression. L'*incipit* (ce par quoi le texte commence) est celui d'un roman : "Il y a trente ans que, dans une ville d'Italie, un jeune homme expatrié se voyait réduit à la dernière misère" (p. 45), l'emploi du passé simple confirme cette technique narrative, et le récit se déroule dans la rapidité : "Il voulut fuir, on l'enferma ; il se plaignit, on le punit de ses plaintes" (p. 45). Le présent de narration ajoute à la dramatisation : "Il y retourne, il le trouve, il en est bien reçu" (p. 46). Rousseau charge son texte d'émotion, donne la parole au Vicaire, qui témoigne, à la première personne : "Mon enfant, n'attendez de moi ni des discours savants ni de profonds raisonnements [...] il me suffit de vous exposer ce que je pense dans la simplicité de mon cœur" (p. 51). Loin de toute démarche théorique, le Vicaire propose une approche autobiographique : "Je suis né pauvre et paysan, destiné par mon état à cultiver la terre". En effet, selon lui, "Les idées générales et abstraites sont la source des plus grandes erreurs des hommes ; jamais le jargon de la métaphysique n'a fait découvrir une seule vérité" (p. 64). Dans cette forme originale d'énonciation de la pensée philosophique, le "je" s'implique dans l'acte d'écrire. Le titre d'ailleurs le montre : une "**Profession de foi**" est prononcée, oralement, publiquement ; c'est une voix qui s'adresse aux autres, pour servir d'exemple, une voix qui montre une voie à suivre, le plus simplement possible : "Je comprends que le mécanisme du monde peut n'être pas intelligible à l'esprit humain ; mais sitôt qu'un homme se mêle de l'expliquer, il doit dire des choses que les hommes entendent" (p. 65).

• Du théâtre

À partir du moment où l'on raconte se déploie la possibilité du mensonge, de la fiction, de la re-création d'une réalité. C'est ainsi qu'on passe du témoignage, de la parole sincère et authentique, au théâtre. Pour Thérèse, il s'agit de "raconter n'importe quoi d'inventé, par exemple, j'arrivais à le faire, l'œil clair et la bouche ferme" (p. 300). Thérèse fonctionne en inventant des scènes, comme le montre à merveille le mélange de dialogue et de monologue muets au cours duquel, feignant le sommeil, elle multiplie les défenses d'approcher envers Madame Numance (p. 326-332). L'exergue du roman convoque la dramaturgie : *Servant — Oh !* (*The winter's tale*), allusion à la pièce éponyme de Shakespeare. "*Tale*", c'est le conte, la fable. La première "scène" nous présente une sorte de chœur des femmes comme dans la tragédie grecque, un récitant multiple, autour d'un cadavre, pour une veillée funèbre qui fait planer la mort, mais qu'émaillent des remarques gouailleuses renvoyant au genre de la farce : mélange shakespearien en diable ! Giono nous annonce une tragi-comédie, du théâtre dans le récit et du théâtre dans le théâtre, une "comédie humaine" que jouent et que se jouent les personnages. Cette théâtralisation prend peut-être chez Giono la même fonction cathartique que la tragédie (la catharsis est la "purgation", la purification des sentiments, la démonstration du mal "lavant" en quelque sorte le spectateur de ses propres tentations). Les mots apparaissent dans *Macbeth :* "versons chaque goutte de sang pour la purgation de notre pays", dit Caithness (V. III), et même Macbeth rêve encore de "purifier" le pays (V. III), sans se rendre compte que sa mort seule jouera le rôle de "drogue purgative" (v. Œuvres, *Macbeth*). Pour en revenir à **Giono**, on peut se demander si ce roman en forme de lecture publique ou de pièce de théâtre n'a pas pour but de chasser les démons... ceux de l'auteur lui-même, ceux du lecteur.

Une solennité toute théâtrale prélude également au récit du **Vicaire**, quand les deux hommes se recueillent un moment en silence avant que se lève le rideau, qui dévoilera, en toute transparence, pour le jeune fugitif, un nouveau chemin : "On eût dit que la nature étalait à nos yeux toute sa magnificence pour en offrir le texte à nos entretiens. Ce fut là qu'après avoir quelque temps contemplé ces objets en silence, l'homme de paix me parla ainsi" (p. 51). Le Vicaire va parler, la nature parlera par sa bouche. Rousseau inclut même dans son texte un passage de pur théâtre, sous la forme d'un dialogue entre le "raisonneur" et l'"inspiré" (p. 106-109).

• Du mythe

On sait que la tragédie grecque est née de la mythologie, on sait aussi que le mythe (*muthos* en grec), c'est la parole, mais aussi la parole mensongère, la "fable". Madame Numance n'est-elle pas la "fable" du tout Châtillon ? ***Macbeth*** résonne du bruit, des murmures des sorcières. Une forêt marche. Nous sommes dans un monde de légendes, de prédictions, de magie noire autour des chaudrons fumants. Le portier est celui de l'enfer (II. III), Macbeth évoque la Gorgone (II. III) et Hécate en personne, déesse maléfique de la lune dans la mythologie grecque, intervient pour remettre les sorcières à leur place (III. V). Le diable rôde aussi entre les pages. Chez Giono, la couleur verte est celle du diable. On la trouve dans l'évocation de l'étal aux poissons : "L'étal aux poissons était effrayant dans le demi-jour. La lumière verte glissait sur les écailles livides couvertes de débris de glace ; la puanteur suffoquait malgré le grand air. Ce n'était qu'un étal à poissons, mais on aurait pu placer dans ce décor et cette lumière de fameuses répliques sur la mort et même sur l'enfer" (p. 220). Le roman de **Giono** est une sorte de roman noir, ces romans dont Giono disait qu'ils sont nos "contes de fées" modernes. Thérèse devient une héroïne du mal, par sa bouche, l'auberge de relais quelconque se transforme en "une sorte de bruissante et magique caverne" (Carnets, *op. cit*, p. 1041). La réalité sordide devient alors "poétique", magique : dans sa "notice" de l'édition Pléiade du roman de Giono (Gallimard), Robert Ricatte décrit Thérèse en "Lady Macbeth brillante et pâle comme un vieil outil d'artisan". Thérèse, quand elle "vide" les Numance parce qu'elle-même est comme un tonneau qui a besoin sans cesse de se remplir ("plus on en met plus je suis vide", p. 318) est, comme le remarque toujours Robert Ricatte, un monstre protéiforme : "On a ici un singulier croisement de mythes entre les Danaïdes et l'Ogresse : les unes se vident sans jamais remplir l'autre". Elle a le dernier mot du roman, "fraîche comme la rose", régénérée, triomphante et immortelle en quelque sorte.

Dans un petit roman de jeunesse, la *Naissance de l'Odyssée* (1930), Giono imaginait Ulysse en soldat banal, de retour de la guerre, épuisé, lamentable. Fatigué, il s'assied au bord d'un petit bassin, devenu son "meilleur ami", et là, devant l'eau stagnante, il recrée une miniature de son "périple déjà célèbre" à l'aide de roseaux taillés en forme de navire. C'est à ce moment-là qu'il découvre "la force" et "la beauté de son mensonge", capable d'agrandir et de démesurer la médiocrité d'un réel étriqué, et de métamorphoser une simple mare en un océan tumultueux. Il devient menteur ("il n'était pas embarrassé par les contes"), raconte ses mensonges à un pauvre aveugle, qui, d'auberge en auberge donnera à cette supposée aventure un caractère épique. Thérèse, le "Contre", et Giono : trois figures de l'écrivain

L'ORIGINE DU MAL

Face à la présence massive, tenace et dense du mal, une question surgit ? d'où vient le mal ? L'homme ne peut être en repos sans en avoir trouvé l'origine. Comme le dit Paul Ricœur, la "pensée spéculative est tirée en arrière vers l'origine : d'où vient le mal ?" se demande l'homme (*Le Mal. Un défi à la philosophie et à la théologie*, Labor et Fides, 2004). Pour certains, le mal viendrait du corps (Platon, *Phédon* : le mal, c'est l'âme soumise au corps), du dérèglement de la volonté pour d'autres (conséquence du péché originel chez saint Augustin°). Qu'en est-il dans nos œuvres au programme ? Dans *Macbeth* de Shakespeare, comment un général au service de son roi et de son royaume devient-il l'incarnation du Mal absolu ? Dans la *Profession de foi du Vicaire savoyard*, comment l'homme, originellement bon, peut-il être la source de tant de maux et d'actions malveillantes ? Dans *Les Âmes fortes*, comment la jeune paysanne naïve qu'est Thérèse peut-elle se muer en démiurge démoniaque et sadique ? L'origine du mal est-elle surnaturelle ou naturelle ? humaine ou divine ? le mal est-il choisi ou subi ? l'homme est-il victime ou responsable ?

L'explication par la fatalité

La fatalité est une force supérieure qui s'abat sur l'homme et le broie : l'homme n'a alors nulle possibilité de changer le cours des choses et est victime du destin. Cette force aveugle peut prendre différentes formes : celle d'une fatalité divine – l'homme est alors le jouet des dieux ; celle d'une fatalité sociale – l'homme est alors victime de la société et de ses perversions. La tragédie de l'homme est d'être dominé par une force supérieure, qui le mue en une marionnette, un pantin, vulnérable.

• La fatalité divine

Les dieux peuvent accabler l'homme. Le mal existe alors sous la forme de la divinité et l'origine du mal est donc surnaturelle. P. Ricœur souligne que le héros tragique incrimine "un agent responsable, isole d'un arrière-fond ténébreux la zone la plus claire de l'expérience de culpabilité. Celle-ci recèle dans sa profondeur le sentiment d'avoir été séduite par des forces supérieures" (*Le Mal*, *op. cit.*). Dans ***Macbeth***, le destin est incarné par les sorcières maléfiques, images d'une trinité perverse. Ce sont les Sœurs fatales qui provoquent la première rencontre avec le héros éponyme dans la scène inaugurale de la pièce pour que le "charme" se noue (I. III). Macbeth va ainsi être envoûté par les "ouvrière[s] de tous malheurs" (III. V), qui, d'après lui du moins, le poussent à commettre l'irréparable. Dans la scène I de l'acte II, le poignard qui va servir au meurtre de Duncan est assimilé à l'incarnation d'un destin maléfique : nommé "fatale vision" par Macbeth, il semble guider inéluctablement la main du héros : "Tu commandes la direction que je dois prendre/Et l'instrument dont je dois me servir !" (II. I). Après avoir commis le meurtre royal, Macbeth se pose en héros tragique, victime d'un sort malveillant mais tout-puissant. Accablé par le remords et la culpabilité, il ne peut que supplier que "soit rompu l'ordre des choses" (III. II). Dans cette perspective, Macbeth n'est pas l'incarnation du mal, mais la victime innocente et impuissante d'un mal qui le dépasse. Seule la tragédie shakespearienne convoque cette explication de l'origine du mal par la fatalité. Dans *Les Âmes fortes*, nulle divinité omnipotente n'est invoquée pour expliquer le cours des événements ; en revanche, dans la *Profession de foi du Vicaire savoyard*, la figure d'un destin contraire est évoquée à une reprise – "la mauvaise fortune avait déjà flétri son cœur", p. 46 – mais, nous allons le voir, cette "fortune" qui pervertit l'homme n'est nullement surnaturelle mais purement humaine.

• La fatalité sociale

La fatalité est envisagée comme fatalité sociale dans l'œuvre de Rousseau et dans celle de Giono. C'est la société qui est alors montrée du doigt et rendue responsable du mal en l'homme ou dans le monde. Rousseau, dans la *Profession de foi du Vicaire savoyard*, accuse sans détour la société de pervertir l'homme et donc d'engendrer le mal. Ainsi, le Vicaire entreprend de "rendre à la vertu la victime qu'il avait arrachée à l'infamie" (p. 47). L'infâme, c'est l'homme dont la société a corrompu le cœur. L'origine du mal est ainsi à chercher dans l'histoire et le progrès. En effet, pour Rousseau, la société actuelle est infernale : "Qu'est-il besoin d'aller chercher l'enfer dans l'autre vie ? il est dès celle-ci dans le cœur des méchants" (p. 80). Pourquoi une vision si négative de la sphère sociale ? Parce que l'amour de soi a été perverti et dégradé en amour-propre au fil du temps. Et le **Vicaire** de se demander, désabusé : "Où est le philosophe, qui pour sa gloire, ne tromperait pas volontiers le genre humain ?" (p. 54-55). La perversion de l'amour de soi, le dévoiement de l'amour de soi en amour-propre, voilà la cause du mal. À l'origine, l'amour de soi, qui est la recherche du bonheur, est naturel, et ne s'oppose pas à la conscience, qui nous indique le bien et le mal. Ce n'est que lorsque l'amour de soi est dénaturé en amour-propre avide et dominateur qu'il est condamné par la conscience°. Or, dans la société actuelle, cette dénaturation est presque totalement accomplie : "Le premier de tous les soins est celui de soi-même. Cependant, combien de fois la voix intérieure nous dit qu'en faisant notre bien aux dépens d'autrui nous faisons mal !" (p. 83). Dans le cadre du développement de la vie sociale, la nature humaine a donc été altérée. À l'époque actuelle, s'impose le constat d'un désordre social :

> Mais quand, pour connaître ensuite ma place individuelle dans mon espèce, j'en considère les divers rangs et les hommes qui les remplissent, que deviens-je ? Quel spectacle ! Où est l'ordre que j'avais observé ? Le tableau de la nature ne m'offrait qu'harmonie et proportions, celui du genre humain ne m'offre que confusion, désordre ! (p. 70)

La place naturelle de chacun est remplacée aujourd'hui par les rangs sociaux, leur arbitraire et leur injustice. Les institutions religieuses elles-mêmes sont perverties : "la religion ne sert que de masque à l'intérêt, et le culte sacré de sauvegarde à l'hypocrisie. De même, il [le Vicaire] avait vu la sublime et primitive idée de la divinité défigurée par de fantasques imaginations des hommes" (p. 46-47). La société est donc responsable du mal ; et nul homme – à l'exception des âmes exceptionnelles – ne semble en mesure d'échapper à ce *fatum* social, qui corrompt et souille l'âme. En préparant *Les Âmes fortes*, Giono avait d'abord pensé expliquer la propension au mal de Thérèse par une fatalité sociale écrasante. En effet, le romancier avait d'abord imaginé que l'idée du mal en Thérèse venait d'un épisode où l'héroïne voyait Madame Numance tuer un chaton avec le bout de son ombrelle. Entourée par le mal, Thérèse aurait fait le choix du mal, par imitation, plus encore, par contagion. Nulle trace finalement de cet épisode et de cette origine sociale du mal dans la version définitive des *Âmes fortes*. Finalement, **Giono** refuse cette explication déterministe. De même, il serait erroné de penser que Rousseau fait de l'homme une simple victime et le dédouane du mal : nous verrons ci-dessous (v. L'explication par la liberté de l'homme) que l'homme est pleinement responsable du mal, puisque c'est lui qui oriente et compose la sphère sociale.

Ainsi, à la suite de Rousseau, il faudrait reconnaître que le mal n'a pas d'origine surnaturelle, pour se tourner vers une origine du mal purement humaine. La fatalité ne serait qu'une excuse, inventée pour disculper l'homme. Comme l'écrit Giono dans *Le Moulin de Pologne* (1952), "le destin n'est que l'intelligence des choses qui se courbent devant les désirs secrets de celui qui semble subir, mais en réalité provoque, appelle, séduit". C'est donc dans la liberté et l'action humaines qu'il faut chercher l'origine du mal.

L'explication par la liberté de l'homme : le mal radical

Dans nos trois œuvres, le mal a l'homme pour origine ; il est humain dans sa nature et dans ses effets. Ni Dieu ni Diable ne sont en cause. L'homme, essentiellement libre, serait le seul auteur et acteur de son malheur : "Homme, ne cherche plus l'auteur du mal ; cet auteur, c'est toi-même. Il n'existe point d'autre mal que celui que tu fais ou que tu souffres, et l'un et l'autre te vient de toi" (*Profession de foi du Vicaire savoyard*, p. 76). Cette liberté absolue le rend pleinement responsable de ses actes.

• Le refus de l'explication par la fatalité et la liberté comme destin

Nos trois œuvres mettent en crise l'explication de l'origine du mal par la fatalité. Dans *Macbeth*, l'existence même des sorcières (donc du mal) est mise en doute. Macbeth et Banquo, qui sont témoins de leur première apparition, ne sont en effet pas sûrs de ce qu'ils ont vu ("BANQUO — Êtes-vous un fantasme, ou en réalité/Ce que vous montrez au-dehors ?", I. I ; "BANQUO — La terre fait des bulles, comme l'eau en fait,/Et celles-ci en sont : où ont-elles passé ?/MACBETH — Dans l'air. Ce qui semblait corporel a fondu/Comme le souffle au vent", I. III). L'absence de réponse ferme à ce questionnement ouvre la voie à deux interprétations possibles quant à l'origine du mal. Première possibilité : les sorcières existent et sont l'incarnation d'une trinité perverse, des êtres surnaturels qui décident des destins humains. Deuxième possibilité : les sorcières ne sont que la matérialisation visible des désirs de Macbeth et de Banquo ("Que la clarté ne puisse voir mes désirs profonds et noirs", I. IV). Dans cette hypothèse, **Macbeth** décide librement de faire le mal. Selon le degré de réalité que l'on accorde aux sorcières, le mal paraît donc surnaturel (c'est le Mal avec majuscule) ou, au contraire, naît de l'humain.

Dans l'œuvre de Rousseau et dans celle de Giono, les positions sont plus tranchées. Chez le philosophe des Lumières, on lit un ferme et catégorique rejet de l'explication du mal par une fatalité divine. Ainsi, toute explication du mal par le dualisme ou le péché originel est refusée. Dans la *Profession de foi du Vicaire savoyard*, Rousseau n'oppose nullement, à la manière des manichéens, le Bien et le Mal. Il refuse par conséquent de faire du mal une réalité surnaturelle invincible. De même, pour lui, le péché originel n'a aucune réalité : il n'en est même pas question dans le texte. Seul l'inspiré – figure de l'extrémiste religieux – dans son dialogue avec le raisonneur parle de sa "raison corrompue par le péché" (p. 106). L'idée d'un mal, qui trouverait son origine dans le péché originel, est balayée comme croyance archaïque. Rousseau va même plus loin : il envisage sa *Profession de foi* comme une théodicée (défense de Dieu). Ainsi, pour lui, l'idée même d'un Dieu omnipotent et maléfique est inconcevable : "l'injustice des hommes est leur œuvre et non pas la sienne [celle de Dieu] ; le désordre moral, qui dépose contre la Providence aux yeux des philosophes, ne fait que la démontrer aux miens" (p. 82). Pour Rousseau, il est préférable de rejeter la croyance en "un Dieu qui serait responsable du mal, et ce faisant, en un mal fatal, pour préférer la croyance en un Dieu que la bonté rendrait incapable du mal, et, ce faisant, en un mal dont l'existence ou l'inexistence dépendent de l'homme" – selon les termes de Pierre Crétois (v. Œuvres, *Profession de foi*). Par conséquent, dans la ***Profession de foi du Vicaire savoyard***, Rousseau soutient – contre Voltaire – que le sujet d'imputation du mal n'est pas Dieu mais l'homme en raison de sa liberté. En effet, l'homme n'est pas sous le joug de la Providence ; au contraire, cette dernière l'a voulu "libre et actif" (troisième article de foi du Vicaire, p. 74). Par conséquent, l'homme est responsable de son malheur, pas Dieu : "Nos chagrins, nos soucis, nos malheurs nous viennent de nous" (p. 75). C'est parce qu'il use mal de son libre arbitre qu'il commet le mal et non parce qu'il est dominé par un penchant au mal. L'homme peut *a contrario* acquiescer "à l'ordre qu'il [Dieu] établit" par "le bon usage de [s]a liberté" (p. 93). C'est alors qu'il trouvera la "félicité" (p. 93).

Dans ***Les Âmes fortes***, le refus d'une explication de l'origine du mal par la fatalité est aussi présent. Lorsque les villageois de Châtillon tentent de savoir ce qui a conduit Madame Numance à faire des dettes à son mari, ils se heurtent à l'incompréhensible : ils auraient voulu qu'elle ait été "poussé[e] par quelque chose à quoi on ne peut pas résister". Mais dès que cette mystérieuse fatalité est évoquée, elle ne peut être nommée, signe de son inexistence : "Et là, on tombait dans le vide" (p. 108). Par conséquent, la fatalité n'est qu'une excuse, une mise en scène pour se soulager du poids de la responsabilité ; le mal est nécessairement un choix.

• Le mal comme choix

Choisir le mal, c'est le vouloir. Or la volonté suppose la conscience et la liberté. Si je veux quelque chose, c'est que j'en décide librement, rien (ni les passions, ni l'ignorance…), ni personne ne m'y a poussé.

La revendication du mal

Dans la tragédie de Shakespeare, l'idée de choix est omniprésente avant l'accomplissement du meurtre de Duncan. Ainsi, la scène VII de l'acte I a valeur délibérative : **Macbeth** se demande s'il doit ou non assassiner son roi. La scène s'ouvre sur une série d'interrogations ("Et si nous manquions le coup ?", I. VII) pour s'achever sur un ferme et définitif "Je suis décidé" (I. VII), formule dans laquelle le "je" sujet grammatical revendique sa décision. C'est dire que Macbeth est libre de choisir ou non le mal ; il entend les arguments de sa femme, puis délibère et décide. Comme le dit Lady Macbeth, son époux décide d'accomplir "[c]e que librement il veut]" (I. VII). Macbeth se mue dès lors en homme d'action ambitieux, à l'image d'un Richard III qui ne recule devant aucun crime.

Dans *Les Âmes fortes*, Thérèse fait du mal une valeur reine, un absolu indépassable : "Rien ne valait mieux" (p. 321). Son *credo* est bien peu orthodoxe :

“Moi, j’estime : du moment qu’on est chrétien, on a le droit de tout faire. Tu seras jugée. Alors, ne te prive pas “(p. 291). Ainsi, Thérèse va revendiquer pleinement et en toute conscience, sans remords, sa volonté de faire le mal. Son bonheur est de tromper et de bafouer une valeur suprême : l’amour. L’amour de Firmin, elle le bafoue en le cocufiant (p. 304) ; l’amour de Madame Numance, elle le bafoue en espérant en tirer profit (“Je vous serrerai le kiki, ma belle dame, jusqu’à ce que vous tiriez une langue d’un mètre !”, p. 332) ; l’amour d’une de ses patronnes, “une montagnarde sèche”, elle le bafoue en “appr[enant] à haïr avec le sourire” (p. 301-302) ; l’amour de son premier amant, elle le bafoue en “imitant de mieux en mieux” le plaisir (p. 305). Le choix du mal nécessite ainsi une ascèse, un travail permanent sur les autres et sur soi. Sur les autres, car Thérèse doit les dominer : de Firmin, elle dit ainsi qu’il “fallait qu’il [lui] obéisse au doigt et à l’œil” (p. 300), que c’était son “pantin” (p. 311). Sur soi, car Thérèse doit se forger un masque pour être prise “pour ce qu’[elle] n’étai[t] pas” (p. 307). Grâce à ce masque, Thérèse peut, sans être inquiétée, devenir l’image même de la cruauté, du sadisme par les souffrances morales et physiques qu’elle prend plaisir à infliger (accident et agonie de Firmin, dépouillement des Numance, humiliation de l’amant…). Plus qu’un choix chez **Thérèse**, le mal est une éthique.

Le choix du mal par défaut

Le mal peut être un choix moins délibéré que subi. L’homme ne veut pas le mal, mais ne peut pas le bien. Dans la *Profession de foi du Vicaire savoyard*, **Rousseau** situe l’origine du mal dans la faiblesse de la volonté humaine. Si l’homme fait le mal alors qu’il connaît le bien, ce n’est nullement parce que la volonté humaine est par nature viciée ou que l’homme n’a pas en lui de conception claire du bien et du mal, mais parce que, par faiblesse ou paresse, il se laisse aller à la pente du mal : l’homme est donc responsable de ses propres excès alors qu’il a naturellement un pouvoir de distinguer le bien et le mal, grâce à la conscience, ce “juge infaillible du bien et du mal”, p. 90.

Dans *Les Âmes fortes*, on retrouve cette faiblesse de la volonté en **Firmin**. Le mal qu’il accomplit est le signe de sa bassesse. Il fait partie des matérialistes incapables de comprendre les grands sentiments, et reste stupéfait devant Madame Numance, quand elle semble aller “*au-devant*” de sa ruine (p. 260 et suivantes) ; il obéit servilement aux ordres de Thérèse ; Firmin manque cruellement d’idéaux élevés : “la gourmandise, l’argent ; les femmes, l’argent ; la méchanceté, l’argent” – voilà tout ce qui l’intéresse et le motive pour faire le mal. À l’inverse de Thérèse, qui fait le mal par vocation, Firmin le fait par défaut.

On pourrait au premier abord penser que la même chose pourrait être dite de **Macbeth** : face à sa femme, il apparaît d’abord comme un être défaillant, privé d’une volonté forte. Néanmoins, Macbeth, une fois le premier crime commis, s’enhardira dans le mal. En cela, il est fondamentalement opposé à Firmin.

• **La femme, cette éternelle coupable**

On a donc vu que l'origine du mal était humaine, trop humaine dans nos œuvres au programme. À y regarder de plus près, il apparaît même que la source du mal soit encore plus précisément désignée : et si, à la suite des Ève et autres Pandore, la femme – plus que l'homme – était à l'origine du mal ? si elle faisait, plus radicalement que l'homme, le choix du mal ?

Dans la *Profession de foi du Vicaire savoyard*, nulle trace de cette accusation contre la femme : le responsable du mal, c'est l'homme, c'est l'humanité toute entière, altérée par la vie sociale. En revanche, dans *Macbeth* et *Les Âmes fortes*, Macbeth et Firmin apparaissent comme des hommes sous influence. Dans les deux textes, la femme est à l'origine et à l'initiative de l'action maléfique. Lady Macbeth, contrairement à son mari, ne manifeste aucune répugnance originelle à faire le mal ; bien au contraire, elle se méfie de la tiédeur et de la pusillanimité de son époux : "Mais je crains ta nature,/trop pleine elle est du lait de la tendresse humaine…" (I. v). **Lady Macbeth** se pose en démiurge et en grande ordonnatrice du mal. Ainsi, elle commande (usage répété des impératifs, "Viens ici", I. v, par exemple), calcule (usage du futur programmatique : "sera, abattrai, pourront", I. vii), planifie ("vous devez laisser/À mes arrangements", I. v). Elle accepte d'emblée le mal jusqu'à s'identifier à lui. Si Macbeth éprouve des remords pour le meurtre de Duncan immédiatement après avoir agi ("je ne pouvais dire/'Amen', quand ils ont dit 'Dieu nous bénisse'", II. ii), Lady Macbeth ignore crânement toute culpabilité (au moins dans un premier temps) pour ce meurtre qui l'élève et la distingue.

Dans *Les Âmes fortes*, la femme est aussi en position dominante. La galerie de personnages féminins présentée dans le roman gionien dit la suprématie de la figure féminine en matière de mal. Ainsi, comme dans *Macbeth*, une inversion des polarités sexuelles s'opère au sein des couples. Firmin est présenté par Thérèse comme "gentil comme une fille" (p. 55) puis totalement imbécile ("Tu es bête comme tes pieds", p. 298) et finalement totalement manipulé et instrumentalisé. C'est Thérèse qui lui ordonne de se "laisser pousser les côtelettes" (p. 298), d'aller converser avec Monsieur Numance dans la salle de billard (p. 95)… Elle est celle qui dirige sa marionnette, son "pantin" (p. 311) pour accomplir son œuvre démoniaque. Il est à noter que dans ***Les Âmes fortes***, les femmes sont toutes des femmes fortes, rompues au mal. Ainsi, l'intendante est "méchante comme la gale" (p. 56), Madame Carluque est une "maîtresse femme" (p. 98) et Thérèse ne cesse de répéter qu'elle est "futée" (p. 120) et vaillante au mal.

Reste Madame Numance. Difficile d'en faire l'incarnation du mal dans le roman de Giono ? Pas si sûr. D'abord, le romancier lui-même refuse cette lecture : selon lui, il serait faux de parler de nature angélique pour **Madame Numance** : "Angélique ? Combien est-on éloigné de l'ange de l'iconographie chrétienne !

plutôt le démon dans le sens grec" (cité par R. Ricatte, notice de l'édition Pléiade du roman). Elle incarne le côté sombre de la générosité, puisqu'elle exige la perte de l'autre (son mari en l'occurrence) pour assouvir ses désirs (donner, tout donner). Ricatte note justement que Thérèse et Madame Numance présentent un visage similaire quand elles ont atteint leur but ; lors de l'agonie de Firmin, Thérèse a un "visage apaisé et radieux" tandis que Madame Numance a le "visage de quelqu'un de comblé" après avoir signé la reconnaissance de dette qui les ruine, elle et son mari. Pour finir de désacraliser Madame Numance, on peut se demander aussi si elle ne fait pas de Thérèse son pantin : pour se donner une fille selon son cœur, Madame Numance achète Thérèse (elle lui paie un petit pavillon, un terrain, des vêtements…) jusqu'à la vider de son âme : Thérèse est tellement fascinée par Madame Numance qu'elle en vient à imiter sa démarche, ses attitudes, ses habitudes (p. 203 et suivantes). Son seul souci : "ressembler en tous points à Madame Numance" (p. 203), jusqu'à se fondre dans son âme : "À partir de ce moment-là, en répondant à Firmin qui faisait ses projets d'avenir, elle dit *nous* : 'Laisse-*nous* tranquilles. Ne viens pas *nous* déranger'" (p. 200). Ainsi, manipulatrice et dominatrice, la femme, plus que l'homme dans deux de nos œuvres, serait l'instigatrice du mal.

Le mal : naturel ou contre-nature ?

Une ultime question demeure quant à l'origine du mal. Le mal est-il naturel ou au contraire profondément contre-nature ? Est-il inscrit en l'homme ou est-il un dévoiement profond de son être ? Le mal n'est-il que l'accomplissement et la réalisation d'une nature° ou naît-il d'une lutte humaine contre la nature ? Les réponses apportées par les œuvres au programme divergent et sont ambiguës.

• Le mal contre-nature : Rousseau

Dans la *Profession de foi du Vicaire savoyard*, le mal est présenté comme un état antinaturel. Il n'est pas inhérent à l'homme mais naît d'un dévoiement de l'homme et de ses facultés dans la sphère sociale.

Le penchant naturel au bien

Pour Rousseau, l'homme est naturellement bon. Il y a en effet en lui une disposition naturelle à faire le bien, qui s'exprime toutes les fois qu'elle n'en est pas empêchée par une cause extérieure :

> Rentrons en nous-mêmes, ô mon jeune ami ! examinons, tout intérêt personnel à part, à quoi nos penchants nous portent. Quel spectacle nous flatte le plus, celui des tourments ou du bonheur d'autrui ? qu'est-ce qui nous est le plus doux à faire ? et nous laisse une impression plus agréable après l'avoir fait, d'un acte de bienfaisance ou d'un acte de méchanceté ? (p. 84-85)

Ou encore : "Il est au fond de nous un principe inné de justice et de vertu, sur lequel, malgré nos propres maximes, nous jugeons nos actions et celles d'autrui comme bonnes ou mauvaises, et c'est à ce principe que je donne le nom de conscience" (p. 87). Par conséquent, il n'est pas faux de dire que pour Rousseau, l'homme est naturellement bon, si l'on sous-entend qu'il postule dans sa nature un penchant au bien. Contrairement à Hobbes°, le philosophe écarte l'hypothèse d'un homme naturellement méchant : "Fait pour nuire à ses semblables comme le loup pour égorger sa proie, un homme humain serait un animal aussi dépravé qu'un loup impitoyable ; et la vertu seule nous laisserait des remords" (p. 84). Dans le système rousseauiste, le Vicaire a un "bon naturel" (p. 46) ; le "sentiment de la justice est inné dans le cœur humain" (p. 71) ; la "tentation [du bien] est si naturelle et si douce qu'il est impossible de lui résister toujours" (p. 91)... Par nature donc, l'homme est bonté, non malice.

Dévoiement historique des facultés humaines

Pourtant, un constat s'impose : alors que le "concert règne entre les éléments", les hommes sont "dans le chaos" (p. 70). Le problème du mal se présente comme une contradiction logique : la bonté naturelle de l'homme s'oppose au fait, patent, que les hommes font le mal : "Je vois le mal sur la terre" (p. 71). Comment résoudre cette contradiction ? En constatant que le mal réside dans "l'abus de nos facultés", c'est-à-dire dans un usage inapproprié de ce que l'homme a de meilleur : sa raison, sa perfectibilité, sa liberté. Cet "abus nous rend malheureux et méchants" (p. 75). La raison a permis le passage à l'état social ; mais dans l'état social, la raison a été dévoyée. En effet, mal utilisée, cette faculté pervertit et dégrade les sentiments humains. L'amour de soi devient amour-propre, la pitié devient indifférence à autrui. On retrouve donc l'idée que la cause du mal est purement humaine (elle réside dans "l'abus de nos facultés") et que choisir le mal, contre la conscience, est un choix contre-nature, qui demande un reniement de soi, qui se paie la plupart du temps par un sentiment symptomatique, le remords : "[o]n parle du cri des remords, qui punit en secret les crimes cachés et les met si souvent en évidence. Hélas ! qui de nous n'entendit jamais cette importune voix ? On parle par expérience ; et l'on voudrait étouffer ce sentiment tyrannique qui nous donne tant de tourment" (p. 86). Le mal naît d'un dysfonctionnement des facultés, qui contrarie l'ordre naturel.

• Le mal, une "chose naturelle" (Giono)

Chez Giono, la perspective est tout autre, radicalement contraire. En effet, dans l'univers gionien, le mal est omniprésent et immanent. Il est naturel car il est du monde et dans le monde. Le titre initial des *Âmes fortes* était : *La Chose naturelle*. C'est affirmer que le mal est inhérent à la nature humaine, à la nature des choses. Ainsi, la Thérèse âgée, qui va se faire narratrice, évoque au début du récit son absence totale de sentiments bienveillants ou affectueux à l'égard des membres de sa famille, et une indifférence totale et revendiquée à l'égard de ses petits-enfants : "— Vous avez bien pourtant des préférences entre vos belles-filles./— Je n'en aime aucune./— Mais vos petits-enfants ? — Mes petits-enfants, cinq minutes. Après, j'en ai assez" (p. 52). Loin de s'offusquer de l'immoralité de tels propos, les vieilles femmes de la veillée funèbre enchaînent sur une conversation badine ("quelle heure est-il ?) ; loin de regretter cette inexistence des liens familiaux, Thérèse conclut par un laconique "C'est la vie" (p. 28). La vie, c'est précisément le mal, la souffrance et la mort (d'Albert, de Firmin), mais aussi la grande bouffe irrespectueuse que les vieilles font au chevet du mort. Il suffit d'un excitant (le café noir) pour que le mal ressorte (médisances lors de la veillée). Chez Giono, force est de constater que les hommes sont "méchant[s] comme la gale" (p. 22), mais inutile de s'en offusquer puisque le mal est d'une évidente naturalité. Tout au long du roman, les formules stéréotypées et les tournures populaires soulignent cette allure d'évidence naturelle à la malveillance : "tu empoches et tu t'en laves les mains" (p. 42) ou encore "Possède, et tu verras" (p. 291).

• *Macbeth* : un cas ambigu

Le discours sur l'origine naturelle ou contre-nature du mal est plus équivoque dans la tragédie shakespearienne.

Un mal contre-nature

Dans *Macbeth*, le mal est contre-nature car il ébranle les fondements du monde, engendre le bouleversement et le chaos naturels. Le mal commis par Macbeth est tel qu'il déclenche une révolution des relations primordiales et des cycles vitaux. Par exemple, les relations entre les animaux sont perverties. Sous l'effet du mal, la nature semble devenir "contre-nature" : "Mardi dernier,/Un faucon culminant au faîte de son vol,/Par une chouette-à-souris fut frappé et tué" ; "ROSS — Et les chevaux de Duncan, chose sûre et très étrange/Rapides et beaux, mignons de leur race,/Ont repris nature sauvage, et brisé leurs stalles [...]. LE VIEIL HOMME — On dit qu'ils se sont dévorés/Entre eux", II. IV). De même, l'ordre naturel des éléments est chamboulé : ainsi, dès la scène d'exposition (I. I), l'atmosphère oscille entre clarté et obscurité ("le clair est noir le noir est clair") ; le jour et la nuit se mêlent au lieu de se succéder.

Un mal inhérent à la nature humaine

Néanmoins, l'origine du mal est aussi profondément naturelle dans *Macbeth*. En effet, le mal est enraciné au plus profond du cœur de l'homme. Il est un "vilain fond" (Pascal, *Pensées*, 1670) qui ne demande qu'à ressortir. La nature° sombre de Macbeth, son cœur pervers empli de "désirs profonds et noirs" (I. IV) soulignent un discours anthropologique° pessimiste.

Ainsi, le héros éponyme est animé d'un vouloir maléfique, d'une "ambition voltigeante" et dévorante (I. VII). Les prédictions des sorcières ne sont, dans cette perspective, que l'occasion de révéler le mal naturel enraciné dans le cœur du couple Macbeth/Lady Macbeth. Ainsi, au fil de la pièce, le mal est assumé et même revendiqué par un Macbeth d'abord hésitant. Après avoir douté au moment d'assassiner Duncan (II, II), Macbeth se libère de tout remords pour s'enhardir dans le mal : nulle hésitation à faire assassiner Banquo, le fidèle ami (III. I), nul remords pour le massacre de la famille de Macduff (IV. II). La trajectoire de Macbeth est celle d'un enracinement toujours plus grand dans le mal : "Choses commencées dans le mal/Prennent force en soi par le mal" (III. II). D'ailleurs, le héros s'exhorte *in fine* à l'insensibilité ("Sois sanguinaire, hardi", "sois substance de lion, fier", IV. I) et refuse tout retour en arrière : "dans le sang/J'irai si loin, que si je n'y pataugeais plus,/Reculer serait aussi dur que pousser" (III. V). L'apothéose° du mal se situe au cinquième acte : Macbeth affirme avoir "presque oublié le goût de la peur" et être "gorgé d'horreurs" (V. V). Avant de mourir, il est devenu le diable ("MACBETH — Mon nom est Macbeth./LE JEUNE SIWARD — Le diable même ne pourrait dire vocable/Plus odieux à l'oreille", V. VII). Notons que le mal n'agit pas qu'au sein du couple formé par Macbeth et sa femme. En réalité, le Mal est beaucoup plus largement répandu dans l'humanité. Dès la scène II de l'acte I, des figures de traîtres entrent en scène : Macdonwald est "[d]igne d'être un rebelle, car pour ça grouillent sur lui les croissantes bassesses de la nature", et Cawdor est "[l]e traître le plus déloyal". Macduff et Malcom, lancés à l'assaut du mal, ne sont eux-mêmes pas exempts de vices et de malice. Le premier abandonne sa femme et ses enfants ("Il ne nous aime pas ;/Le roitelet, le moins grand des oiseaux, combattrait/Si ses petits étaient au nid, contre un hibou./La peur en lui est tout, et l'amour nulle chose", IV. II). Quant à Malcolm, il énumère les vices qui le rongent ("aucun fond, aucun/À ma concupiscence : et vos femmes, vos filles,/Vos matrones, vos vierges, ne pourraient remplir/La citerne de ma luxure" (IV. III) et envisage les pires crimes qu'il pourrait commettre une fois le pouvoir conquis : "aurais-je le pouvoir,/Que je verserais le doux lait de la concorde dans l'enfer,/Je bouleverserais la paix universelle/Et détruirais toute unité sur terre", IV. III). Devant une telle noirceur de l'âme humaine, peut-on vraiment dire que le Bien triomphe à la fin de la pièce ?

On notera pour conclure sur les rapports entre mal et nature°, que si Giono et Shakespeare postulent tous deux une origine naturelle du mal, l'orientation de leur discours est radicalement différente. Chez Shakespeare, le mal naturel est l'objet, sinon d'une réprobation morale, du moins d'une réflexion morale ; chez Giono, seule est constatée la naturalité du mal. Rousseau s'oppose fortement à ces deux auteurs : pour lui, l'origine du mal n'est pas dans la nature de l'homme mais dans son histoire, qui a conduit au dévoiement, à l'"abus" de ses facultés.

Pourquoi faire le mal ?

Nous avons vu précédemment que le mal pouvait relever d'un choix (v. Le mal comme choix). Pour achever cette étude consacrée à l'origine du mal, il conviendra de se demander pourquoi choisir le mal ? quelles sont donc les motivations psychologiques ou existentielles qui poussent les protagonistes à commettre le mal ?

• Se venger

De sa condition de femme

Dans la tragédie shakespearienne et dans *Les Âmes fortes* de Giono, la femme a une revanche à prendre sur la place sociale, le statut social, qui lui est accordé. Son arme pour se venger : le mal. Sigmund Freud°, dans son article intitulé "Quelques types de caractère", tiré de *L'Inquiétante Étrangeté* (1919), affirme que la femme est "comme lésée dès l'enfance", tenue à l'écart sans que cela soit de sa faute ; elle aurait donc une revanche à prendre sur la nature°. Lady Macbeth fait tout pour gommer les signes de sa féminité et inverser les polarités sexuelles au sein du couple qu'elle forme avec Macbeth. Tout d'abord, c'est elle l'âme forte au sein du couple bicéphale : nulle hésitation ne la saisit, nul remords ne la taraude quand il s'agit d'assassiner son hôte, le vertueux roi Duncan (I. v : "Oh, jamais/Le soleil ne verra ce demain", II. ii ; "S'il n'avait ressemblé/À mon père quand il dormait, je l'aurais fait"). C'est elle qui triomphe des vains scrupules de son mari :

> MACBETH — Nous n'irons pas plus loin dans cette affaire :/il [Duncan] vient de m'honorer, et j'ai gagné,/Pour toute espèce de peuple, renom doré/Qui ne peut être terni de son tout nouvel éclat/ni aussi vite rejeté.
>
> LADY MACBETH — [...] As-tu la peur/D'être en ton acte véritable et ton courage/Le même que tu es en désir ?" (I. vii).

C'est elle encore qui manifeste des vertus viriles et mâles (courage, ambition...), elle encore qui se dépouille de son corps féminin débile pour revêtir l'armure du mal : "Ah venez, vous esprits/[...] faites-moi sans mon sexe, et du front à l'orteil comblez-moi/De la pire cruauté ! faites-moi mon sang épais,/À la pitié interdisez accès et passage" (I. v). Pourtant, après avoir atteint le succès pour lequel elle a lutté avec une énergie imperturbable, Lady Macbeth s'effondre ; quand tout est réalisé, quand le mal a pleinement triomphé, elle ne ressent que déception et vacuité : "On n'a plus rien, tout dépensé/Quand le désir est assouvi sans satisfaire" (III. ii). Qu'est-ce qui a pu briser ce fort caractère ? On ne le sait.

Dans *Les Âmes fortes*, Thérèse manifeste à l'égard des hommes un mépris affiché : Firmin est un "benêt", "gentil comme une fille" (p. 55), manipulé comme un "pantin" (p. 311) ; son premier amant, qui se "cro[yai]t aimé" est tourné en ridicule car il est "content de lui comme s'il avait attrapé la lune avec ses dents" (p. 305). Chez Thérèse, nulle volonté d'assumer son statut de femme (la grossesse relève d'un pur calcul égoïste : "En regardant de ce côté-là, je m'aperçus qu'il y avait des quantités de sortes d'amour. Le maternel me parut bien", p. 307), mais la volonté revendiquée de montrer sa supériorité aux hommes et de les humilier. À l'exception de Monsieur Numance, les figures masculines sont ainsi de pâles figurines face aux conteuses carnassières de la veillée funèbre ou à la rouée Thérèse, qui prend "plaisir" à exécrer et haïr" (p. 303-305). Refusant toute mise sous tutelle, ces âmes viriles que sont **Lady Macbeth et Thérèse** usent du mal pour prendre leur revanche sur une société qui fait de la femme une éternelle mineure.

De sa condition d'homme

Pourtant, il n'y a pas que les femmes qui éprouvent une insatisfaction infinie face à la condition que la vie leur réserve. Ainsi, le choix du mal par Macbeth dans la tragédie shakespearienne est aussi une histoire de vengeance. La rancœur du héros éponyme naît de la stérilité qui frappe le couple qu'il forme avec Lady Macbeth. Une malédiction naturelle le prive de descendance. On peut supposer que Macbeth a eu un enfant de sa femme ("J'ai allaité et sais/Combien tendre est d'aimer le bébé qui me trait", I. VII), mais qu'il est sans doute décédé. Macbeth exhorte ainsi son épouse à "n'engendre[r] que des enfants hommes !" (I. VII) et éprouve contre Banquo – à qui l'on prédit que sa descendance régnera – la rage aveugle de celui qui est condamné à disparaître. Macduff dans la scène III de l'acte IV, maudit Macbeth d'avoir fait assassiner les siens, "lui [qui] n'a pas d'enfants". Le régicide est donc à lire comme une réponse à la nature qui condamne le couple à porter un "sceptre de stérilité" (III. I). On notera que les meurtriers de Banquo, hommes de main de Macbeth, justifient aussi leur acte maléfique par la vengeance contre l'ordre naturel. Ils éprouvent une forte rancœur à l'égard du sort. Le deuxième meurtrier se définit comme "[...] un de ceux [...] que les coups durs et/avanies du monde/Ont tellement enragé,/Qu'[il se] moque du risque, en tout ce qu'[il] fai[t] pour/[s]e venger du monde" ; de même, le premier meurtrier se plaint d'avoir "tant/[été] battu par la fortune" (III. I). Le mal est une réponse humaine au destin contraire.

De sa condition sociale

Enfin, tout homme aspire à s'élever au plus haut de la hiérarchie sociale. Ceux qui restent en bas ne peuvent qu'en éprouver de la rancœur. C'est ainsi qu'il faut comprendre le "patient et féroce attentat" (p. 336) mené par Thérèse et Firmin contre les Numance. Il est l'acte d'insurrection, de vengeance, des humbles, des condamnés au "*trimard*", contre l'ordre bourgeois. Firmin ne cesse de clamer sa méfiance et sa haine du bourgeois : "Je ne suis pas né de la dernière pluie, dit-il [Firmin]. S'ils [les Numance] veulent me rouler, ils trouveront à qui parler" (p. 161). De même, dans la *Profession de foi du Vicaire savoyard*, si les philosophes mentent, c'est pour s'élever au-dessus des autres, pour assouvir leur désir de "gloire" au détriment de la vérité : "Où est le philosophe, qui pour sa gloire, ne tromperait pas volontiers le genre humain ? Où est celui qui, dans le secret de son cœur, se propose un autre objet que de se distinguer ?" (p. 55). L'homme ne semble jamais satisfait de son rang. Faire le mal, mal agir, c'est – pense-t-on – rétablir une justice sociale qui n'est pas de ce monde.

• Se divertir

Deuxième mobile pour faire le mal : se divertir. L'analyse portera ici exclusivement sur le roman de **Giono** et les analyses avancées seront très largement empruntées à Robert Ricatte (notice de la Pléiade déjà citée). Le verbe "se divertir" est à entendre dans son sens étymologique : se divertir, c'est se détourner. Ainsi, on fera le mal dans *Les Âmes fortes* pour se détourner de quelque chose, mais de quoi ? de l'ennui et de sa propre vacuité.

Fuir l'ennui

L'ennui est une composante essentielle de l'existence humaine. Châtillon cristallise ennui et médiocrité dans le roman gionien. Pour parler de cet espace sans intérêt, où il ne se passe rien, le langage lui-même est répétitif :

> [...] le mot qu'on y prononce le plus souvent, c'est : soleil. On prend le soleil. On va prendre le soleil. Venez prendre le soleil. Il est allé prendre le soleil. Il ne fait pas soleil. Il va faire soleil. Il me tarde qu'il fasse soleil. Voilà le soleil, je vais prendre le soleil. (p. 141)

Châtillon renferme l'espace sur lui-même dans une implacable répétition de l'identique. L'image du cercle s'impose. Ainsi, la route de Châtillon "tourne sur elle-même", fait des "tourniquets" (p. 142) ; les commerçants peuvent "faire un tour sur [eux-mêmes]" sans que rien ne se passe. Par conséquent, dans ce village où "le rhume du notaire faisait époque" (p. 143), "les sucres d'orge fondent dans les vitrines [...] parce qu'ils restent là trop longtemps" (p. 141). À Châtillon, on n'avance pas, on "piétin[e]" (p. 144). Le monde est une prison ; Madame Numance n'est-elle pas appelée par son mari "la séquestrée de Châtillon" ? (p. 181). Pour ne pas asphyxier, Thérèse va donc ouvrir l'espace, afin de sortir de ce lieu étouffant. L'image du chemin est essentielle dans le roman. Firmin et Thérèse ne cessent d'être sur les routes (fuite nocturne inaugurale, départ de Châtillon, séjour à Clostres, installation au village nègre), sont hantés par la peur du *trimard*. Pour Thérèse, l'existence n'est que chasse à l'ennui invincible, course contre la vacuité existentielle. L'héroïne méprise profondément ces gens qui "ne sortir[ont] jamais de l'ennui" (p. 310-311). Si elle se voue au mal, c'est précisément qu'elle ne peut se "contenter" de cette médiocrité étouffante. Ce qu'elle souhaite, c'est être.

Combler son vide existentiel

Thérèse se caractérise par une insuffisance, une déficience, d'être. Elle ne va exister dans le roman gionien que par l'imitation qu'elle produit de Madame Numance. Thérèse veut "être tout par personne interposée". Sa vie est terrifiante, absurde, avant l'entrée en scène de Madame Numance. La méchanceté de l'héroïne va donc se déployer sur fond de néant. Ainsi, Thérèse s'interroge pour savoir ce qui l'intéresse : "qu'est-ce qui te tient ? Tout de suite, je me répondais : 'Rien'" (p. 315). Ni Firmin, ni l'argent, ni les hommes n'enflammant son existence : c'est le vide du désir sauf que Thérèse se découvre "heureuse comme un furet devant le clapier" (p. 316). Comme l'écrit Ricatte, "Thérèse est vide, son Moi n'offre aucune substantialité. Thérèse n'est tenue par rien : menacée par le vide, elle découvre au plus profond de son être le *Figmentum Malum* (vilain fond) pascalien [de Blaise Pascal°] de la violence". La vocation de Thérèse est donc de vider autrui de sa substance pour combler son vide existentiel. C'est ainsi que les Numance vont devenir sa proie : l'héroïne se repaît du sang le plus pur : celui de l'amour. Madame Numance et sa générosité hémorragique vont pouvoir satisfaire (ou tenter de satisfaire) l'ogresse qu'elle est ("*rien ne peut me combler*. Plus on en met, plus je suis vide", p. 318). Le mal en Thérèse est donc rapt : elle vole aux autres ce qui fait leur être ; sa méchanceté est profondément égoïste en ce qu'elle vise la satisfaction d'un moi triomphant ("Il me reste moi", p. 52). La vampirisation de l'autre apporte-t-elle jouissance et satisfaction ? Les récits se contredisent ; pour le "Contre", Thérèse pleure en voyant le visage de Madame Numance se pencher sur elle car elle prend conscience que Madame Numance *est* ce qu'elle ne sera jamais ; pour Thérèse au contraire, l'expérience est jouissive et la fait "frissonner de plaisir" (p. 330).

- **"Il n'a pas de pourquoi" (Primo Levi)**

Pour achever cette réflexion sur les motivations qui poussent les protagonistes à faire le mal, force est de constater que les œuvres au programme soulignent aussi le mystère absolu et radical de l'origine du mal. Freud° (*op. cit.*) reconnaît qu'il ne saurait expliquer l'origine du profond désir du mal en Lady Macbeth ; à l'image du vicaire, il ne peut rien "imaginer sur la génération des choses" (p. 47). De même, face aux dettes contractées par Madame Numance, les villageois tentent vainement d'expliquer l'origine de ce mal : madame Numance aurait été "poussé[e] par quelque chose à quoi on ne peut pas résister. Et là, on tombait dans le vide" (p. 108). Absence d'explication, absence de raison : le mal est absurde dans nos œuvres et reste inaccessible à la raison.

LES AMBIGUÏTÉS DU MAL

Nous venons de voir que le mal est inexplicable, inaccessible à la raison, injustifiable. Il est pourtant inscrit dans notre condition et dans l'univers. D'où son ambiguïté : est-ce la nature° des choses qui fait que l'homme cause le mal ? Est-ce l'homme qui dévoie la nature et sa propre nature en faisant le choix du mal ?

Shakespeare, Rousseau et Giono explorent cette ambiguïté, refusant tout manichéisme et tout dogmatisme. Le thème de la confusion des valeurs imprègne les trois œuvres. Comment situer définitivement le mal ou le bien dans un événement, dans un acte, dans un être humain ? L'impossibilité de trancher fait douter Macbeth : "Deux vérités sont dites", examine-t-il après la prédiction des sorcières (I. III), "La sollicitation surnaturelle/Ne peut être ni le mal, ni le bien". Les sorcières avaient déjà annoncé que "Le clair est noir le noir est clair" (I. I), et Macbeth se fait leur écho : "Un jour si noir et clair je n'en ai jamais vu" (I. III). Le Vicaire se souvient qu'il aurait pu flotter toute sa vie, "dans cette continuelle alternative, faisant le mal, aimant le bien, et toujours contraire à moi-même" (p. 92). Thérèse est à la fois innocente et criminelle, amoureuse et haineuse ; de Firmin même on ne saurait dire "si c'était un niais ou un rusé [...] Qu'il ait été l'un ou l'autre, il était maintenant quelqu'un à qui on fait affront chaque jour" (p. 357). Quant à Madame Numance, sa bonté et sa générosité dissimulent à peine son habileté manipulatrice, sa tendance à forcer les autres à adopter ses choix ou ses manières, son puissant égoïsme.

Les ambiguïtés du mal hors de l'homme

• Un mal, ou un bien ?

Pour Rousseau, "il y a des événements qui nous frappent souvent plus ou moins, selon les faces sous lesquelles on les considère, et qui perdent beaucoup de l'horreur qu'ils inspirent au premier aspect, quand on veut les examiner de près. [...]. J'ai appris dans *Zadig*, et la nature me confirme de jour en jour, qu'une mort accélérée n'est pas toujours un mal réel, et qu'elle peut passer quelquefois pour un mal relatif. De tant d'hommes écrasés sous les ruines de Lisbonne, plusieurs, sans doute, ont évité de plus grands malheurs" (Lettre de Rousseau à Voltaire, 1756). Il est donc difficile de se prononcer sur les choix de la Providence, et ce qui peut nous paraître un mal n'en est pas forcément un. **Macbeth** est peut-être le bras armé des desseins de la Providence, le mal n'étant qu'une étape nécessaire au bien. La tragédie shakespearienne commence par une guerre juste, la répression légitime d'une révolte, et s'achève par une autre guerre juste, pour rétablir un pouvoir légitime : entre les deux, les crimes et la mort du tyran font peut-être partie d'un "plan providentiel de l'histoire" (voir Œuvres, *Macbeth*), qui exige qu'à un moment le mal se cristallise, se rende visible, s'incarne dans un individu – sorte de "bouc émissaire" –, pour être enfin "purgé".

Qui interroge la "nature°" ne reçoit donc que des réponses confuses. Certes, pour Shakespeare et Rousseau, la création porte la marque de la perfection divine, et c'est le cœur de l'homme qui est mauvais. Mais l'homme est partie prenante de la création, microcosme appartenant au grand tout, à l'ordre de l'univers. Le constat de cette correspondance entre l'homme et la nature, entre microcosme et macrocosme, remonte à la philosophie grecque, dont on sait l'influence qu'elle a eue sur la Renaissance européenne. Il est plus troublant de retrouver ce constat chez Giono... En effet, un réseau similaire d'images, de métaphores et d'évocations tisse dans les deux œuvres littéraires une alliance secrète entre les éléments naturels et les vicissitudes humaines, sans qu'on sache toujours clairement si c'est la méchanceté humaine qui rompt l'ordre cosmique, ou la violence cosmique qui incite l'homme au mal.

Dans ***Macbeth***, le ciel est "comme ému par l'acte de l'homme" (III. IV), il "résonne/Comme s'il ressentait avec l'Écosse et proclamait/Mêmes syllabes de douleur" (IV. III). Le médecin de Lady Macbeth remarque que de "Terribles rumeurs sont dans l'air : des actes non naturels/Créent des troubles non naturels" (V. II). Mais n'est-ce pas aussi le désordre du ciel qui préside à la décision du crime ? La première didascalie de la pièce installe une atmosphère d'orage (*Tonnerre et éclairs*), aussitôt confirmée par la sorcière 1 : le sabbat se fera "Dans tonnerre et éclairs, ou pluies" (I. I). L'air est brumeux ("*fog*", I. I), et Banquo d'ailleurs distinguera à peine les Folles Sœurs. Une grande partie de la pièce se déroule la nuit, dans la fumée, le brouillard.

Nuit, orage, vent, constituent aussi le fond sur lequel se déroule le **roman gionien**. Les forces cosmiques s'unissent pour provoquer la violence terrestre. La première fois que Thérèse et Firmin se battent, "C'était un soir de vent" (p. 162). Le vent rythme la narration, d'ailleurs Châtillon est présentée comme une ville où souffle une bise glaciale : "il y passe un vent !" (p. 75). Madame Numance et Thérèse s'émeuvent de leur tendresse partagée, sans remarquer qu'"il faisait dehors un temps de chien" (p. 164) ; plus tard, Madame Numance, inquiète, se précipite en pleine nuit au pavillon du couple, à peine vêtue d'une pèlerine, "sans prendre garde au vent violent qui balayait les montagnes". Firmin guette le baromètre pour savoir à quel moment acheter ses coupes de bois : il compte sur le mauvais temps, et le mauvais temps le ruinera :

> La vallée vers la Drôme sonna comme un clairon. Les peupliers se mirent à siffler. De lourds nuages traversèrent le ciel en direction des hautes montagnes. Ils s'entassèrent contre les sommets. La lumière noircit, puis le soleil s'éteignit. Il fit froid. La pluie commença à lancer de longues raies horizontales. La bise sautait de tous les côtés. (p. 239-240)

Firmin rentre trempé jusqu'aux os, et ruiné. Quand il en vient à nouveau aux mains avec Thérèse, et comprend qu'elle le domine, il passe une partie de la nuit au jardin : "Minuit, une heure, deux heures sonnèrent au clocher de Châtillon. Le vent descendait des montagnes" (p. 338-339). Enfin, Firmin meurt avec l'été : "C'était l'automne, avec son nuage à ras de terre" (p. 369).

• Un entraînement cosmique ?

Mais il ne s'agit pas que de coïncidences, ou de "signes" avant-coureurs. Pour Giono, l'homme est bien ce microcosme, partie prenante d'un grand Tout, inscrit dans la nature : "nous sommes l'univers et sa passion est notre passion" (cité par A.J. Clayton, "**Giono** et l'attirance de l'abîme", dans *Giono : l'humeur belle*, Publication de l'Université de Provence, 1992). La passion, c'est finalement la soumission de l'être à des forces irrésistibles et universelles, forces cosmiques, puissantes et discrètes, qui agissent sur les personnages des romans de Giono, dans un univers où tout vit : "la vie est un phénomène harmonique, une constante rupture d'équilibre, qui engendre un constant appétit d'équilibre. C'est le moyen d'expression de la matière. La raison d'expression de la matière, c'est l'univers. L'univers n'est que vivant" (cité par A.J. Clayton, *op. cit.*). La cruauté qui s'installe dans la nature° est nécessaire à son renouvellement, de même qu'il est nécessaire qu'il y ait des proies et des prédateurs. Cette dimension métaphysique° proche de l'animisme innerve l'ensemble de l'œuvre du romancier. Mais elle contribue aussi à conforter la confusion. Il est intéressant de ce point de vue de comparer les deux promenades dans la nature, celle de Thérèse et de Madame Numance, puis celle de Thérèse seule. La première fois, Madame Numance remarque tout, et s'émerveille de tout, de la beauté des peupliers, qui "entrecroisaient des murailles de miroirs à travers les champs". La nature semble parler le langage de la passion amoureuse (les forêts poussent des "soupirs", les arêtes rocheuses font entendre leur "sourd gémissement", les gorges "grondent", et l'aigle s'éloigne en glissant "puis [revient] vers son désir sur lequel les deux femmes le [voient] enfin plonger et s'abattre". Mais rien n'est vraiment lisible dans cette nature : "L'épaisseur de l'air chaud où les rayons du soleil se cassaient comme verre donnait aux formes de toutes ces choses des contours imprécis et fuyants comme d'un plomb tombé dans le feu (avec lequel on va pouvoir faire autre chose que ce que c'était : ce qu'on veut)" (p. 177). La parenthèse curieusement placée ici par Giono, comme une digression, souligne à la fois l'essentielle indétermination de la nature – les choses peuvent être "autre chose" que ce qu'elles sont – et la liberté créatrice du narrateur et du romancier, qui peuvent à leur guise décider de transformer, dans leur récit, le vrai et le faux en leur contraire. Thérèse, elle, en petite paysanne habituée aux champs, ne voit rien : "Mais, pendant que Madame Numance pouvait tout voir, tout entendre, tout sentir, tout utiliser à son amour, Thérèse ne voyait rien d'autre que ce que de tout temps elle avait appelé : *la campagne*" (p. 177-178).

Il en est tout autrement, comme le souligne Robert Ricatte (notice citée, p. 1041) quand Thérèse s'ouvre au mal, et, sensible aux moindres détails, engage un véritable dialogue avec la nature, comme si cette dernière lui dictait les questions et les réponses (p. 272-274), et la faisait "frissonner", de crainte ou de plaisir :

> Je me disais : "Comme le pays est grand ! C'est juste : il faut frissonner !" L'anaphore de "je me disais" scande cette promenade de printemps. Une fois de plus, le langage des choses et des êtres est terriblement ambigu : l'odeur est "douce-amère", les branches poussent "de petits cris de rats", l'aubépine fleurie fait "perdre la tête", "les mésanges [commencent] à piller les nids". Thérèse ausculte la terre et le ciel : "J'allais me promener. Je me disais : "Les serpents se réveillent dans la terre. Il sont en train de se désengluer les dents" [...] Je me disais : "Le soleil trompe tout le monde. On n'est pas forcé de le croire, heureusement, sinon les saules seraient en cuivre !"

Ces deux passages contiennent des éléments récurrents dans l'ensemble de l'œuvre du romancier. Le soleil y a un rôle central, il agit sur l'homme et sur la matière. Ici il est "trompeur", il crée l'illusion. Quant à la glu, elle représente la matière, les forces chtoniennes°, pour lesquelles nous sommes partagés entre attirance et répulsion, les "racines profondes". Giono évoquait "le côté profond de la chose, le côté gouffre, glu, glouton et sournois de la chose ; le côté puissance ; le côté vérité ; le côté fond des choses" (cité par Robert Ricatte, p. 1034). Quand Firmin revient ruiné, il semble "même s'être agenouillé dans la boue" (p. 241). Thérèse ramenée par les gendarmes après la disparition de Madame Numance "était couverte d'une carapace de boue" (p. 334).

La nature° rappelle à l'homme que chacun doit laisser sa place aux autres, que l'équilibre de la création exige le sacrifice ou le meurtre. C'est une idée proche que soutient le **Vicaire**, à propos du mal moral : "Le mal que l'homme fait retombe sur lui sans rien changer au système du monde, sans empêcher que l'espèce humaine ne se conserve malgré qu'elle en ait" (*Profession de foi*, p. 75). Telle est aussi la conclusion de Thérèse : "On ne sait pas si les choses s'arrangent. D'ailleurs, les choses ne s'arrangent jamais parce qu'elles ne se dérangent jamais" (p. 66).

Les ambiguïtés du mal dans l'homme

Il en découle qu'il est bien difficile de savoir si l'homme fait le bien ou le mal. Plus difficile encore de déterminer si un être est foncièrement méchant ou malveillant. Le relativisme° prime encore : "je n'ai bien entendu ni tué ni volé (enfin, à mon avis)" juge Firmin (p. 223).

• L'amour de soi

La première raison de douter est liée à l'existence en chacun de nous de "l'amour de soi", nécessaire à la préservation de la vie. Pour Rousseau, cet amour de soi est une bonne chose, c'est un instinct compatible avec la raison et conforme à l'ordre de la création ; mais il se corrompt vite en égoïsme, et l'intérêt particulier prime alors sur l'intérêt général. L'homme est fait pour être "dans le contentement de soi-même", qui représente "la suprême jouissance" (p. 75), donc pour choisir le bien. En effet, pour **Rousseau**, se préférer à tout est un penchant naturel à l'homme, et l'homme, pour se faire du bien, doit être bon : "l'homme ne saurait être sain d'esprit ni bien constitué qu'autant qu'il est bon" (p. 84). Inversement, "celui qui, à force de se concentrer au-dedans de lui, vient à bout de n'aimer que lui-même, n'a plus de transports, son cœur glacé ne palpite plus de joie [...] ; le malheureux ne sent plus, ne vit plus ; il est déjà mort" (p. 85). On songe ici à Macbeth, figure du malheur, souhaitant "être avec les morts" plutôt que "couché sur la torture de l'esprit/En furieuse folie", et enviant la paix éternelle de Duncan (III, II, p. 157).

La vertu est pour le Vicaire savoyard "l'amour de l'ordre". Mais, se dit l'homme, "cet amour peut-il donc et doit-il l'emporter en moi sur celui de mon bien-être ? [...] je dis aussi, moi, que le vice est l'amour de l'ordre, pris dans un sens différent. Il y a quelque ordre moral partout où il y a sentiment et intelligence. La différence est que le bon s'ordonne par rapport au tout et que le méchant ordonne le tout par rapport à lui" (p. 92). La frontière n'est donc pas bien nette entre ces deux formes d'amour de soi, et on comprend que l'homme soit ballotté en permanence : "je veux et je ne veux pas, je me sens à la fois esclave et libre ; je vois le bien, je l'aime, et je fais le mal". (p. 71). Cela dit, selon le Vicaire, il y a forcément une étincelle de bonté en tout homme, et tout homme est perfectible : "il est peu de ces âmes cadavéreuses devenues insensibles, hors leur intérêt, à tout ce qui est juste et bon... Les plus pervers ne sauraient perdre tout à fait ce penchant ; souvent il les met en contradiction avec eux-mêmes. Le voleur qui dépouille les passants couvre encore la nudité du pauvre ; et le plus féroce assassin soutient un homme tombé en défaillance" (p. 86). C'est ce qui explique sa confiance dans sa mission auprès de ses futurs paroissiens : "Mais croyez-vous qu'il y ait sur la terre entière un seul homme assez dépravé pour n'avoir jamais livré son cœur à la tentation de bien faire ?" (p. 91). Il suffit de montrer aux autres le chemin, de les ouvrir à la "langue de la nature", qui les guidera.

Être soi est un enjeu pour Thérèse. C'est une âme forte, et non une "âme morte" (allusion au roman de l'écrivain russe Gogol *Les Âmes mortes*, celles-ci étant des serfs en esclavage). L'expression vient du moraliste français Vauvenargues (*Réflexions et maximes* 1746), qui en donne la définition suivante : "Ce qui constitue ordinairement une âme forte, c'est qu'elle est dominée par quelque passion altière et courageuse, à laquelle toutes les autres, quoique vives, soient subordonnées". C'est bien cet ordre de la passion qui prime sur tout le reste chez **Thérèse** :

> Thérèse était une âme forte. Elle ne tirait pas sa force de sa vertu : la raison ne lui servait de rien ; elle ne savait même pas ce que c'était ; clairvoyante, elle l'était, mais pour le rêve : pas pour la réalité. Ce qui faisait la force de son âme c'est qu'elle avait, une fois pour toutes, trouvé une *marche à suivre*. Séduite

par une passion, elle avait fait des plans si larges qu'ils occupaient tout l'espace de la réalité [...]. Rien ne comptait que d'être la plus forte et de jouir de la libre pratique de la souveraineté. Être terre à terre était pour elle une aventure plus riche que l'aventure céleste pour d'autres. Elle se satisfaisait d'illusions comme un héros. C'est pourquoi elle avait le teint clair, les traits reposés, la chair glaciale mais joyeuse, le sommeil profond. (p. 350)

Thérèse ne demande qu'une seule volupté, celle de se sentir exister fortement. "N'aide pas : ça ruine. N'aime pas. Malheureusement, c'est difficile. Alors, aime-toi. C'est toujours ça de gagné" (p. 292). Pour Giono, toute existence doit accaparer pour sa jouissance égoïste une partie du capital de vie disponible. Si on ne se préfère pas aux autres, ils vous le feront payer. Thérèse se souvient : "Je savais que tous ces messieurs étaient égoïstes. C'était visible. Et puis, on sait bien. Mais, égoïsme contre égoïsme, on ne risque rien" (p. 285). Elle en a conclu qu'il "faut tout faire soi-même" (p. 293), se construire soi-même, envers et contre tout, et contre les autres. C'est ce qui fait son innocence, ses "grands yeux innocents" (p. 314), sa conscience d'être innocente (p. 275). Une fois qu'elle s'est "trouvée", qu'elle a compris sa nature de furet, elle répète : "je n'étais même pas méchante". La maîtrise de soi et des autres est pour elle un absolu, au-delà du bien et du mal. En cela Thérèse est parfaitement amorale°, et "héroïque".

Il en est autrement pour Macbeth, être faible, héros tragique parce qu'il entre dans le mal non parce qu'il est foncièrement méchant (encore que le mal sommeille en lui, comme en tout être humain, en tant que possibilité), mais à la suite d'une sorte d'accident : c'est un homme courageux, loyal à son roi, plein de "tendresse humaine", un homme comme les autres, qui se déshumanise progressivement, d'où la secrète connivence qui peut lui attirer, malgré tout, la compréhension du spectateur. **Macbeth** fait le mal consciemment, mais on verra qu'il accède aussi, en assumant le mal, à un statut héroïque.

• La réversibilité du bien et du mal

Comment distinguer ?

Il est bien difficile de distinguer le vrai du faux et le bien du mal : Banquo se demande "pourquoi [...] sembler craindre/des choses qui sonnent si beau ?" (I. III) après la prédiction des sorcières et, lorsque se réalise la première prédiction, il s'émerveille : "Le démon a-t-il pu dire vrai ?" (I, III). **Macduff** réagit aussi par la surprise et le doute au discours de Malcolm, quand celui-ci se fait passer pour un probable tyran, pire encore que Macbeth : "Si favorables, si défavorables choses, ensemble,/C'est difficile à concilier." (IV, III). Lady Macduff, prévenue du sort funeste qui l'attend se sait innocente, mais en vain : "Je me souviens soudain/Que je me trouve en ce bas monde : où faire mal/Est louable souvent, faire bien, quelquefois/Dangereuse folie" (IV. II).

On a vu à quel point le mal pouvait revêtir les apparences du bien, ou de la conformité à une certaine morale, dans la ***Profession de foi***. Ce relativisme pousse peut-être le Vicaire savoyard à conseiller à son protégé le choix de la religion de ses pères “par défaut”, tout en étant conscient qu'aucune religion ne vaut mieux qu'une autre : après avoir étudié et comparé les différents dogmes, il conclut : “Que faire au milieu de toutes ces contradictions ? [...] Voilà le scepticisme involontaire où je suis resté” (p. 120). Finalement, les religions sont toutes mauvaises, mais elles sont aussi “toutes bonnes quand on y sert Dieu convenablement” en privilégiant “le culte essentiel [qui] est celui du cœur” (p. 120).

De même, “on ne peut rien déduire de rien avec les gens” (*Les Âmes fortes*, p. 101). Les personnages du roman de **Giono** prennent, selon les moments du récit, des postures de victimes ou de bourreaux, de maîtres ou d'esclaves. L'ambivalence carnavalesque de la première scène introduit d'ailleurs la perspective de la réversibilité : on sait que pendant le carnaval, les maîtres et les valets, les rois et les sujets, les hommes libres et les esclaves échangeaient leurs rôles le temps d'une fête, mettant “le monde à l'envers”. De Thérèse et de Madame Numance, qui a détrôné qui ? Qui a eu raison de l'autre ? Quand Madame Numance disparaît, échappant à Thérèse, le récit du “Contre” évoque le on-dit des habitants de la ville : “Cette fille si tendre était agitée par une terrible crise de nerfs” ; “ce petit bout de femme sensible et propre”, rendue folle par la souffrance, est une parfaite allégorie du deuil amoureux : “ça c'est de l'amour” se dit tout Châtillon” (p. 332-335). Est-ce la même Thérèse que celle qui se décrit choisissant méticuleusement “l'amour maternel” pour mieux enserrer Madame Numance dans ses filets, pour la “saigner”, pour la vider de son amour ? Thérèse est-elle la “vraie criminelle” comme le découvre peu à peu Giono en écrivant son roman ? Est-elle cette “avare”, avide, qui veut posséder sa victime ? “Vous savez ce que nous disons quand quelqu'un est gentil, aimable, complaisant, serviable, bon, beau, agréable à regarder, qu'il a toutes les qualités ? Nous disons ici : ‘on le voudrait tout'” (p. 145). C'est ainsi que Thérèse veut Madame Numance : son avarice est le pendant exact de la générosité de l'autre. Commentant le personnage de Madame Numance, Giono se demandait : “dans quelles ténèbres sourd la générosité ?”. Les deux femmes sont les deux facettes de la même passion de perdre et de se perdre, qui les unit. Madame Numance dilapide tout (“J'ai ce que je donne”, p. 147), dans une sorte d'extase qu'elle a communiquée à son mari, aussi démesurée dans la soif d'autodestruction que Thérèse dans le plaisir de la destruction ; aucune bonté chez **Madame Numance**, mais un souci de soi, un égoïsme visible dans son regard de “loup”, qui intriguent Thérèse et les habitants de Châtillon, et les incitent à mille suppositions sur ses fautes cachées. Sa “générosité hémorragique” (expression de Giono) révèle son égoïsme, son amour d'elle-même, qui est aussi amour de l'amour. Dans le renversement final, la duplicité des Numance apparaît au grand jour : finalement ce sont eux qui ont tendu leur piège, qui ont tout préparé : “Il a mis plus longtemps que ce que je croyais pour se décider, dit-il. Il y a deux bons mois que j'attendais tous les jours. — Oui dit-elle, c'est un mauvais acteur". […] "Quelle arme terrible, dit Madame Numance ! J'ai presque honte de m'en servir. — De quoi veux-tu parler ? — Du plaisir de donner. — Ah ! C'est une arme de roi, dit Monsieur Numance" (p. 259-260). Sa femme compare même le couple aux hommes de Jéricho, vaincus par une trompette, et par la ruse : "Tu sais combien je peux être féroce dans cette façon de combattre" (p. 260). "Ce que je peux avoir l'âme basse quand il s'agit de donner", poursuit-elle. Duplicité incompréhensible pour cet homme finalement simple qu'est Firmin, et qui soupçonne un autre piège.

Victime e(s)t bourreau

C'est ainsi que tour à tour les personnages s'offrent, plus ou moins volontairement, en sacrifice, sans jamais essayer de fuir. Thérèse battue par Firmin explique à Madame Numance que "la faute lui incombait en grande partie" (p. 165). **Firmin** est vampire à ses heures : "s'il se met sur quelqu'un, c'est la tique. Il est toujours placé à un endroit où vous ne pouvez pas vous gratter. Faites du sang : il en boit." (p. 135). Bientôt dépassé par la force de Thérèse, il entre peu à peu dans un monde de cauchemar, et, dès qu'il ferme les yeux, ses paupières sont "pleines de batailles, d'égorgements et de sang répandu" (p. 356). Il a pris conscience du sadisme de **Thérèse** : "[…] il savait où elle frapperait. Après il n'aurait pas assez de ses deux mains pour retenir ses tripes. Elle pouvait aussi le finir avec les longues aiguilles d'acier" (p. 352). Il la juge définitivement comme "une salope" (p. 357), mais s'avoue "heureux" auprès d'elle (p. 365). Jusqu'à la fin, elle ne tirera sa jouissance, sa "volupté" (p. 365), que de lui, et de la souffrance qu'elle lui inflige : étrange complicité de la victime et du bourreau…

Le mimétisme est une autre forme de réversibilité. Madame Numance est "contagieuse" : "Avec elle on attrapait les bonnes qualités comme on attrape la rougeole". Thérèse, fascinée, fera tout pour l'imiter, achètera du chypre, parfum de luxe, tandis que Madame Numance, pour faire comme Thérèse, choisira la plus populaire violette. Quand Madame Numance disparaît, c'est Thérèse qui regarde Firmin "avec des yeux de loup" (p. 334).

Que retenir alors de ce jeu de miroirs, où chacun a sa vérité, où "le vrai et le faux se battent comme des chiens autour d'un panier d'os" (Robert Ricatte, notice citée, p. 1053) ? La noirceur de Thérèse, ou son teint de rose ? Giono a tout fait pour que son lecteur soit séduit par elle, jusqu'au bout, et malgré la révélation finale.

De même **Macbeth** accède à un statut de héros : quand il accueille en lui le chaos, accepte d'appartenir à l'univers du mal, il conquiert "par l'excès du crime un lien harmonieux et honnête avec son milieu. Il a réussi à symboliser le désordre de son âme solitaire et coupable en suscitant le désordre dans le monde, et a rétabli ainsi l'équilibre et l'accord. […] Tyran avoué, il reconquiert une intégrité d'âme" (*Préface* de R.G. Knight, GF, p. 27). Vers la fin de son règne, et sentant cette fin proche, Macbeth multiplie les adieux lyriques à la vie, assumant son humanité, et renonçant aux pièges de l'illusion : "J'ai vécu assez longtemps : et le chemin de ma vie/Est tombé dans les feuilles jaunies et séchées" (V. III). Cet adieu s'adresse aussi à Lady Macbeth, qui vient de se suicider : "Demain, et demain, et demain/Se glisse dans ce pauvre pas de jour en jour/Vers la dernière syllabe du temps des souvenirs ;/Et tous nos hiers ont éclairé les fous/Sur le chemin de la mort poussiéreuse./Éteins-toi, petite chandelle !" (V. V). Macbeth fait alors preuve de générosité en proposant à Macduff de l'épargner car son âme "est beaucoup trop chargée avec le sang" de sa famille (V. VIII), et il lui révèle le charme qui pèse sur lui. Quand il comprend que Macduff sera son vainqueur, il refuse de se rendre : "Je tenterai le dernier coup. Devant mon corps/Je mets mon bouclier, Macduff, tu peux frapper" (V. IX). Macbeth mourra au moins "armure sur le dos", comme il l'avait souhaité (V. V).

L'humilité face au mal

C'est donc à une sorte d'humilité que les trois œuvres appellent : le mal existe, il est relatif, les raisons de le commettre nombreuses, les possibilités d'y échapper minces. Il est parfois puni, souvent impuni (récompensé même dans le cas de Thérèse, qui recevra une petite pension pour avoir assassiné son mari). Le Vicaire admet qu'il n'est toujours pas exempt du mal – "si je me trompe, c'est malgré moi" – mais qu'il espère modestement mener une "bonne vie". Si la tragédie de Shakespeare et la *Profession de foi* évoquent cette possibilité de rédemption, Giono semble à l'inverse affirmer l'irréductibilité du mal.

L'ATTITUDE FACE AU MAL

Que faire face au mal ? La réflexion s'inscrit dans la sphère pratique ; il ne s'agit plus de spéculer sur une origine démoniaque, humaine, naturelle ou encore surnaturelle du mal (v. L'origine du mal), mais à présent d'envisager une action éthique, politique, contre le mal. Poser la question de l'attitude à adopter face au mal, c'est reconnaître que le mal ne serait pas nécessairement une fatalité, qu'il ne saurait être une souillure définitive et indélébile, qu'il serait par conséquent dépassable grâce aux efforts de l'homme.

Trouver des remèdes, des antidotes au mal apparaît une nécessité à l'homme, tant le mal – qu'il soit physique ou moral – est un échec à la réalisation de son bonheur. Parviendra-t-on à éradiquer le mal ou plus modestement à en juguler les manifestations pour en diminuer les effets, autrement dit, à le guérir (éradication) ou à le soigner (empêcher sa prolifération) ? Peut-on se révolter contre lui ? Doit-on se résigner et l'accepter avec fatalisme ? Le problème du mal peut-il recevoir une résolution ou est-il incurable ? Nous allons à présent étudier, dans les trois œuvres au programme, les moyens d'action mis en œuvre pour lutter contre le mal, pour panser le mal.

Se révolter contre le mal

Combattre le mal, c'est se révolter contre lui, c'est accepter de l'affronter pour tenter de l'éradiquer. L'homme adopte alors la posture du combattant qui refuse toute fatalité maléfique. Il est acteur de son destin. Dans la tragédie de Shakespeare, les personnages ne cessent de regarder le mal en face, de l'affronter au sens littéral du terme. Ils sont en face à face permanent avec les incarnations ou manifestations du mal. Dans la scène III de l'acte IV, Malcolm et Macduff écoutent Ross venir leur annoncer le massacre de la famille de Macduff. Alors que Ross voudrait atténuer la cruauté du récit du massacre des innocents ("[...] vous en dire la manière/Serait [...]/Ajouter votre mort à vous"), Malcolm l'exhorte au contraire à dire pour que le mal soit exprimé, contemplé dans toute son horreur : "Homme, ne tirez pas le chapeau sur vos yeux,/Donnez au malheur des mots". Cet affrontement d'abord verbal va se convertir en affrontement physique. Macduff implore le ciel de le placer "face à face" avec le "démon de l'Écosse" afin qu'il soit "à [...] portée de [s]on épée". La fin de l'acte V met en scène cet affrontement. En des scènes finales à la tonalité épique (scènes VI à IX de l'acte V), l'armée de Malcolm, Siward et **Macduff** défait Macbeth et ses hommes. Non seulement le tyran est tué (V. VIII), mais la "tête de l'usurpateur" est exhibée (V. IX,). Le mal, pour être éradiqué, impose donc la violence comme mode d'action.

De manière certes plus métaphorique mais néanmoins symétrique, **Rousseau**, dans la *Profession de foi du Vicaire savoyard*, pense lui aussi l'attitude à adopter face au mal en termes de combat. Le lexique de l'affrontement – moral et non plus physique – apparaît dès l'ouverture du texte : le jeune expatrié a ainsi été "arraché [...] à l'infamie" par un Vicaire, empli de "courage" à l'idée de triompher du mal (p. 47).

Dans *Les Âmes fortes*, **Madame Numance** combat elle aussi héroïquement le mal. Alors que la mère Carluque "commenc[e] à faire de l'esbrouffe" à propos des dettes contractées par Madame Numance, cette dernière lui assène "en plein cœur", "comme un coup de fusil" (p. 99). En effet, en posant sur les naseaux du cheval de la femme du tanneur – qui a la réputation de sentir fort en raison du métier de son mari – un "petit mouchoir parfumé", Madame Numance entend couvrir de ridicule et humilier Madame Carluque et ainsi tarir la source des médisances qui circulent à Châtillon à son encontre. Madame Carluque veut répondre à l'"insolente" en lui assénant un "coup de fouet". On nage ici en plein western ! Giono s'amuse à parodier la scène archétypale du duel (Madame Numance n'a cessé de "tenir la Carluque sous son regard de loup" et a agi sous les yeux de cinquante personnes amassées sur le "pas des portes et aux fenêtres, ou arrêtés dans la rue", p. 100) et souligne que, pour tuer le mal, il faut le passer par les armes. Notons enfin que si la révolte contre le mal s'accomplit dans des actions violentes – nous venons de le voir –, la révolte peut aussi se dire par des paroles violentes.

Cette véhémence verbale contre le mal résonne dans ***Les Âmes fortes***. La citation mise en exergue à l'*incipit* du roman souligne le sentiment d'indignation, de révolte que peut susciter le mal. Le "oh !" de l'épigraphe, tiré du *Conte d'hiver* (*The Winter's tale*) de Shakespeare, anticipe la réaction indignée – ou faussement indignée ? – du lecteur face au récit que les vieilles femmes vont faire durant la veillée funèbre du "pauvre Albert" (p. 7). L'exclamation expressive souligne que le mal appelle la réaction, l'indignation. De la même manière, on retrouve une forte ponctuation expressive dans le **texte rousseauiste** (voir par exemple p. 80-81) qui fait entendre en des accents lyriques l'emportement du Vicaire contre les "méchants" qui se sont éloignés de Dieu. De même, **Macduff**, dans la tragédie de Shakespeare, use d'interjections, d'exclamations expressives et d'impératifs ("Oh, pourrais-je jouer la femme avec mes yeux/Et le brave avec ma langue ! Généreux ciel,/Raccourcis-moi tous les délais : que face à face/Tu places le démon de l'Écosse et moi-même" (IV. III) pour dire sa hargne et sa détermination à tuer le mal. Physique ou verbale, la révolte est bien, dans nos textes, l'une des réactions mises en œuvre par les hommes pour contrer le mal.

Accepter le mal et l'accueillir

À l'opposé de cette posture de révolte apparaît une autre manière – radicalement antithétique – de se comporter face au mal : l'homme peut choisir d'accueillir le mal, de l'accepter. Dans *Macbeth* de Shakespeare, **Lady Macbeth** accepte d'emblée le mal, en ne discutant nullement le bien-fondé de la parole des sorcières. Dans la scène V de l'acte I, à la lecture de la lettre de son époux lui relatant sa rencontre avec les Sœurs fatales, Lady Macbeth envisage immédiatement de réaliser les prophéties en passant à l'action ("Viens ici, que je puisse [...] par la force de ma langue/Chasser ce qui t'empêche de ce cercle d'or/Par quoi le sort et le secours surnaturel/Semblent te couronner"). En elle, nulle interrogation, nul questionnement, mais une totale et immédiate adhésion au mal. En revanche, le cheminement de Macbeth est plus sinueux ; l'acceptation du mal est plus douloureuse et inquiète, avant de devenir absolue et totale. Le héros éponyme croit d'abord que les paroles des sorcières ne sont que l'expression de ses fantasmes les plus profonds et les plus noirs ("Êtes-vous un fantasme, ou en réalité/Ce que vous montrez au dehors ?", I. III) et, à ce titre, doute de leur véracité et même de leur réalité. Conscient que la parole des sorcières se décline sur le mode de l'ambiguïté, Macbeth hésite :

> SORCIÈRE 1 — Moins grand que Macbeth et plus grand.
> SORCIÈRE 2 — Pas si heureux, mais plus heureux.
> SORCIÈRE 3 — Tu produiras des rois bien que ne l'étant pas. [...]
> MACBETH — Restez, incomplètes discoureuses, dites m'en plus (I, III)

L'hésitation sera de courte durée puisque la trajectoire de **Macbeth** sera celle d'un enhardissement progressif dans le mal. D'abord réticent à l'accepter, Macbeth se fait progressivement réceptacle du mal. Pour égaler le viril courage de sa femme, il ne cesse d'affirmer sa volonté d'agir en homme ("J'ose tout ce qui peut convenir à un homme/Qui ose plus n'en est pas un", I. VII ; "Tout ce que l'homme ose,/Je l'ose", III. IV). À mesure qu'il progresse dans le mal, il révèle l'animal sauvage que Lady Macbeth avait d'emblée perçu en lui ("Donc quelle bête/Vous a fait révéler cette entreprise à moi", I. VII), jusqu'à devenir fauve ("Ils m'ont lié à un poteau ; je ne peux fuir,/Mais comme l'ours, je dois tenir contre la course", V. VII). Macbeth est habité par le mal, jusqu'à l'incarner : selon le jeune Siward, il porte ainsi un "nom plus damné/qu'aucun dans l'enfer" (V. VII) et est devenu aux dires de Macduff "le démon de l'Écosse" (IV. III).

Dans *Les Âmes fortes* de Giono, Thérèse, à l'inverse de Macbeth, n'a aucun effort à fournir pour accepter le mal tant sa naturalité lui apparaît évidente. Découvrant en elle ennui et vacuité, Thérèse accueille une cruauté censée la combler. Évoquant les femmes de Châtillon, qui ne parlent que d'"huile de foie de morue et de lessives", elle se demande "comment elles pouvaient bien s'arranger pour que la vie ne soit pas terrifiante" (p. 310). Ce que veut Thérèse, c'est ne jamais connaître cette terreur, c'est échapper à cette vie médiocre et terne, dont la seule évocation lui donne des "bouffées de chaleur" (p. 310). Pour l'héroïne, accepter le mal lui garantit donc que sa vie sera "un bonheur" (p. 311). Le mal la réjouit, l'emplit d'une délectation jubilatoire. Rien ne saurait plus la combler que le sadisme sauvage avec lequel elle entaille le ventre de son mari ou le terrorise avec divers objets. Le bonheur de Thérèse naît ainsi de la satisfaction "*d'être un piège*, d'avoir des dents capables de saigner ; et d'entendre couiner les lapins sans méfiance" (p. 316). En **Thérèse**, le mal devient donc une seconde nature°. Les images animales déjà rencontrées (v. À l'origine le mal), le furet ou le veau à cinq pattes, disent l'appétence toute naturelle du personnage pour le mal. Comme le dit si bien l'héroïne elle-même, "ça finit même par être d'instinct" qu'elle agit maléfiquement (p. 302). Si la trajectoire de Macbeth est celle d'un enhardissement dans le mal, celle de Thérèse s'apparente à un enracinement dans le mal.

Chez Rousseau, l'acceptation du mal est moins radicale et se décline davantage sous la forme de la résignation. Dans la *Profession de foi du Vicaire savoyard*, l'innocent persécuté doit patienter face au triomphe terrestre du mal ("le méchant prospère, et le juste reste opprimé", p. 77). Il ne convient pas qu'il perde la foi ; au contraire, il doit attendre patiemment le rétablissement d'une justice parfaite dans l'au-delà. Comme "tout rentre dans l'ordre à la mort", les bons seront "heureux" car ayant "souffert [...] dans cette vie, ils seront [...] dédommagés dans une autre" (p. 78-80). Puisque Dieu est juste, il ne peut refuser à l'homme le bonheur qu'il a mérité. Seule consolation terrestre pour l'innocent : si son bonheur n'est pas de ce monde, celui du méchant non plus. En effet, selon Rousseau, les méchants sont punis dès cette vie : “Qu’est-il besoin d’aller chercher l’enfer dans l’autre vie ? il est dès celle-ci dans le cœur des méchants” (p. 80). Pourquoi ? parce que leurs passions – envie, avarice, ambition – rongent leurs cœurs et les font brûler d’un désir insatiable et jamais comblé. Le mal empêche l’innocent d’être heureux immédiatement, mais il ne comble pas pour autant le méchant. L’innocent patientera face au mal et espérera voir ses mérites récompensés dans l’au-delà. Cette nécessité de l’acceptation individuelle du mal se double **dans le texte rousseauiste** d’une nécessité de l’acceptation collective du mal. Le philosophe propose une déclinaison politique de l’acceptation du mal. Paradoxalement, alors que le Vicaire n’a cessé lors de son discours au jeune expatrié de lui faire part de l’injustice de l’ordre social et politique, il achève sa prise de parole par un appel à l’obéissance aux lois et prêche un conformisme absolu : pour lui, par convention, l’homme doit accepter les dogmes et les rituels religieux de son pays natal – même s’ils sont pour lui synonyme de dysfonctionnements ou d’immoralité – car ils assoient l’“ordre public” (p. 123). Parce qu’aucune conviction ne doit venir mettre en péril la paix civile et sociale, parce que ces convictions sont peut-être erronées (nous ne saurions avoir une connaissance claire des dogmes métaphysiques), il faut suivre les lois religieuses de son pays :

> En attendant de plus grandes lumières gardons l’ordre public ; dans tout pays respectons les lois, ne troublons point le culte qu’elles prescrivent ; ne portons point les citoyens à la désobéissance ; car nous ne savons point certainement si c’est un bien pour eux de quitter leurs opinions pour d’autres, et nous savons très certainement que c’est un mal de désobéir aux lois. (p. 123)

Comme l’écrit P. Crétois (v. Œuvres, *Profession de foi*), “les dispositions subjectives des individus ne peuvent en rien s’opposer aux institutions politiques salutaires où ils évoluent”. Dans nos trois œuvres, selon des modalités très diverses nous l’avons vu, le mal peut être accepté, supporté ou accueilli.

Affirmer des valeurs

Troisième attitude face au mal : l’affirmation des valeurs. Lutter contre le mal, ce serait diriger ses efforts vers l’altruisme et la moralité. Ainsi le progrès moral permettrait – sinon d’éradiquer – du moins de combattre le mal. Les valeurs : antidotes au mal dans nos textes au programme ? Dans *Macbeth* et les *Âmes fortes*, on serait tenté de répondre non. En effet, les univers shakespearien et gionien sont tout entier placés sous le signe du mal. Dans la tragédie élisabéthaine, l’unique personnage porteur de valeurs disparaît à l’orée de la pièce : c’est le vertueux et **bon roi Duncan**.

Il convient de rappeler que Shakespeare a considérablement modifié l'histoire pour construire son personnage royal. Le Duncan historique était un roi débauché, cruel et tyrannique. Le Duncan de la tragédie est bon, loyal, et juste. Macbeth reconnaît lui-même la valeur de celui qu'il projette d'éliminer :

Et ce Duncan/A montré un pouvoir si doux, il a été/Si équitable en sa haute fonction, que ses vertus/Telles des anges, trompettes parlantes,/Plaideront contre/Le crime abominable de sa suppression (I. VII).

Duncan remercie aussi avec une infinie politesse ses futurs hôtes, leur promettant sa reconnaissance : "Donnez-moi votre main, menez-moi vers mon hôte./Nous l'aimons chèrement, et nous continuerons/Nos grâces envers lui. Et s'il vous plaît, hôtesse", I. VI). Avec Duncan meurt et s'éteint la bonté puisque ses successeurs ne seront que vice et dépravation. Ainsi, Malcolm, qui régnera après l'élimination du tyran Macbeth, se peint en monstre de débauche :

> C'est moi que je désigne : en qui je reconnais/Toutes les variétés de vices si greffées/que, quand elles seront au jour, le noir Macbeth/Semblera neige pure, et notre pauvre État/L'estimera comme un agneau, en comparant/Avec mes méfaits sans limites. [...] aucun fond, aucun,/À ma concupiscence : et vos femmes, vos filles,/Vos matrones, vos vierges, ne pourraient remplir/La citerne de ma luxure, et mon désir/Viendrait écraser tout obstacle de vertu/Qui s'oppose au besoin. (IV, III)

Dans la tragédie pullulent traîtres, rebelles, débauchés et ambitieux. Le triomphe du mal est écrasant ; Macbeth est bien "L'Apocalypse du Mal" (G. Wilson Knight, Préface, GF, p. 30).

La défaite des valeurs est aussi à l'œuvre dans ***Les Âmes fortes***. Un pessimisme profond règne dans le roman. Firmin échafaude des entourloupes sans envergure vouées à l'échec, les vieilles de la veillée funèbre ne cessent de médire sur les gens du village, des sœurs se déchirent au chevet de leur mère mourante... Le roman est un concentré de la bassesse et de la médiocrité ordinaires :

> À qui veut patouiller, rien ne manque. Des salauds, il y en a floraison. Tant qu'à faire d'espérer, j'aime espérer large. On prétend qu'alors c'est l'enfer. Une de nos voisines tombait du mal de la terre. Un jour qu'elle faisait grand feu, sa crise l'a couchée dans les braises. On l'a retrouvée cuite. Mais avant qu'on sache que c'était elle qui cuisait, l'odeur avait donné faim à tout le monde. Et c'était une vieille de soixante-dix ans. Ce qui prouve que c'est humain. (p. 290)

Dans cet univers sans bien et sans lumière, Madame Numance serait-elle l'unique porteuse de valeurs, celle par qui le salut pourrait arriver ? Il n'en est rien. La générosité de Madame Numance est stérile et profondément égoïste (v. Les ambiguïtés du mal). Comme nous l'avons vu, c'est une fille selon son cœur qu'elle s'est choisie en Thérèse, pour assouvir son besoin non satisfait d'amour maternel ; de plus, les dons qui sont faits à Thérèse ne portent pas leurs fruits puisqu'ils ne comblent pas l'insatiable avidité de Thérèse. L'esprit de charité de Madame Numance ne conduit finalement qu'à la mort : mort réelle de Monsieur Numance, emporté par une attaque après la liquidation de ses biens déclarée ; mort métaphorique de Madame Numance qui se dépouille jusqu'à disparaître totalement de l'espace du Trièves comme de l'espace romanesque. Au matérialisme, à la cruauté, à la violence ambiants ne répond donc qu'une charité stérile et mortifère. Face à cette royauté de la bassesse humaine, nulle intervention humaine ne semble pouvoir sauver l'homme.

Dans *Macbeth*, le médecin avoue que la maladie de Lady Macbeth "dépasse [s]on art" (V. I) et qu'elle aurait besoin d'un prêtre (qui échouera lui aussi puisque Lady Macbeth se suicide faute d'avoir connu le soulagement de son âme). Dans *Les Âmes fortes*, le prêtre du village est impuissant face à la détermination de Madame Numance. Lorsqu'il la met en garde contre l'avidité de Thérèse et son amour intéressé, Madame Numance le rejette et refuse d'entendre la mise en garde. Ni Dieu, ni rien, ni personne, ne peut sortir les hommes du gouffre de leur noirceur.

Le **texte rousseauiste** est plus optimiste : l'affirmation de valeurs se dessine comme un remède contre le mal. Pour le Vicaire, on peut guérir du mal en l'expliquant aux autres, d'où le discours à visée pédagogique qu'il prononce à l'endroit du jeune expatrié. La transmission des valeurs est un mode opératoire de lutte contre le mal dans la *Profession de foi du Vicaire savoyard*. Pour le Vicaire, le sens moral ne peut s'apprendre que par l'exemple : c'est pourquoi il s'attelle à faire le "récit des belles actions d'autrui" à son jeune protégé afin de "ranim[er] dans son cœur une ardeur généreuse" (p. 49) puis décide d'"épancher[...] dans [son] sein tous les sentiments de [s]on cœur" (p. 50). Attention ! il serait erroné de penser que le discours du Vicaire se veut didactique. Comme l'écrit P. Crétois (v. Œuvres, *Profession de foi*), "la *Profession de foi* n'est pas un enseignement [...]. Le Vicaire propose la vérité de son cœur à un autre cœur pour y éveiller des sentiments analogues aux siens". L'objectif du discours est donc non de transmettre des valeurs de manière péremptoire mais bien de les exciter, de les éveiller dans l'âme du jeune expatrié. Le Vicaire ne cesse de souligner le caractère personnel et subjectif (écriture à la première personne) du discours prononcé : "Au reste, ne donnez à mes discours que l'autorité de la raison ; j'ignore si je suis dans l'erreur" (p. 97). C'est donc en contemplant l'exemple d'un autre aux mœurs irréprochables et en se laissant persuader par la parole que ce dernier va apprendre les valeurs du bien et se dépouiller du vieil homme. En conséquence, l'affirmation des valeurs n'apparaît comme moyen efficace de lutte contre le mal que dans l'une de nos œuvres, celle de Rousseau ; chez Giono et Shakespeare, le mal est trop opaque pour être dissous par les valeurs.

Soigner le mal par le mal : de l'art d'utiliser le mal

Quel remède viendra alors à bout de cette "maladie", appelée "le Mal" (*Macbeth*, IV. III) ? quel antidote pour en guérir le monde ou l'âme ? Une solution paradoxale est évoquée dans deux de nos œuvres : en effet, dans la *Profession de foi du Vicaire savoyard* et dans *Macbeth*, l'antidote au mal pourrait être le mal lui-même. Dans la tragédie de Shakespeare, le meurtre et la violence sont évoqués comme remèdes au désordre. Ainsi, le vertueux roi Duncan se doit de "commander [l]a mort immédiate" du sire de Cawdor (I. II) pour conjurer tout danger d'instabilité politique ou de trouble à l'ordre féodal. De même, pour détrôner Macbeth et ainsi tuer le "démon de l'Écosse" (IV. III), les patriotes n'ont d'autre issue que de recourir aux armes. Macduff entend, sous les ordres de Malcolm, livrer bataille dans un "face à face" sanglant avec le tyran (IV. III). À la tête de l'armée qui doit rendre à l'Écosse sa liberté, un homme plus sombre que le "noir Macbeth", un homme qui a commis des "méfaits sans limites" (IV. III) : **Malcolm** (c'est du moins ainsi que se peint dans un premier temps le personnage, avant de reconnaître avoir menti sur sa dépravation, IV. III). De l'affrontement de deux êtres maléfiques naîtrait le Bien. Déjà **Macbeth**, plein de "fureur", avait sauvagement assassiné les supposés meurtriers de Duncan au nom de la restauration de la justice (II. III). Enfin, pour mettre un terme définitif à ses souffrances morales, à la terrible morsure du remords, Lady Macbeth recourt au suicide ("SETON — La reine, monseigneur, est morte", V. V). À ce geste d'une absolue violence doit succéder l'apaisement de l'âme. Dans la sombre atmosphère de la tragédie, le mal appelle donc sans cesse le mal et la violence et apparaît comme un antidote efficace.

Cette évocation de la possibilité d'une éradication du mal par le mal apparaît aussi dans le texte de Rousseau ; mais dans la *Profession de foi du Vicaire savoyard*, cette possibilité est radicalement rejetée car jugée inefficace. Cette réflexion sur la (supposée) vertu curative du mal apparaît lors de l'évocation des spectacles théâtraux et de l'effet produit par la représentation sur le spectateur. Pour le **Vicaire**, toute tentative de moralisation par les spectacles est vouée à l'échec. Parlant des spectacles de théâtre, il interroge :

> Quel spectacle nous flatte le plus, celui des tourments ou du bonheur d'autrui ? Qu'est-ce qui nous est le plus doux à faire, et nous laisse une impression plus agréable après l'avoir fait, d'un acte de bienfaisance ou d'un acte de méchanceté ? Pour qui vous intéressez-vous sur vos théâtres ? est-ce aux forfaits que vous prenez plaisir ? Est-ce à leurs auteurs punis que vous donnez des larmes ? Tout nous est indifférent, disent-ils, hors notre intérêt : et, tout au contraire, les douceurs de l'amitié, de l'humanité, nous consolent dans nos peines ; et, même dans nos plaisirs, nous serions trop seuls, trop misérables, si nous n'avions avec qui les partager. S'il n'y a rien de moral dans le cœur de l'homme, d'où lui viennent donc ces transports d'admiration pour les actions héroïques, ces ravissements d'amour pour les grandes âmes ? Cet enthousiasme de la vertu, quel rapport a-t-il avec notre intérêt privé ? Pourquoi voudrais-je être Caton qui déchire ses entrailles, plutôt que César triomphant ? (p. 85)

À l'inverse du spectacle du bien censé exciter en nous la vertu (**Rousseau** en doute dans sa *Lettre à d'Alembert* sur les spectacles), le spectacle du vice ne peut être une représentation fructueuse : ceux qui pensent que la confrontation théâtrale avec les figures du mal tendra à purifier le cœur de l'homme (répulsion pour les figures de méchant) se trompent : le mal qui est dans le cœur de l'homme ne peut être ainsi soigné car spontanément, l'intérêt de l'homme se tourne vers le bien, non le mal. Tuer le mal par le mal pour Rousseau est impossible car l'homme est naturellement bon. Un fossé anthropologique° sépare ainsi l'univers de *Macbeth* et de la *Profession de foi du Vicaire savoyard* : dans la tragédie shakespearienne, on ne peut ôter le "vilain fond de l'homme" (Pascal°, *Pensées*, 1670) ; dans le texte rousseauiste, il ne faut pas désespérer de l'homme en vertu de sa nature orientée vers le bien. Chez Shakespeare, on soigne le mal par le mal ; chez Rousseau, on soigne le mal en invitant à la contemplation active du bien.

Enfin, dans *Les Âmes fortes*, de manière radicale, c'est l'échec de tout remède contre le mal qui est consacré. Le mal ne guérit pas du mal. Certes, on pourrait dire que le mal (Thérèse) élimine un autre mal (Firmin, assassiné par Thérèse elle-même), mais force est de constater que Thérèse triomphe à la fin du roman : le mal perdure. C'est en effet elle qui a le dernier mot : telle une jeune première, elle est "fraîche comme la rose" (p. 370) au petit matin de la veillée funèbre. Si le roman de Giono résiste à une réflexion sur le mal en terme de guérison ou d'éradication, c'est parce que, dans l'univers gionien, le mal est naturel ; il est une composante de la vie, une chose vitale. On remarquera d'ailleurs qu'une fois le récit de **Thérèse** achevé, récit dans lequel elle avoue l'inavouable (meurtre de Firmin, ruine des Numance…), personne ne s'offusque de ses révélations. Réprimer le mal : un crime paradoxalement contre-nature dans cet univers romanesque ?

ESTHÉTIQUE ET POÉTIQUE DU MAL : LA BEAUTÉ DU MAL

À l'image du mouchoir dont Madame Numance va couvrir les narines du cheval de Madame Carluque (*Les Âmes fortes*, p. 101-102), le mal est "une chose de toute beauté". Séduisant et enchanteur, il invite à l'écriture et au discours.

Le mal, source d'inspiration

Loin d'être principe de "mort" comme sur le plan moral (*Profession de foi du Vicaire savoyard*, p. 48), le mal est au contraire principe de vie sur le plan esthétique ; il inspire et pousse à la création.

• **Le mal fait jouer**

Le thème du masque et de la comédie est récurrent dans les œuvres au programme. Le mal est invisible en ce qu'il se cache sous de fallacieuses apparences. Ainsi, Thérèse opère un travail d'actrice, de comédienne, pour parvenir à se faire passer pour une personne "méritant[e]" (p. 139), de "bonne volonté" (p. 137). La vertu devient le fard de Thérèse et Firmin, qui mettent en scène la première grossesse de Thérèse afin d'obtenir la charité et l'hospitalité auprès des villageois de Châtillon. Le tableau composé est religieux : c'est celui de la "Sainte Vierge" et du "forgeron de la paix" (p. 140). Le caractère artificiel de la conduite de Thérèse est sans cesse souligné par le "Contre" : "Elle est tellement forte qu'à certains endroits même on lui dit : "Asseyez-vous !" Firmin partage le haut de l'affiche avec Thérèse, puisque, comme elle, il sait "les doses de tout" (p. 140). Le lexique théâtral : jouer le tableau de la sainteté est un "exercice", réalisé avec "génie" par Thérèse, qui fait un véritable "triomphe" (p. 138-140). Pour prendre Madame Numance dans ses filets, Thérèse usera de la même rouerie en feignant le sommeil "tous les jours à [s]on talus" (p. 326). Madame Numance, émue par ce tableau pitoyable de la misère, adoptera Thérèse. À l'image du personnage de Laclos, la Marquise de Merteuil (dans *Les Liaisons dangereuses*), **Thérèse** est masque, dissimulation et hypocrisie.

Dans la tragédie de Shakespeare, **Lady Macbeth** entend elle aussi initier son mari à l'art de la comédie et de la dissimulation. Macbeth et sa femme prennent ainsi le masque de la vertu et de l'hospitalité pour mieux assassiner le vertueux roi Duncan. Ce dernier déplore en I, IV, qu'il n'y ait "Aucune science/Pour trouver par le visage la signifiance d'un esprit" ; il va bientôt voir sa maxime vérifiée. En effet, Lady Macbeth invite son époux à être d'une hypocrite affabilité pour recevoir Duncan : "Soyez pareil au temps, et portez bienvenue/en votre œil, votre main, votre langue, et semblez/comme l'innocente fleur mais soyez/Sous elle le serpent". Par conséquent, pour accomplir des projets maléfiques, la maîtrise de l'art de jouer est requise.

À l'inverse, c'est précisément parce que le **vicaire** n'a pas su feindre la chasteté qu'il a été chassé et banni : "[…] mon respect pour le lit d'autrui laissa mes fautes à découvert. Il fallut expier le scandale […]" (p. 52).

• **Le mal fait parler**

Les œuvres au programme bruissent de rumeurs et de commérages. Le mal inspire car il rend les protagonistes bavards. Dans la ***Profession de foi du Vicaire savoyard***, la disgrâce du Vicaire est accompagnée de "reproches" (p. 52).

De même, dans ***Macbeth***, les soupçons se portent rapidement sur le héros éponyme et sa femme : à demi-mots, on commence à sussurer que Macbeth serait responsable du meurtre de Duncan. Alors que dans la scène IV de l'acte II, les gardiens de la chambre royale sont clairement désignés comme coupables ("ROSS — Sait-on qui a commis cette plus que sanglante action ?/MACDUFF — Ceux-là que Macbeth a tués") à la scène VI de l'acte III, Lennox fait courir des rumeurs sur l'éventuelle culpabilité de Macbeth : "j'ai seulement dit/que les choses se sont étrangement passées. Le gracieux Duncan/Fut pleuré par Macbeth : hélas il était mort ; [...] Sur le champ, en sainte colère, ne mit-il [Macbeth] pas en pièces les deux coupables/Esclaves de la boisson et captifs du sommeil ? [...]". On parle, on écoute de "vagues propos" (III. V), on relaie les bruits qui courent.

Dans ***Les Âmes fortes***, le thème de la médisance est central et inaugural. Lors de la veillée funèbre, les vieilles femmes ne cessent de médire sur le compte du fils des Bertrand (p. 13) ou sur celui de la veuve joyeuse de Charmasson (p. 10). De même, on ne cesse de s'interroger sur le pourquoi des dettes de Madame Numance à Châtillon : "Tout le monde parlait : la cuisine, les femmes, les voyageurs" (p. 88). La forme du dialogue, récurrente dans le roman gionien, exhibe ce déploiement de la parole malveillante. Ainsi, Thérèse ne se contente pas d'aller en voyeuse observer la déchéance financière de Madame Numance (p. 89), elle échange à ce propos avec Paul le cantonnier (alternance de "Il me dit" et "Je lui dis", p. 89). Le mal est donc dit, raconté, narré ; "les patati et les patata" vont bon train (p. 63).

• Le mal fait imaginer

Le mal est une invitation à l'affabulation. C'est précisément ce que refuse Rousseau dans son texte. En effet, à l'inverse des manichéens, le philosophe des Lumières s'interdit de faire du mal un principe surnaturel ; à l'inverse de la théologie° monothéiste traditionnelle, il refuse d'en faire une puissance qui règnerait sur "le royaume des ténèbres". **Rousseau** écarte donc toutes ces images religieuses archaïques qui conduisent selon lui au délire imaginatif (p. 71-72).

À l'inverse dans le roman *Les Âmes fortes*, le mal alimente l'imagination. À écouter le "Contre", Thérèse n'est qu'une affabulatrice, qui déformerait la réalité pour la noircir pour la rendre plus romanesque. Ainsi, Thérèse se peint en prédatrice féroce et impitoyable, guettant et dévorant sans pitié ses proies. Au contraire, le "Contre" n'en fait nullement une femme toute tendue vers le mal mais une âme amoureuse et idolâtre de Madame Numance. Cette seconde narratrice ne cesse de rabrouer les prétentions de Thérèse, pour la priver de son statut de monstre. Ainsi, la mort de Firmin reçoit deux interprétations divergentes : pour le "Contre", elle est la vengeance d'une "âme forte" (p. 349) ; pour Thérèse, elle est l'acte de la plus sadique des héroïnes (p. 369-370). Par conséquent, pour le "Contre", Thérèse ne choisirait la voix du mal que parce qu'elle serait plus belle, plus romanesque. C'est d'ailleurs la voie qu'a choisie

Giono lui-même en écrivant *Les Âmes fortes* : comme nous l'avons souligné, longtemps, Thérèse n'a été qu'une femme bonne et innocente ; au fil du travail sur le texte, le romancier en a fait une ogresse maléfique pour rendre son personnage plus fort. Pour que l'imagination romanesque se déploie, il fallait la noirceur du mal.

Enfin, dans ***Macbeth***, les sorcières prédisent au héros éponyme son avenir (I. III) et plongent ce dernier dans une logique de la projection et de la prospection : "Si me veut roi Fortune,/sans que je bouge peut me couronner Fortune" (I. III). Son "cerveau fatigué" est dès lors condamné à être "occupé", voire saturé, "de peurs présentes" et "d'horribles imaginations" (I. III). Ainsi, le mal pousse sans cesse à l'invention.

Les beaux atours du mal

Le mal est plus éclatant que le bien, terne et "bonasse"
(*Les Âmes fortes*, p. 25).

• Figurations du mal

Le mal permet de beaux effets : il implique la figuration, la représentation. Ainsi, *Macbeth* regorge de tableaux apocalyptiques. Dans la scène inaugurale, le ciel de la "lande déserte" est déchiré par le "[t]onnerre" et les "éclairs" (I. I) ; les éléments déchaînés engendrent un bouleversement de l'ordre naturel : "le clair est noir, le noir est clair". Le chiasme oxymorique dit le désordre radical qui saisit le monde lors de l'apparition des sorcières (voir aussi, I, III, où le jour est dit "si clair et noir"). De la même manière, à partir du moment où **Macbeth** a commis le crime, la nature devient chaos : ainsi, le jour ne peut pas plus se différencier de la nuit que la culpabilité de l'innocence ("et d'après l'heure/C'est le jour, mais nuit noire éteint la lampe errante ;/Est-ce la force de la nuit, ou est-ce la honte du jour,/Que l'obscurité enténèbre la figure de la terre/Quand la lumière devrait l'embrasser ?", II. IV). C'est désormais une couleur grise qui domine, que ne troue aucune lumière. Ce tableau apocalyptique est parsemé de taches rouges de sang : à la scène IV de l'acte II, sous l'effet du mal, la nature elle-même semble devenir "contre-nature" : "ROSS — Et les chevaux de Duncan, chose sûre et très étrange/Rapides et beaux, mignons de leur race,/Ont repris nature sauvage, et brisé leurs stalles [...]. LE VIEIL HOMME — On dit qu'ils se sont dévorés/Entre eux". De même, la bonté de Duncan, qui, à sa mort, apparaît comme un saint, est soulignée par un contraste de couleur. En effet, alors que la nuit règne ("On fait des économies/Au ciel et leurs chandelles sont éteintes"), que le noir domine, le corps ensanglanté de Duncan brille dans l'obscurité ("Ici devant moi gît Duncan,/Sa peau d'argent brodée avec son sang doré", II. III). Ainsi, le discours moral dans la tragédie shakespearienne laisse place à la peinture d'une nature pervertie.

Dans le texte de **Rousseau**, la situation est parallèle mais inversée : c'est le bien – non le mal – qui loge dans un écrin naturel majestueux et apaisant : "Il [le vicaire] me mena hors de la ville, sur une haute colline, au-dessus de laquelle passait le Pô, dont on voyait le cours à travers les fertiles rives qu'il baigne ; dans l'éloignement, l'immense chaîne des Alpes couronnait le paysage [...]" (p. 50). La grandeur de Dieu, la splendeur divine, est figurée à travers l'éclat majestueux et la "magnificence" (p. 51) de la nature. Ajoutons néanmoins que, comme Shakespeare, pour dire le désordre d'un monde dominé par le mal, Rousseau recourt à des images spatiales : "La différence est que le bon s'ordonne par rapport au tout, et que le méchant ordonne le tout par rapport à lui. Celui-ci se fait le centre de toutes choses ; l'autre mesure son rayon et se tient à la circonférence". La pensée morale invite donc à la figuration chez Rousseau comme chez Shakespeare.

Chez Giono, dans *Les Âmes fortes*, la situation est similaire. Les narratrices (**Thérèse ou le "Contre"**) ne cessent d'éveiller dans l'esprit de l'auditoire des images éloquentes pour tracer le cadre dans lequel se déploie le mal. On relève ainsi à de nombreuses reprises le recours aux verbes à l'impératif "Imaginez", "Figurez-vous" (p. 65, p. 75) ou encore "Je te fais un autre tableau" (p. 121), qui souligne ce besoin de représenter le mal. Quand les villageois inventent à Madame Numance un amant, ils campent le décor supposé dans lequel auraient lieu les rendez-vous entre les deux amants : "On disait même qu'il y avait dans ces bois [...] une maison où ils se rendaient pour filer le parfait amour. Et que cette maison, alors là, il y avait tout ce qu'il faut. Et lits, et coussins, et tout.../Oui mais : non. C'était encore un truc. Alors on supprimait chevaux, maisons, relais." (p. 106). Dans les œuvres, le mal est donc figuré ; il appelle la description, la représentation.

• Le spectacle du mal

Plus encore, le mal est fondamentalement spectaculaire. Il est propice à l'expression hyperbolique et à l'emphase. Dans la *Profession de foi du **Vicaire savoyard***, un lyrisme exalté résonne quand le philosophe fait entendre sa réprobation du mal, vecteur de désordre. Les interrogations à valeur déplorative ("Où est l'ordre que j'avais observé ? ; Ô sagesse, où sont tes lois ?", p. 70 ; "Être bienfaisant, qu'est devenu ton pouvoir ?", p. 71) ainsi que les exclamatives emphatiques ("Le concert règne entre les éléments, et les hommes sont dans le chaos !", p. 70) soulignent le désarroi du Vicaire et son aspiration à un ordre social identique au bel ordre cosmique.

Ce lyrisme de la plainte se retrouve dans ***Macbeth*** : lors de l'apparition du spectre de Banquo (III. IV), le héros éponyme ne peut plus soutenir qu'avec effroi et lassitude la vue de celui qu'il vient de faire assassiner : "Et va-t-en, ombre terrible !/Irréelle moquerie, va t'en !".

Dans ***Les Âmes fortes***, le mal se dit aussi sur le mode de l'excès : la comparaison "méchant comme la gale" est usitée dans le roman pour dire l'ampleur de la noirceur des âmes humaines (p. 22). Le mal peine à être dit sur un mode mineur ; il invite à la grandiloquence et au spectaculaire.

Chez **Shakespeare**, la thématique du mal (récurrente dans ses tragédies) est choisie pour ses effets dramaturgiques forts et intenses. Dans *Macbeth*, les sorcières sont le mal. Dès le lever du rideau, elles captent l'attention du spectateur par leur ballet incessant ("Je viens", "On y va" ; "*Elles disparaissent*", I, I. Les images sont d'autant plus fortes que chaque apparition s'accompagne d'un folklore magique ("filtre", "chaudron", "tonnerre", "musique et chant"). Ainsi, les pensées mauvaises de Macbeth prennent une dimension concrète, plus séduisante qu'un monologue lyrique ou délibératif. Shakespeare donne à voir le parcours de Macbeth qui s'enfonce à chaque pas un peu plus profondément dans le Mal.

Dans ***Les Âmes fortes***, le mal est également mis en scène ; il n'est pas analysé mais montré. La scène de supplique désespérée de monsieur Numance devant Reveillard en est le parfait exemple :

> Mais on allait même jusqu'à répéter les mots même que Reveillard avait prononcés quand il avait dédaigneusement refusé de mettre un sou dans une entreprise aussi mauvaise que celle de monsieur Numance. Et comment il avait dit : "Monsieur, voici la porte !" Et comment monsieur Numance s'était alors mis à genoux et l'avait supplié. (p. 105)

Comme le souligne la narratrice, personne ne sait si cette scène est véridique car personne n'était là pour la voir ; néanmoins, c'est sous l'angle de la théâtralité qu'elle est imaginée, fantasmée ("truc des genoux, décor", p. 105).

Enfin, chez Rousseau, une même théâtralité du discours est exhibée dans le dialogue du raisonneur et de l'inspiré (p. 106-109). L'inspiré est grandiloquent : "L'entendement qu'il vous a donné ! Homme petit et vain ! Comme si vous étiez le premier impie qui s'égare dans sa raison corrompue par le péché !" (p. 106), mais cette grandiloquence sonne creux face au discours intelligent et décidé du raisonneur. Le personnage malfaisant de l'inspiré est ici ridiculisé, moqué, moquerie qui s'exhibe clairement dans le texte par le choix de la forme dialogique : celle-ci introduit une rupture formelle forte dans le discours du Vicaire. **Dans l'esthétique rousseauiste**, le mal se donne en spectacle et peut ainsi être ostensiblement pointé du doigt.

Entre répulsion et fascination : l'enchantement du mal

Si le mal inspire nos auteurs, c'est aussi par la force de l'effet qu'il produit sur le destinataire du discours, de l'œuvre. Le lecteur/spectateur oscille entre répulsion et fascination.

• Répulsion

Nombre de personnages des œuvres au programme peuvent apparaître comme des doubles de la figure du lecteur/spectateur horrifié par le mal et ses effets destructeurs. Ainsi, Macbeth se demande "pourquoi sursauter, sembler craindre/Des choses qui sonnent si beau" (I. III) lors de sa première rencontre avec les sorcières, tout comme il s'interroge pour savoir s'il doit "céder à l'idée/dont l'image d'horreur hérisse mes cheveux/Et fait que [s]on cœur bien assis frappe à [s]es côtes/Contre son mode naturel" (I. III). Face au mal, **Macbeth** ne peut que détourner le regard et aspirer à un aveuglement salutaire : "Ah que mes yeux/Me sortent de l'orbite !" (IV. I).

Pour **Rousseau**, l'homme éprouve une répulsion naturelle pour le mal :

> S'il n'y a rien de moral dans le cœur de l'homme, d'où lui viennent donc ces transports d'admiration pour les actions héroïques, ces ravissements d'amour pour les grandes âmes ? [...] Pourquoi voudrais-je être Caton qui déchire ses entrailles, plutôt que César triomphant ? [...] Que me font à moi les crimes de Catilina ? ai-je peur d'être sa victime ? Pourquoi donc ai-je de lui la même horreur que s'il était mon contemporain ? Nous ne haïssons pas seulement les méchants parce qu'ils nous nuisent, mais parce qu'ils sont méchants. (p. 85-86)

En vertu d'une bonté originelle et radicale de l'homme, le mal révulse ; au fond de son âme réside un "principe inné de justice et de vertu" (p. 87).

Enfin, dans ***Les Âmes fortes***, si la femme forte qu'est Thérèse ne répugne pas à faire le mal, les âmes faibles – celles des villageois ordinaires – sont terrorisées par le mal : l'entrevue entre monsieur Numance et Reveillard est "à faire dresser les cheveux sur la tête" (p. 105), tant Reveillard a fait preuve d'inhumanité et d'absence de pitié.

• Fascination : le charme du mal

Néanmoins, la répulsion pour le mal se double d'une étrange fascination. À nouveau, Macbeth incarne bien l'ambivalente et universelle attitude humaine face au mal. Nous venons de voir que le héros éponyme était effrayé des paroles maléfiques des sorcières ; cependant, il aspire à en entendre encore, à en entendre toujours plus. Ainsi, à la scène I de l'acte IV, il les supplie d'apparaître, de lui "[r]épond[re]" (p. 197) et de "[d]i[re]" (p. 199). De même, Banquo n'hésite pas à braver les Sœurs fatales : "Ah ! si vous pouvez voir dans les graines du temps,/Dire quel grain croîtra quel grain ne croîtra pas,/Parlez alors à moi" (I. III). Dans *Les Âmes fortes*, comme dans *Macbeth*, le charme du mal opère. Lors de la première rencontre des sorcières et de Macbeth, les Sœurs fatales assurent que "le charme va se faire" (I. III), c'est-à-dire que **Macbeth** va être séduit, envoûté, par leurs troublantes paroles (les sorcières s'expriment d'ailleurs en vers dans le texte shakespearien).

De même, le roman de **Giono** fait résonner une parole maléfique charmeuse : "Dites Thérèse, tout ça est bien joli mais ce que nous voudrions, nous, c'est la suite. Que ce soit une chose ou l'autre, laisse-la dire, toi". Ce qui importe, ce n'est pas la vérité mais le plaisir de la narration. Les vieilles de la veillée funèbre, à l'image du lecteur, sont ensorcelées par la parole de Thérèse. La parole se fait radicalement romanesque, en ce sens qu'elle congédie la vérité pour faire triompher l'imaginaire. Thérèse aime inventer et les autres aiment écouter des histoires, surtout si elles sont atroces. Ainsi, peu importe que Thérèse ait 89 ou 84, ou encore 96 ans ; que Châtillon soit un bourg endormi ou industrieux ; que Firmin ait bien été maréchal-ferrant... Ce qui compte, c'est le pouvoir d'enchantement de la parole.

Sur un mode différent chez **Rousseau**, on retrouve cette idée d'un mal charmeur et charmant : il est ce qui endort la "conscience°". Ainsi, le Vicaire en appelle au souvenir des temps anciens :

> L'ancien paganisme enfanta des dieux abominables, qu'on eût punis ici-bas comme des scélérats et qui n'offraient pour tableau de bonheur suprême que des forfaits à commettre et des passions à contenter. Mais le vice, armé d'une autorité sacrée, descendait en vain du séjour éternel, l'instinct moral le repoussait du cœur des humains. En célébrant les débauches de Jupiter, on admirait la continence de Xénocrate [...] La sainte voix de la nature, plus forte que celle des dieux, se faisait respecter sur la terre, et semblait reléguer dans le ciel le crime avec les coupables.

Il est donc au fond des âmes un principe inné de justice et de vertu, sur lequel, malgré nos propres maximes, nous jugeons nos actions et celles d'autrui comme bonnes ou mauvaises, et c'est à ce principe que je donne le nom de conscience (p. 87).

Par le passé, l'homme, encore pur, non encore corrompu par un ordre social perverti, ne cédait pas aux charmes maléfiques ; aujourd'hui, le Vicaire en appelle à un réveil de la conscience° pour que soit rompu le charme illusoire et pervers du mal. Qu'en est-il de cet appel en notre début de XXIe siècle ? Cette question ne peut trouver un début de réponse qu'en chacun de vous, de nous...

OUTILS

RESITUER

WILLIAM SHAKESPEARE, CHRONOLOGIE

1564 : naissance de William Shakespeare, fils de John Shakespeare et de Mary Arden, à Stratford-upon-Avon (Warwickshire).

1582 : mariage avec Anne Hathaway.

1583 : naissance de leur fille, Suzanne.

1585 : naissance des jumeaux Judith et Hamnet.

1585-92 : période connue sous le nom d'"années perdues" (on perd la trace de Shakespeare).

1592 : première mention de Shakespeare dans le monde du théâtre à Londres.

1593-1613 : période de production théâtrale, durant laquelle Shakespeare écrit une moyenne de deux pièces par an, alternant drames historiques, tragédies et comédies.

1594 : Shakespeare membre de la troupe du Lord Chambellan.

1596 : Shakespeare obtient le titre de gentilhomme et le droit de porter des armoiries.

1599 : construction du théâtre du Globe, dont Shakespeare est l'un des actionnaires.

1603 : mort de la reine Elizabeth Ire et accession au trône de Jacques Ier Stuart ; la troupe de Shakespeare prend le nom de Comédiens du roi (*King's Men*).

1603-04 : *Othello*.

1604 : *Mesure pour Mesure*.

1605 : Échec de la conspiration des Poudres (*Gunpowder's plot*), tentative d'attentat contre le roi.

1605-06 : (révisée en 1610) *King Lear*.

1606 : *Macbeth*.

1610 : Shakespeare s'installe à Stratford.

1616 : mort de Shakespeare.

1623 : un monument lui est élevé dans l'église de la Sainte-Trinité ; publication posthume, à l'initiative de ses amis John Heminge et Henry Condell, de la première édition complète de ses œuvres dramatiques en un volume in-folio (grand format réservé aux ouvrages prestigieux).

JEAN-JACQUES ROUSSEAU, CHRONOLOGIE

1712 : naissance de Rousseau à Genève d'un père horloger, citoyen de Genève, mort de sa mère.

1722 : départ du père de Jean-Jacques qui est mis en pension chez le pasteur Lambercier.

1724-1728 : détour à Genève de Jean-Jacques qui y fait différents apprentissages.

1728 : il quitte Genève après avoir trouvé les portes de la ville fermées et va à Annecy chez Madame de Warens, de plusieurs années son aînée, qu'il appellera "maman" tout en entretenant une relation amoureuse avec elle. La même année, il va à Turin au monastère des catéchumènes du San Spirito où il se convertit du protestantisme au catholicisme.

1729-1737 : vit chez Madame de Warens à Annecy.

1737-1741 : Madame de Warens s'éloigne de Rousseau suite à un accident qui a failli lui coûter la vue. Il est précepteur à Lyon chez M. de Mably (philosophe important).

1742-1755 : années parisiennes et ascension de Rousseau qui tour à tour propose un nouveau système pour "solfier" (notation musicale), devient secrétaire de l'ambassadeur à Venise (**1743**), rencontre les philosophes (Diderot, Voltaire, Condillac, Grimm, d'Holbach…), devient secrétaire de Dupin (**1746**), fermier général, écrit ses premiers discours (*sur les sciences et les arts* (**1750**), *sur l'origine et les fondements de l'inégalité parmi les hommes* (**1755**)) et compose un opéra qui obtient la faveur de la cour (*Le Devin du village*, **1752**).

1745 : rencontre avec Thérèse Levasseur qui restera sa compagne le reste de sa vie ; il abandonne aux Enfants-trouvés les cinq enfants issus de cette union.

1756-1762 : Rousseau s'éloigne de la ville pour vivre en solitaire à Montmorency où il rédigera ses œuvres principales (*La Nouvelle Héloïse* (**1760**), *Émile* (**1762**), *Le Contrat social* (**1762**)). Il commence également à rédiger son autobiographie, *Les Confessions* (entreprise de justification).

1762-1770 : période de pérégrinations pour fuir ses différents ennemis (les religions qui se considèrent insultées par la *Profession de foi du Vicaire savoyard* et le chapitre sur la "religion civile" du 4e livre du *Contrat social*, les gouvernements qui se sentent menacés tant par les idées politiques que religieuses de Jean-Jacques et les philosophes auprès desquels il a fini de se brouiller en cette période). Il s'installe à Môtiers (territoire prussien) puis erre plusieurs années avant de revenir à Paris en **1770**.

1765 : Rousseau séjourne en Angleterre chez le philosophe David Hume, avec lequel il ne tarde pas à se brouiller.

1767 : lettre à Mirabeau à qui il dit qu'il ne souhaite plus s'attacher sérieusement aux questions philosophiques qui ont agité sa vie.

1768 : mariage tardif avec Thérèse Levasseur.

1771-1778 : fin de la vie de Rousseau durant laquelle il rédige ses derniers textes (il a terminé ses *Confessions*, il écrit les *Dialogues* et les *Rêveries du promeneur solitaire*), s'adonne à la musique et à la botanique.

1794 : le Panthéon transformé en temple laïque accueille la dépouille de Jean-Jacques.

JEAN GIONO, CHRONOLOGIE

1895 : naissance à Manosque, en Haute-Provence. Fils d'un cordonnier anarchiste d'origine italienne et d'une repasseuse.

1911 : interrompt ses études à seize ans. Employé dans une banque, il poursuit sa formation intellectuelle en autodidacte.

1915 : incorporé dans la Première Guerre mondiale (jusqu'en 1919). Refuse désormais de reconnaître le patriotisme comme valeur ; début de son pacifisme intégral (*Le Grand Troupeau*, dénonciation de la guerre en 1931).

1929 : succès de *Colline*, qui révèle le nom et l'œuvre de Giono aux milieux littéraires parisiens. *Colline* est suivi d'*Un de Baumugnes* et de *Regain* (1930). Ces trois romans forment la *Trilogie de Pan*. Giono renonce à toute autre activité professionnelle pour se faire pleinement écrivain.

1932 : *Jean le bleu*, récit d'inspiration autobiographique.

1934 : dans *Aux sources mêmes de l'espérance*, Giono assume son rôle de "professeur d'espérance" pour tous les jeunes gens inquiets du contexte économique et politique : crise de 1929, montée des fascismes en Europe. Giono crée dans la ferme du plateau du Contadour une vie communautaire, fondée sur l'antifascisme et sur le pacifisme (préfiguration, en partie, des mouvements hippies autour de 1968). Il publie de grandes épopées romanesques, fondées sur le double modèle antique d'Homère et de Virgile.

1934 : *Le Chant du monde*.

1935 : *Que ma joie demeure*.

1937 : *Batailles dans la montagne*.

1939 : arrestation et emprisonnement pendant deux mois à Marseille en raison de son pacifisme. Libération grâce à l'appui des milieux littéraires (André Gide). Dispensé de toute obligation militaire, il reprend son activité d'écrivain. Il laisse publier son roman *Deux Cavaliers de l'orage* dans un journal collaborationniste.

1944 : emprisonné sept mois au moment de l'épuration, accusé d'avoir été le chantre du "retour à la terre" et le soutien du régime du maréchal Pétain. Ces accusations, fondées sur un contresens dans la lecture de son œuvre, plongent Giono dans une amertume profonde qui imprègne ses romans d'après-guerre. Il cultive le repli individualiste, un amoralisme° nourri par sa culture libertaire et son athéisme, une méfiance face aux systèmes moraux, politiques, religieux.

1947 : *Un roi sans divertissement* inaugure la seconde "manière" du romancier, dont les influences sont désormais à chercher du côté du roman moderne anglais ou américain (Melville, dont Giono traduit *Moby Dick*, Faulkner). Ellipses, narration éclatée entre les points de vue, morale énigmatique. Ce nouveau roman inaugure le cycle des **"Chroniques"** qui s'étend jusqu'à la mort de Giono et comprend *Noé*, *Le Moulin de Pologne*, ***Les Âmes fortes*** **(écrit en 1949, publié en 1950)**, *Les Grands Chemins*, *Le Déserteur*, *Ennemonde et autres caractères*, *L'Iris de Suse*. Giono se passionne pour les faits divers et les affaires criminelles.

1951 : début du cycle du hussard, avec *Le Hussard sur le toit*, puis *Le Bonheur fou* (1957) et *Angelo* (1958). Le modèle romanesque est cette fois l'œuvre de Stendhal, en particulier *La Chartreuse de Parme*.

1970 : mort de Jean Giono à Manosque.

PARCOURIR

RÉSUMÉ DE *MACBETH*

La pièce s'ouvre sur les incantations de trois sorcières, qui annoncent l'inversion, ou pour mieux dire la confusion et l'indifférenciation de toutes choses dans une formule énigmatique, "Le clair est noir le noir est clair" (I.1, p. 49), à laquelle fait écho la réflexion de Macbeth au soir d'une rude bataille dont il sort victorieux, "Un jour si noir et clair je n'en ai jamais vu" (I.3, p. 61). Les sorcières lui prédisent qu'il deviendra baron de Cawdor, puis roi, tandis que son ami Banquo donnera naissance à une lignée de rois. La première prophétie se trouve rapidement vérifiée dans la même scène : Macbeth, en récompense de ses victoires au service du roi Duncan, se voit conférer le titre du baron de Cawdor, déchu pour félonie. Troublé par cette réalisation de la première prédiction, Macbeth ne peut s'empêcher de songer aux moyens de hâter la deuxième, secondé activement par son épouse Lady Macbeth (I.5).

Une visite du roi Duncan à son château lui fournit l'occasion d'assassiner son hôte royal (I.6) ; ses hésitations, exprimées dans un long monologue, sont balayés lors du dialogue qui suit avec son épouse (I.7). La vision d'un poignard ensanglanté apparaît à son "cerveau accablé de vapeurs" (II.1, p. 103). Macbeth commet "l'acte" fatal dans une sorte d'état de transe, tandis que Lady Macbeth maquille la scène de façon à diriger les soupçons vers les gardes de Duncan (II.2). Le meurtre est découvert ; les princes Malcolm et Donalbain, pressentant un sort funeste, prennent la fuite, ce qui les désigne comme suspects (II.3). C'est ainsi que Macbeth devient roi ; mais à peine est-il sur le trône qu'il songe à la menace que constitue Banquo, qui selon la troisième prophétie doit donner naissance à une lignée de rois. Dès lors, il n'a plus qu'un souci : le faire assassiner, ainsi que son fils Fléance (III.1). Mais ce dernier réussit à s'enfuir (III.3), et le spectre de Banquo vient hanter Macbeth (III.4), qui retourne auprès des sorcières pour être rassuré sur son avenir (IV.1).

Une apparition lui recommande de craindre Macduff ; une seconde lui annonce que nul homme né d'une femme ne pourra le vaincre ; une troisième l'assure qu'il ne sera pas menacé tant que la forêt de Birnam ne montera pas à la forteresse de Dunsinane. Apprenant que Macduff s'est enfui en Angleterre, Macbeth fait égorger son épouse et ses enfants (IV.2). Mais le répit est de courte durée : Macduff et Malcolm sont allés chercher du renfort en Angleterre contre le tyran sanguinaire (IV.3), et une succession de courtes scènes (V.2, 4, 5, 6, 7) permet de suivre la progression de leurs hommes, dissimulés derrière des branchages de la forêt de Birnam, à l'assaut de la forteresse de Dunsinane, tandis que parvient la nouvelle de la mort de Lady Macbeth (V.5). Dès lors, c'en est fait de Macbeth qui, “gorgé d'horreurs” (p. 271) et “lassé du soleil” (p. 273), apprend, juste avant d'être tué par Macduff, que ce dernier a été arraché avant terme au sein de sa mère (V.8). La tragédie se termine sur l'annonce du couronnement de Malcolm (V.9).

RÉSUMÉ DE LA *PROFESSION DE FOI DU VICAIRE SAVOYARD*

Vicaire savoyard : il est le locuteur du discours. C'est un personnage fictif qui a été rencontré par un personnage extérieur au roman *Émile* et dont on rapporte les propos au Livre IV. Dans le dispositif éducatif d'Émile, un discours analogue à celui du Vicaire aurait pour fonction d'éveiller en lui des sentiments moraux et religieux. Certains estiment qu'il est inspiré d'un personnage réel (l'abbé Gâtier ou l'abbé Gaime) mais il est plus sensé de lui conserver son caractère fictif. Le vicariat est le plus bas degré dans la hiérarchie des ministères religieux catholiques, en dessous de la cure. Il n'est pas anodin que Rousseau choisisse un tel personnage simple qui n'est doté d'aucune position de supériorité et d'autorité. Émile devrait pouvoir se sentir dans une relation d'égalité à son égard. Il se considère comme ignorant et ne cherche pas à imposer un savoir, mais à rendre sensible sa foi. Le Vicaire n'est pas Rousseau, bien que Rousseau ait affirmé que sa profession de foi était la sienne.

Émile : Émile est l'élève à qui s'adresse indirectement le discours du Vicaire (car le discours du Vicaire est un discours rapporté). Il n'est donc pas directement présent même à titre d'auditeur dans le texte. *Émile* a décrit toutes les étapes de la formation de l'enfant depuis sa naissance, le quatrième livre où se situe la *Profession de foi* est celui de l'adolescence, de l'apprentissage de l'amour, des sentiments moraux et des principes politiques. Émile a environ quinze ans au moment où il peut recevoir un discours comme la *Profession de foi*. Le discours du Vicaire est adapté à la forme d'esprit d'un adolescent plein d'enthousiasme et d'un surcroît de force et de sentiments.

La construction de la *Profession de foi* est celle d'un Discours, donc il ne faut pas s'attendre à trouver, dans un résumé, une série narrative d'événements mais plutôt une suite organisée d'idées visant à convaincre et à persuader du bien-fondé d'une thèse. Le Vicaire dit qu'il ne démontre pas mais il a bien une thèse qui est la suivante : il n'y a qu'une religion, c'est la religion du cœur, la religion naturelle°. Voyons comment il l'expose et la défend.

Rousseau construit son discours en deux grandes parties :

"La première, qui est la plus grande, la plus importante, la plus remplie de vérités frappantes et neuves, est destinée à combattre le moderne matérialisme, à établir l'existence de Dieu et la religion naturelle avec toute la force dont l'auteur est capable" (Lettre de Rousseau à Christophe de Beaumont, archevêque de Paris, Jean-Jacques Rousseau, *Œuvres Complètes,* vol. IV, Paris, Gallimard, 1969, p. 996).

Le Vicaire défend l'idée que la conscience morale° n'est pas le fruit des préjugés, des coutumes et de l'éducation mais d'un sens moral naturel. C'est cette conscience morale qui est la seule source recevable de la vraie foi et le seul guide sûr de l'homme.

Il commence par montrer comment le doute qu'il subit sur le sens de la vie et les principes moraux à suivre le conduit à prendre conscience du fait que la seule chose certaine en lui est l'expérience de soi-même et du monde (le sentiment de soi est en même temps le sentiment du monde). Il n'y a donc pas de pure objectivité, le monde est toujours pris dans l'expérience que l'on en fait, teinté de sentiment.

Mais le "moi" se détache du reste des expériences parce qu'il est une force active qui pense et qui choisit. Au contraire, tout ce qui ne fait que subir est passif et matériel. Rousseau en déduit donc qu'il y a dans l'univers également, outre la matière passive et mécanique, une puissance originaire active, une volonté, qui est la cause du premier mouvement (premier dogme).

Mais, comme ce mouvement ne se fait pas au hasard, se fait selon un sens, des lois et une harmonie, c'est bien qu'il y a une intelligence qui est source de cet ordre (deuxième dogme).

Pourtant, les sociétés humaines ne sont pas à l'image de cette harmonie : tout n'y est que désordre. Cela montre que la volonté humaine peut résister à l'ordre de la nature° et qu'elle peut se donner ses propres lois y compris à son détriment. L'homme est donc libre (troisième dogme). Il est l'auteur du mal (compris comme désordre) qu'il fait librement.

Mais, l'homme est un être naturel, il a donc, en plus de la liberté, en lui, en caractères ineffaçables, un sentiment naturel du bien et du mal par lequel il doit se laisser orienter. C'est la conscience morale°, "instinct divin". C'est de là qu'il peut espérer tout vrai bonheur. Alors que le méchant qui ne jouit que d'un bonheur factice suit des idées fausses et artificielles de la société.

Suit une courte transition.

"La seconde [partie], beaucoup plus courte, moins régulière, moins approfondie, propose des doutes et des difficultés sur les révélations en général, donnant pourtant à la nôtre sa véritable certitude dans la pureté, la sainteté de sa doctrine et dans la sublimité toute divine de celui qui en fut l'auteur" (*ibid.*)

Le Vicaire commence par remettre en cause, de manière polémique, les religions et ceux qui s'en prétendent les émissaires (dialogue absurde entre l'inspiré et le raisonneur, critique des trois religions principales d'Europe : christianisme, judaïsme, islam).

Le Vicaire revendique une foi indépendante des religions, fondée non sur un savoir abstrait mais sur la sensibilité naturelle. Il distingue, la foi de la religion°. Il en appelle à la tolérance religieuse.

Il explique les variations entre les rites et les formes religieuses par référence à l'histoire, aux coutumes et aux climats. Ces formes religieuses sont les habits contingents, multiples et variables de la foi qui, elle, est unique et identique pour tous quand elle est sincère et naturelle.

En conséquence le Vicaire considère que les religions, entre lesquelles on ne peut trancher, ne peuvent que s'inscrire dans l'ordre politique où elles se déploient et que les fidèles doivent suivre la religion de leurs pères et cultiver en eux une foi sincère.

RÉSUMÉ DES *ÂMES FORTES*

Une veillée funéraire, l'espace-temps d'une nuit en huis-clos, des vieilles femmes et un mort, dans la pièce à côté. Le récit est entièrement formé du dialogue de ces aïeules, tissant comme en une broderie les bribes d'autres récits, alternant les points de vue divergents sur les mêmes événements, ouvrant des pistes vers une vérité qui se dérobe, fatalement brouillée par d'autres pistes entrouvertes et d'autres vérités possibles… Bref : ce roman ne saurait être résumé, c'est-à-dire ramené à une structure simple et à une intrigue ordonnée selon son dénouement. Ce serait commettre un contresens, trahir à la fois le plaisir offert par le récit et les leçons de la fiction. Des fils, toutefois, peuvent être ressaisis. Posons déjà le cadre : les premiers contreforts des Alpes, 1949, trois femmes veillent, bavardent et se souviennent, un mort (le "pauvre Albert") est à côté.

Le **premier fil** dont le lecteur peut s'emparer est celui d'une histoire romanesque et touchante, qui voit une jeune fille, Thérèse (l'une des vieillardes de la veillée, plongée dans son passé), fuir avec son amoureux Firmin, apprenti forgeron. Tous deux veulent trouver en une autre contrée, loin de la famille et de l'emploi au château de Percy, une vie meilleure. C'est à Châtillon que Thérèse trouve à se placer, dans une auberge d'où elle observe toute la vie de la bourgade. Elle découvre le mystérieux drame des Numance, riche couple acculé à la faillite – par les amours adultères dispendieuses de Madame Numance ?

Mais cette histoire, portée par la voix de Thérèse, est trop belle pour être vraie. Elle se trouve démentie – déconstruite – par d'autres récits de la veillée, portés par une "contre-voix". Ces autres récits esquissent d'autres histoires, souvent brutales et sordides, faites d'incendies et de morts, d'héritages convoités et de trahisons rusées. Tout était donc faux dans le récit de Thérèse ? La narratrice antagoniste déroule un **deuxième fil**. Firmin occupe dans ce contre-récit le premier plan. Il ourdit un plan pour dépouiller les Numance, usant du désir de maternité de Madame Numance à qui il offre littéralement Thérèse comme fille de substitution. Firmin manipule les Numance jusqu'à leur faire souscrire une fausse reconnaissance de dette en sa faveur. M. Numance meurt en apprenant la nouvelle et sa femme disparaît. Ce deuxième fil mène à une autre vérité, qui ne saurait, selon la loi des voix alternées et le relativisme° qui gouvernent le roman, constituer la Vérité. Tout reste affaire de représentation…

En effet, Thérèse reprend la main et la parole pour tendre le **troisième fil**. Elle apparaît ici comme la protagoniste d'une histoire beaucoup moins belle et bien plus troublante que la première. Depuis son auberge, elle scrute ses proies et manipule ce benêt de Firmin, puis finit par fondre sur Madame Numance pour la vampiriser. Selon cette version, le calcul, la détermination, la volonté ont amené cette "âme forte" à s'enrichir et à gouverner son monde, à devenir elle-même hors de toute limite morale. Thérèse a su exploiter la faiblesse des époux Numance, la générosité sans limite de ce couple sans enfants, vouant leur vie à faire le bien – la force d'âme des Numance consiste à suivre résolument leur passion généreuse.

La voix "contre" achève à sa manière le récit, en un **quatrième fil** de la toile romanesque. L'autre visage de Thérèse réapparaît. Désespérée par la disparition de sa bienfaitrice, elle construit sa vengeance contre Firmin, responsable de la perte de son aimée. Thérèse a alors quitté Châtillon pour Clostre, où elle tient un café, avant de travailler dans la cantine d'un chantier de construction à Lus-la-Croix-Haute.

Thérèse conclut à sa façon : le **cinquième fil** rapporte l'accident, machiné par elle, dont est victime Firmin. Telle est du moins l'une des dernières images possibles de Thérèse, la monstrueuse, dans les miroirs de ce roman : les retournements du dialogue et des points de vue ont fait miroiter en Thérèse comme chez les Numance d'autres reflets…

SE RAPPELER

MACBETH, LES PERSONNAGES

Les Sorcières/Sœurs Fatales : au nombre de trois, forment une sorte de trinité maléfique, mi-terrifiante mi-grotesque ; associées au tonnerre et aux éclairs, à la pluie, aux vents, à la tempête et à la nuit, elles sont les représentantes du destin et incarnent à la fois la nécessité inéluctable et le caprice erratique. Elles prédisent à Macbeth qu'il sera roi et à Banquo qu'il donnera naissance à une lignée de rois. Les réactions des deux amis aux prédictions des sorcières sont très différenciées : alors que Banquo ne leur accorde qu'un pouvoir limité, Macbeth semble comme arraché au monde réel et s'emploie à tout faire pour que les prophéties se réalisent.
Banquo : baron écossais, ami de Macbeth.
Cawdor : baron écossais, coupable de trahison, mais dont la mort empreinte de dignité contraste avec le comportement de Macbeth à mesure qu'il s'enfonce dans le mal.
Donalbain : fils cadet de Duncan, fuit en Irlande.
Duncan : roi d'Écosse, incarnation de la douceur, de l'équité, de l'honneur et de la grâce.
Édouard : le très pieux roi d'Angleterre, dont la bénédiction guérit miraculeusement les écrouelles.
Fleance : fils de Banquo.
Lady Macbeth : de résolution plus ferme que son mari, qualifiée de “démon de reine”, révèle peu à peu quelques failles qui évolueront jusqu'à la folie.
Macbeth : général de Duncan, baron de Glamis puis de Cawdor, et enfin roi d'Écosse.
Macduff : baron de Fife.
Malcolm : fils aîné et héritier de Duncan ; s'enfuit en Angleterre après le meurtre de son père par Macbeth.

LES ÂMES FORTES, LES PERSONNAGES

Albert : le mort qui est veillé.

Berthe : troisième vieille femme.

Monsieur et Madame **Carluque** : riches entrepreneurs.

Monsieur et Madame **Charmasson** : châtelains de la première place occupée par Thérèse.

"Contre" : voix de l'une des autres commères présente à la veillée et qui interrompt de façon contradictoire le récit de Thérèse.

Firmin : le jeune homme avec lequel Thérèse a fui à Châtillon et avec lequel elle s'est mariée. Débrouillard et rusé, il est en fait manipulé puis éliminé par Thérèse.

Gourgeon : maréchal-ferrant qui accueille Thérèse et Firmin à Châtillon.

Le muet : postillon, doux et beau gaillard, amant de Thérèse.

Madame Numance : bourgeoise cossue de Châtillon chez laquelle va travailler Thérèse ; elle la traitera comme une fille adoptive jusqu'à s'en ruiner.

Monsieur Numance : époux affable de Madame Numance qui meurt en apprenant sa ruine.

Rampal : entrepreneur qui dirige les travaux du chantier sur lequel Firmin meurt et amant de Thérèse.

Reveillard : homme louche, prêteur qui profite de la détresse financière d'autrui.

Rose : seconde vieille femme.

Thérèse : vieille femme qui veille un mort, en compagnie de deux autres commères. Elle raconte l'histoire de sa vie, depuis sa fuite du château de Percy, où elle était placée. On lui donnerait d'abord le bon Dieu sans confession mais elle se révèle peu à peu une incarnation du mal.

GLOSSAIRE DES AUTEURS ET FIGURES HISTORIQUES

Abel et Caïn : Caïn est un personnage de la Bible et du Coran. Fils aîné d'Adam et Ève, il est considéré dans la tradition judéo-chrétienne comme le premier meurtrier de l'histoire humaine en tuant par jalousie son frère cadet, Abel.

Arendt, Hannah (1906-1975) : philosophe juive allemande naturalisée américaine, qui a consacré l'essentiel de son œuvre à la compréhension du totalitarisme et de la condition de l'homme moderne. Elle est aussi connue pour son livre *Eichmann à Jérusalem*, publié suite au procès d'Eichmann en 1961, où elle s'interroge sur la "banalité du mal".

Aristote : philosophe grec d'origine macédonienne du IVe siècle avant notre ère, disciple de Platon°, fondateur du Lycée à Athènes. Il conçoit la philosophie comme la totalité ordonnée du savoir humain. La Nature tend pour lui à une finalité : dans l'ordre hiérarchique des espèces vivantes, l'homme, doué de raison, occupe le sommet. Il est également l'auteur de traités de morale (*Éthique à Nicomaque*) et de politique, ainsi que d'une *Poétique* classant les genres littéraires.

Atrides (Les) : les Atrides sont les descendants d'Atrée, dans la mythologie grecque. Cette famille est maudite par les dieux, à cause du crime odieux perpétré par Atrée sur son frère jumeau Thyeste, à qui il a servi ses propres enfants à manger au cours d'un festin. Le destin des Atrides est alors marqué par le parricide, l'infanticide et l'inceste. Seul Apollon interrompra le cycle de la violence en faisant juger Oreste, le matricide, sur la colline de l'Aréopage, par le premier tribunal criminel de la cité d'Athènes. Le mythe des Atrides a inspiré de nombreuses tragédies antiques, mais aussi modernes (Giraudoux, Sartre).

Bataille, Georges (1897-1962) : auteur français qui donna naissance à une œuvre originale et variée souvent articulée autour des notions d'érotisme et de transgression.

Caïn : voir Abel et Caïn.

Calderón, Pedro (1600-1681) : jésuite et poète dramatique espagnol, auteur de nombreuses pièces de théâtre, dont *La Vie est un songe*, illustration du libre arbitre par lequel l'homme peut choisir le bien.

Camus, Albert (1913-1960) : romancier, dramaturge et philosophe français, qui a consacré son œuvre à la prise de conscience de l'absurdité, de l'absence de sens du monde et de la vie. Selon lui, cette prise de conscience existentialiste est une victoire de la lucidité sur le nihilisme :

l'homme peut donner un sens à l'existence et conquérir sa liberté par la révolte contre sa condition et contre l'injustice. Principales œuvres : *L'homme révolté*, *Le mythe de Sisyphe*, *L'étranger*, *La Peste*, *La Chute*.

Clarke, Samuel (1675-1729) : penseur anglais et théologien dont l'ouvrage le plus connu qui eut un fort écho au XVIIIe, fut traduit en 1727 sous le titre : *Traités de l'existence et des attributs de Dieu, de devoirs de la religion naturelle et de la vérité de la religion chrétienne*. Il est considéré, par le Vicaire, comme l'annonciateur du théisme et de la religion naturelle.

Descartes, René (1596-1650) : philosophe rationaliste du XVIIe, mathématicien, métaphysicien, physicien. Rousseau s'y réfère surtout (a) pour sa démarche qui, par le doute, prétend trouver une certitude première et inébranlable mais là où Descartes trouve des idées "claires et distinctes", le Vicaire en cherche de faciles et de simples, (b) pour sa doctrine des lois de la nature qui tend, selon Rousseau, à faire de la nature un mécanisme aveugle alors qu'elle est, pour lui, une harmonie finalisée.

Dracula : du latin *draco,* qui a donné "dragon" ou "diable", personnage littéraire inspiré d'un personnage réel, Vlad III (1431-1476), prince roumain particulièrement barbare.

Épicure : philosophe grec du IIIe siècle avant notre ère, fondateur de l'épicurisme, l'une des plus importantes écoles philosophiques de l'Antiquité. Sa doctrine est un eudémonisme (une recherche du bien et de la sagesse). Pour lui, le souverain bien est le plaisir, défini essentiellement comme "ataraxie" ou absence de douleur physique et morale.

Faust : inspiré par un personnage historique de la Renaissance allemande, ce mythe résume l'histoire de la soumission de l'homme au mal, sous la forme d'un pacte avec le Diable, au nom de la soif de connaissance ou de la soif de pouvoir. Parmi ses innombrables adaptations littéraires les plus influentes sont celles du dramaturge anglais Marlowe (1594) et de Goethe (1790).

Freud, Sigmund (1856-1939) : médecin neurologiste viennois, fondateur de la psychanalyse, dont il sera le principal théoricien. À partir d'une analyse du rêve, il développe les concepts d'inconscient (Moi, Ça et Surmoi), de névrose, de narcissisme. Pour lui l'homme est tiraillé entre deux pulsions nécessaires, la pulsion de vie et la pulsion de mort. Freud a beaucoup travaillé sur les mythes fondateurs, en particulier celui d'Œdipe (complexe d'Œdipe).

Frankenstein : héros de *Frankenstein ou Le Prométhée moderne*, roman publié en 1818 par la jeune Britannique Mary Shelley qui explore la tentation de devenir Dieu en créant un homme – en fait un monstre plein de haine pour celui qui lui a donné une vie de tourments.

Gide, André (1869-1951) : romancier français, dont les œuvres traitent de la volonté de liberté et d'affranchissement à l'égard des contraintes morales et puritaines de la bourgeoisie. Ses principales œuvres sont *Les Nourritures terrestres*, *L'Immoraliste*, *La Porte étroite*, *Les Caves du Vatican*, *Les Faux-Monnayeurs*. Gide et Giono étaient liés par une grande amitié.

Hobbes, Thomas (1588-1679) : philosophe anglais. Son œuvre majeure, le *Léviathan,* a eu une influence considérable sur la philosophie politique moderne, par sa conceptualisation de l'état de nature ("l'homme est un loup pour l'homme") et du contrat social, conceptualisation qui fonde les bases de la souveraineté de l'État. Le *Léviathan* a largement influencé les thèses libérales et le "réalisme" politique moderne.

Job : héros du *Livre de Job* (Ancien Testament). Job est le symbole du Juste dont la foi est mise à l'épreuve par Satan avec l'accord de Dieu.

Kant, Emmanuel (1724-1804) : sans doute le plus grand philosophe allemand. Il revendique la philosophie des Lumières pour sa remise en cause de tous les préjugés et son exigence de liberté, de raison et de dignité humaine. Moraliste exigeant, il définit l'"impératif catégorique" comme une maxime universelle, juste, que nous devons appliquer quoi qu'il nous en coûte : "Agis de façon telle que tu traites l'humanité, aussi bien dans ta personne que dans tout autre, toujours en même temps comme fin, et jamais simplement comme moyen".

Kierkegaard, Soren (1813-1855) : philosophe et théologien danois partisan d'une foi individuelle. Pour lui, les autorités ecclésiastiques incarnent l'hypocrisie et brident toute pratique personnelle de la foi.

Leibniz, Wilhelm Gottfried (1646-1716) : philosophe, métaphysicien, juriste et mathématicien allemand. Il a proposé une conception du monde comme Création basé sur le double principe de l'harmonie préétablie et de l'optimisme. Ainsi, dans les *Essais de Théodicée,* il a proposé l'idée que Dieu avait conçu un monde dans lequel il y avait le plus de bien pour le moins de mal, un monde "optimisé" ou "le meilleur possible". Rousseau qui ne le cite jamais directement s'en inspire pour sa conception de la nature comme harmonie et de Dieu comme non responsable du mal. Mais, Jean-Jacques est beaucoup plus pessimiste que Leibniz concernant l'homme.

Lévi, Primo (1919-1987) : écrivain italien, l'un des plus célèbres survivants de la Shoah. Docteur en chimie, il fut arrêté comme juif et résistant, et emprisonné à Auschwitz en 1944. Rescapé de ce camp de la mort, il rédigea son témoignage, *Si c'est un homme* (1946), ouvrage décrit comme l'une des œuvres les plus importantes du XXe siècle.

Machiavel, Nicolas (1469-1527) : penseur italien de la Renaissance, théoricien de la politique, de l'histoire et de la guerre, conseiller de Laurent II de Médicis, et auteur de l'ouvrage *Le Prince* (1532), manuel à l'usage du dirigeant. Sans illusions sur la nature humaine, Machiavel considère que la politique se caractérise par le conflit et la rupture. Au Prince de savoir faire preuve de "vertu" (c'est-à-dire de capacité réactive) pour prendre, stabiliser et conserver le pouvoir, quitte à gouverner par la ruse ou la force mais en évitant l'anarchie, qui est un plus grand mal pour la société. C'est donc une politique du moindre mal.

Médée : personnage particulièrement sombre de la mythologie grecque. Magicienne, elle aide Jason à conquérir la Toison d'or, et l'épouse. Rendue folle de jalousie par la trahison de Jason, qui la quitte pour une autre femme, elle égorge ses propres enfants.

Montaigne, Michel Eyquem de (1553-1592) : philosophe sceptique surtout connu pour ses *Essais*. Il a transformé le "je ne sais pas" des sceptiques en "que sais-je ?". Rousseau s'y réfère à deux titres : (a) explicitement, pour contredire son relativisme, (b) implicitement, pour défendre le même point de vue humaniste d'une éducation qui cherche à former plus qu'à déformer, qui privilégie l'expérience et l'exercice raisonné sur la culture livresque.

Nietzsche, Friedrich (1844-1900) : philosophe et philologue allemand du XIXe siècle, théoricien de la volonté de puissance (capacité à accomplir tout ce qui est en puissance en chaque individu) et de la supériorité de la vie sur la pensée et sur les limites imposées par la morale, notamment chrétienne : *Par-delà le bien et le mal*, *La généalogie de la morale*.

Pascal, Blaise (1623-1662) : mathématicien, physicien, philosophe, moraliste et théologien français. Après une expérience mystique à la fin de 1654, il délaisse les mathématiques et la physique et se consacre à la réflexion philosophique et religieuse. Il écrit pendant cette période les *Provinciales* et les *Pensées*, en séjournant chez les jansénistes de l'abbaye de Port Royal. Son œuvre est une "Apologie de la religion chrétienne", la foi étant le seul moyen selon lui d'échapper au néant, à la vanité de la vie, et au "divertissement" – "un roi sans divertissement est un homme plein de misère", formule pascalienne reprise partiellement par Giono pour le titre d'un de ses romans.

Platon : philosophe grec du IVe siècle avant notre ère, élève de Socrate°, auteur d'une philosophie des Idées ou essences éternelles (le Beau, le Vrai, le Bien), opposées aux apparences transitoires. La philosophie consiste à détourner de ces fausses apparences pour remonter aux Idées premières (philosophie idéaliste).

Prométhée : héros de la mythologie grecque, frère d'Epiméthée, qui vole le feu aux dieux pour le donner aux hommes. Puni, il est enchaîné sur un rocher et soumis à un supplice éternel. Prométhée a souvent symbolisé la révolte de l'homme contre sa condition.

Ricœur, Paul (1913-2005) : philosophe français notamment auteur de l'ouvrage *Le mal, Un défi à la philosophie et à la théologie* (1986).

Sade, Donatien Alphone François (1740-1814) : écrivain et philosophe français, dont l'œuvre a longtemps été censurée : en effet, Sade parle d'érotisme et n'hésite pas à faire un éloge du mal, de la violence et de la cruauté. Son nom est à l'origine de la notion de sadisme.

Saint Augustin (354-430) : théologien et père de l'Église. Il devient évêque d'Hippone en 396. Sa théologie pessimiste (voir augustinisme) exerce sur les moralistes classiques une influence considérable. Ses deux œuvres majeures sont les *Confessions* et *La Cité de Dieu*.

Saint Thomas d'Aquin (1225-1274) : un des principaux théologiens du Moyen Âge qui a écrit plusieurs Traités et Sommes de théologie. Il a développé l'idée que la philosophie était au service de la théologie (*philosophia ancilla theologiae*). C'est en partie contre sa pensée que Rousseau construit sa religion naturelle dans laquelle la raison et la foi humaine acquièrent un caractère premier par rapport aux dogmes et à l'autorité des textes. Le Vicaire reprend néanmoins certains éléments des débats scolastiques° pour les mettre au service de sa thèse (en particulier les preuves de l'existence de Dieu).

Sartre, Jean-Paul (1905-1980) : philosophe et écrivain français (dramaturge, romancier et nouvelliste) dont l'œuvre a marqué le milieu du siècle. Intellectuel engagé, il fonde l'existentialisme et mène un combat pour la liberté et la responsabilité. Il a en particulier analysé les mécanismes par lesquels l'homme se disculpe (la "mauvaise foi") : *L'existentialisme est un humanisme*, *La Nausée*, *Les Mouches*, *Huis clos*, *Les Mains sales*, et son autobiographie sans complaisance, *Les Mots*.

Schelling, Friedrich (1775-1854) : philosophe allemand, grand représentant de l'idéalisme allemand et proche du romantisme. Il tente de rendre compte de la déchirure originelle de l'Absolu, sur laquelle se bâtit l'existence humaine.

Schopenhauer, Arthur (1788-1860) : philosophe allemand, athée, dont la vision pessimiste de l'absurdité du monde préfigure l'existentialisme. Il a influencé Nietzsche°.

Sénèque : philosophe et homme d'état romain du Ier siècle après J.-C., principal représentant du stoïcisme, qui aura une très grande influence dans toute l'Europe occidentale. Ses traités philosophiques comme *De la colère*, *Sur la vie heureuse*, *De la brièveté de la vie* et ses *Lettres à Lucilius* exposent ses conceptions philosophiques stoïciennes : pour lui “Le souverain bien c'est une âme qui méprise les événements extérieurs et se réjouit par la vertu”.

Socrate et Jésus : Socrate est un sage de la Grèce antique dont Platon s'est inspiré pour développer sa philosophie, il est un personnage central de la plupart des dialogues platoniciens. Jésus est considéré comme un prophète, un homme-Dieu par le christianisme, fondateur de la religion chrétienne à travers le récit que les quatre évangélistes en ont donné dans le Nouveau Testament. En mettant ces deux personnages en parallèle à la fin de la *Profession de foi*, Rousseau se risque à faire de Jésus un sage parmi les sages, un homme exemplaire dans l'histoire de la sagesse humaine et lui retire son caractère divin et miraculeux, mais aussi son caractère exceptionnel (même s'il prend soin de montrer la différence de degré qu'il y a entre la mort d'un Socrate et celle de Jésus).

Spinoza, Baruch (1632-1677) : philosophe néerlandais dont la pensée eut une influence considérable sur ses contemporains et nombre de penseurs postérieurs. Il prend ses distances vis-à-vis de toute pratique religieuse, mais non de la réflexion théologique. Selon lui, le bien et le mal, la perfection et l'imperfection sont des notions relatives. L'homme est certes aliéné par ses passions, mais l'égoïsme bien compris est utile et il y a de bonnes passions. Reste à savoir bien utiliser notre liberté.

Voltaire (1694-1778) : écrivain et philosophe des Lumières, inlassable défenseur de la justice, de la tolérance et de la raison, pourfendeur des dogmes et du fanatisme, en particulier religieux : *Lettres philosophiques*, *Dictionnaire philosophique* et son conte philosophique *Candide*, où il ironise sur l'optimisme leibnizien.

Zweig, Stefan (1881-1942) : écrivain autrichien. Très affecté par l'arrivée d'Hitler au pouvoir, il fuit avec son épouse au Brésil, où il se suicide en 1942, persuadé que c'en est fini de l'Europe libre : *Le joueur d'échecs*, *la Pitié dangereuse*, *Le Monde d'hier*.

COMPRENDRE

GLOSSAIRE DES NOTIONS

Allitération : répétition d'une consonne initiale dans plusieurs mots au sein du même vers ou dans une série de vers ; la poésie médiévale anglaise est fondée sur ce procédé, d'où l'effet d'archaïsme dans le discours des sorcières.

Amoralisme : considération philosophique de la vie étrangère à toute valeur morale. Attitude d'un être amoral. Ne pas confondre avec immoralisme°.

Anthropologie : de *anthropos* (homme au sens générique) et *logos* (réflexion). L'anthropologie est la réflexion sur la nature de l'homme et des sociétés humaines et, plus particulièrement, elle désigne une branche du savoir qui a pour objet la connaissance des hommes, de la diversité des formes de vie humaine.

Apocalyptique : l'apocalypse (du grec *apokalupsis*, révélation) est la fin du monde. Apocalypse est le titre du dernier livre du Nouveau Testament, attribué à l'apôtre Jean, qui évoque le Jugement dernier. Par extension, le mot est utilisé pour désigner une catastrophe épouvantable dont l'étendue et la gravité sont comparables à la fin du monde.

Apologétique : est une attitude qui consiste à défendre une position de manière systématique. Elle est souvent le fait de théologiens qui souhaitent à tout prix corroborer que Dieu est bon ou que ce qui est écrit dans la Bible est la seule vérité.

Aporie : une impasse intellectuelle.

Apothéose : dans la mythologie, admission des héros dans l'Olympe divin après leur mort ; déification ou consécration d'un être élevé à un rang surhumain.

Ataraxie : l'absence de troubles de l'âme et du corps. Le sage stoïcien, figure idéale et élitiste – Sénèque, dans *La Vie heureuse* (58 ap. J.-C.) doute même en devenir jamais un – se prépare à affronter les maux extérieurs, même les plus scandaleux, avec indifférence, mais cherche aussi et surtout à fortifier son âme pour ne pas tomber dans l'esclavage du vice ou des passions.

Bulle pontificale : lettre du pape contenant une injonction contraignante pour les catholiques ; la bulle d'excommunication d'Élisabeth Ire créait donc pour les catholiques anglais une situation de conflit d'allégeances (à la reine et au pape).

Catharsis : "purgation", purification des sentiments ; au théâtre, démonstration du mal "lavant" en quelque sorte le spectateur de ses propres tentations.

Chiasme : figure de style positionnant des termes de manière croisée.

Chtonien : du grec signifiant terre, qui a rapport avec le monde souterrain ou des enfers.

Conscience morale : la conscience dont parle Rousseau ("conscience ! Conscience ! Instinct divin") est la conscience morale, c'est-à-dire la faculté qui permet de discerner et de sentir le bien et le mal ("avoir mauvaise ou bonne conscience"). Elle doit être distinguée de la conscience qui signifie, plus généralement, le fait de penser et le fait de pouvoir réfléchir sur notre pensée ("être conscient d'un fait et du sens de ce fait").

Dionysiaque : du nom de Dionysos, le dieu du vin, de l'ivresse, de la sensualité, et père de la tragédie (la "fête du bouc" : or le dieu était représenté avec des pattes de bouc). Dionysos est un dieu errant, inspiré, fougueux, il inspire les passions violentes, la folie. Pour Nietzsche°, notre civilisation occidentale est une permanente confrontation entre la sensibilité dionysiaque et la sensibilité apollinienne, qui est du côté de l'équilibre, de l'harmonie, de la raison.

Énergie vitale : réalité énergétique distincte de la matière, d'où émanent tous les phénomènes de la vie. Voir vitalisme°.

Equivocation : stratégie élaborée par les jésuites pour permettre aux catholiques anglais d'échapper à la situation délicate dans laquelle les plaçait la bulle d'excommunication d'Élisabeth, et consistant à ne formuler que la première partie d'un énoncé et à réserver pour soi la seconde partie (de nature hypothétique ou restrictive). D'où l'idée de duplicité, d'engagement de la parole dans deux sens contradictoires. Diverses traductions ont été proposées pour "*equivocator*" : outre le "double-joueur" de P.J. Jouve, P. Leyris propose "finassier", J.-C. Sallé "faiseur d'équivoques", et J.-M. Déprats "jésuite".

Grâce : assistance spéciale de Dieu. Pour les chrétiens, celui-ci vient en aide à la volonté humaine, affaiblie depuis le péché originel commis par le premier homme, Adam.

Hécatombe (du grec *hekaton*, cent, et *boûs*, bœuf) : massacre d'un grand nombre de personnes ou d'animaux, carnage, tuerie.

Homélies : recueil d'une vingtaine de sermons à l'usage des pasteurs insuffisamment instruits, et destinés à être lus dans leur ensemble au moins une fois au cours de l'année liturgique dans l'Église d'Angleterre, où l'assistance était obligatoire sous peine d'amende.

Hybris, ou Ubris : en grec, démesure caractéristique du héros tragique, outrepassant sa condition mortelle.

Immoralisme : doctrine philosophique ou comportement fondés sur des règles d'action différentes ou même inverses de celles qu'admet la morale courante. Ne pas confondre avec amoralisme°.

Incipit : ce par quoi le texte commence.

Inconscient : avant Freud°, l'inconscient est défini négativement comme ce qui n'est pas conscient. Avec Freud, l'inconscient est défini positivement comme une réalité du psychisme ayant un mode de fonctionnement et des caractéristiques propres : l'inconscient est séparé radicalement de la conscience, est le réceptacle de tout ce que la conscience refoule. Mais ce refoulé continue à vivre et cherche à s'exprimer. Il le fait d'une manière détournée dans les rêves, les lapsus, las actes manqués, etc.

Indulgences (querelle des) : relative à la pratique de l'Église catholique à la fin du Moyen Âge, violemment dénoncée par Luther en 1517, qui consistait à "remettre" la peine méritée pour les péchés pardonnés, c'est-à-dire à accepter qu'elle soit "rachetée" par des actions (confession, pèlerinage, prières) ou par des dons matériels. Cette querelle constitua le point de départ de la Réforme protestante.

Jansénistes : adeptes de la doctrine de Jansénius. C'est un mouvement religieux qui se développa essentiellement au XVIIIe siècle autour de l'abbaye de Port-Royal et qui s'inspire des thèses de saint Augustin. Le jansénisme est un catholicisme très austère, qui privilégie la grâce divine face à la liberté humaine et pense l'homme comme un amas de concupiscences. Le jansénisme fut condamné par le pape Innocent X en 1653

Justification : acte par lequel Dieu fait passer de l'état de péché à l'état de grâce°.

Mal général/mal particulier : c'est une distinction que Rousseau semble avoir reprise de Leibniz et qui permet de distinguer deux espèces de mal pour résoudre le problème de son origine et de son fondement. Le mal général désigne le mal du point de vue de l'ordre du monde. Le mal particulier désigne le mal du point de vue de l'homme. Pour Rousseau, le mal général n'existe pas car un mal apparent est toujours la condition de la réalisation d'un bien (la douleur indique la nécessité de fuir pour se préserver). Seul le mal particulier existe et provient du désordre introduit par l'homme dans l'ordre naturel et de la manière dont il peut avoir développé une appréciation faussée des choses.

Métaphysique : c'est la science de l'être en général, ce qui signifie que la métaphysique a pour objet les entités et les structures premières du monde. Elle n'a pas un objet particulier mais prétend étudier l'être en tant que tel. La théologie est une des branches de la métaphysique, la réflexion sur l'ordre du monde (la cosmologie) en est une autre.

Mythogène : littéralement "qui suscite le récit".

Narcissisme : par référence au mythe de Narcisse, amour porté à l'image de soi-même. Si le narcissisme est un stade normal de la sexualité enfantine, où le sujet prend son propre corps pour objet d'amour, il indiquerait chez l'adulte, selon la psychanalyse°, une régression.

Nature : nature peut avoir plusieurs sens. Chez Rousseau, elle désigne soit la nature humaine, c'est-à-dire ce qui fait qu'un homme est un homme, la force qui donne à l'homme sa forme, ses sentiments, ses facultés. Elle peut également désigner l'ensemble des événements qui se produisent indépendamment de l'activité humaine selon leur propre logique et s'oppose alors à l'artifice ou à la culture (c'est aussi important chez Rousseau). Elle peut enfin se rapporter à la totalité organisée des êtres, au "système de la nature" que Rousseau considère comme Création donc par rapport aux intentions d'un Créateur.

Œuvres (ou encore bonnes œuvres, ou œuvres de miséricorde) : aide matérielle ou spirituelle (instruction, conseils, prières) prodiguées à autrui. Pour les catholiques, elles contribuent, avec la foi, à la justification du pécheur. Pour les protestants, l'homme est justifié par pure grâce divine (foi) ; les œuvres ne sauraient influer sur la volonté de Dieu.

Optimisme : caractéristique de la pensée théologique qui considère que le mal a un caractère secondaire par rapport au bien et qu'en un sens le mal est justifié par le bien qu'il rend possible.

Oxymore : figure de style réunissant deux termes apparemment opposés.

Papiste : synonyme péjoratif de catholique (employé par les protestants et les anglicans qui ne reconnaissent pas l'autorité du pape).

Pathographie : du grec *pathos*, souffrance, et *graphein*, écrire, étude médicale des cadavres anciens.

Picaresque : roman ou pièce de théâtre dont le héros est un *picaro*, homme du peuple et aventurier.

Polymathe : désigne un individu qui maîtrise de nombreux (*polus* en grec signifie nombreux) champs du savoir (*manthanô*, signifie apprendre).

Pratique : vient du grec (*praxis*) et renvoie au domaine de la philosophie qui a pour objet la morale et la règle des actions humaines à ne pas confondre avec l'usage courant qui signifie utile ou facile à utiliser.

Propédeutique : enseignement servant de base aux autres enseignements.

Prosodie : à la différence de la poésie grecque et latine (fondée sur une alternance de voyelles longues et brèves) et de la poésie française (fondée sur le nombre de syllabes par vers), la poésie anglaise est fondée sur le mètre, c'est-à-dire l'accentuation. La donnée fondamentale est le rythme créé par l'alternance de syllabes accentuées et inaccentuées. Le vers le plus courant dans le théâtre de Shakespeare est le pentamètre iambique non rimé (*blank verse*), constitué de cinq (*penta*) pieds formés chacun d'un iambe (succession de deux syllabes dont la première est inaccentuée et la seconde accentuée). Les sorcières s'expriment souvent en vers plus courts : tétramètres (de quatre pieds) trochaïques (formés de trochées, dont le rythme est inverse de celui des iambes, soit une syllabe accentuée suivie d'une syllabe inaccentuée).

Providence : = prévoyance ; du latin *pro-videre*, voir à l'avance, c'est-à-dire à la fois prévoir et pourvoir ; dans son infinie sagesse, Dieu voit ce qui est bon et y pourvoit ; les voies de la Providence sont impénétrables (inaccessibles à la raison humaine).

Protestantisme : c'est une religion qui naquît au XVIe siècle d'un schisme avec le christianisme. La volonté des fondateurs de cette religion dite réformée (Calvin et Luther) était de supprimer le caractère autoritaire et hiérarchique de l'Église pour rendre accessible le texte sans intermédiaire (d'où des mouvements de traduction de la bible en langue vernaculaire et l'idée du sacerdoce universel) et de développer une foi à caractère fortement moral, pieux voire ascétique (avec l'examen de conscience° par exemple).
Psychanalyse : littéralement étude de l'âme. Méthode d'investigation et de traitement des processus psychiques et de leurs troubles. Freud° en est l'inventeur et le grand théoricien. Forme de thérapie, dérivée des travaux de Freud, fondée sur la parole, proférée en présence de l'analyste, et le principe de la libre association.
Pulsion de mort : expression forgée par la psychanalyse° pour désigner une force à l'œuvre dans la vie physique et psychique de l'individu, faisant tendre l'organisme vers un but de destruction. Dans la seconde théorie de Freud°, les pulsions de vie (*Éros*) s'opposent aux pulsions de mort (*Thanatos*).
Règle des trois unités : unités de lieu, de temps (vingt-quatre heures), et d'action, résumée ainsi par Boileau dans son *Art poétique* (1674) : "Qu'en un lieu, qu'en un jour, un seul fait accompli/Tienne jusqu'à la fin le théâtre rempli". On attribue à tort à Aristote° la paternité des trois unités, fondement de la doctrine classique du théâtre en France au XVIIe siècle.
Relativisme : est l'attitude philosophique dont Montaigne° est un des représentants et qui considère que les valeurs morales et la vérité sont relatives aux cultures, aux coutumes et aux subjectivités. Un relativiste ne considère donc pas qu'il existe des valeurs absolues et qu'il n'y a qu'une vérité.
Religion/foi : une religion désigne une institution qui a eu un fondateur historique, qui a des fidèles, des chefs, des rites, un pouvoir objectif, alors que la foi désigne l'attitude subjective du croyant qui, dans une certaine mesure, peut être pensée indépendamment des rites et des formes religieuses. C'est en revenant sur la source de la foi, c'est-à-dire de l'adhésion subjective à certaines valeurs, à certaines croyances, que Rousseau pense la religion naturelle. Cela conduit nécessairement à relativiser le rôle des religions instituées.

Religion naturelle : c'est un courant de pensée qui doit être rapproché du déisme ou du théisme (croyance en Dieu située en dehors de toute révélation et des religions instituées). Il s'est développé au XVIIIe siècle surtout à partir des œuvres de Clarke et Marie Huber et a reçu de nouveaux développements avec Voltaire°, Hume, Diderot et Rousseau par exemple. C'est une conception de la religion qui tend à faire fi des dogmes pour reconduire le croyant au sentiment intérieur de la foi et aux seuls enseignements de sa raison et de sa conscience morale. Elle s'accompagne, de ce fait, souvent (mais pas toujours) de revendication de tolérance envers toutes les religions qui ne sont que les habits d'une même foi.

Sabbat : dans le folklore européen chrétien, on dénomme sabbat les assemblées nocturnes de sorcières, lesquelles donneraient lieu à des banquets, des cérémonies païennes, voire des orgies. Il faut distinguer le sabbat des sorcières du Shabbath hébraïque, c'est-à-dire du septième jour sanctifié par Dieu dans l'Ancien Testament, qui correspond au vendredi – samedi occidental, et qui est jour de repos pour le judaïsme. La confusion des significations est due à l'antijudaïsme.

Sacrements : rites liturgiques permettant de recevoir la grâce divine. Ils sont au nombre de sept dans la religion catholique : baptême, confirmation, eucharistie (communion), pénitence, extrême onction, prêtrise et mariage ; les protestants n'en reconnaissent que deux : le baptême et l'eucharistie.

Scepticisme : est un mouvement philosophique de l'Antiquité (avec Pyrrhon notamment) mais a aussi des représentants plus récents (comme Montaigne°) et qui consiste à montrer qu'il n'y a pas de savoir et que toute certitude est, en réalité, sujette au doute.

Scolastique : le terme scolastique renvoie à l'enseignement des collèges ou des universités médiévales (du grec *schôlê* qui a donné école ou scolaire), c'est un enseignement marqué par la théologie et le caractère souvent dogmatique des discussions appuyées sur des arguments d'autorité et la fidélité la plus parfaite aux textes.

Stoïciens : partisans de la doctrine du stoïcisme, école philosophique antique, fondée par Zénon, qui prône l'acceptation résignée de la douleur et de la mort. Le sage est celui qui met son comportement en accord avec l'ordre naturel. Le mal n'existe pas puisque

Dieu est bon, c'est l'homme qui se trompe quand il juge que quelque chose est mauvais.
Surmoi : chez Freud°, instance psychique qui joue le rôle de censeur et d'idéal pour le moi. Instance née de l'intériorisation des interdits familiaux ou sociaux.
Théodicée : discours écrit pour innocenter Dieu, pour le disculper de toute responsabilité dans l'existence du mal. Elle se fixe pour objectif de tourner l'incompréhensible en rationnel.
Théogonique : une théogonie (du grec *theos*, dieu) est une généalogie des dieux d'une mythologie. Elle décrit la naissance de l'Univers et explique le destin des hommes soumis aux passions divines. L'ouvrage d'Hésiode *Théogonie* (VIIe siècle avant notre ère) raconte la naissance des dieux de l'Olympe et des différents âges (d'or, d'argent, de bronze, etc.), jusqu'à l'apparition de l'homme.
Théologales (vertus) : vertus les plus importantes pour le salut de l'âme, dans la religion catholique : foi, espérance et charité sont les trois vertus théologales.
Théologie : du grec *theos* (dieu) et *logos* (réflexion). La théologie est la science de l'Être suprême encore appelée métaphysique spéciale, elle a pour objet la connaissance de Dieu.
Topos : lieu commun, cliché (des *topoï*).
Transsubstantiation : dans la conception catholique, transformation de la substance du pain et du vin en celle du corps et du sang du Christ dans l'eucharistie (communion) lors de la célébration de la messe ; s'oppose à la doctrine luthérienne de la consubstantiation (coexistence des deux substances). Le terme "transsubstantiation" est employé par Reginald Scot à propos des sorcières, à qui les superstitions populaires attribuaient le pouvoir de se transformer en toutes sortes d'animaux repoussants.
Villain : type du théâtre médiéval et renaissant, synonyme de "méchant", "scélérat", "personnage malfaisant".
Vitalisme : le vitalisme est un courant de la biologie du XVIIIe qui estime que l'explication de vivant ne se réduit pas à l'explication par les lois de la physique et de la chimie mais que la matière animée avait quelque chose de plus que la matière inerte, un principe vital. Il était défendu en particulier par Stahl ou Barthez (1734-1806). C'est une conception que Rousseau partage.

RESTITUER

CITATIONS DE *MACBETH*

Les numéros de ligne sont ceux indiqués dans l'édition 2010 de la traduction au programme.

• Ambiguïté, équivoque

"Le combat gagné et perdu" (I. I, l. 4)
"Le clair est noir le noir est clair" (I. I, l. 12)
"Un jour si noir et clair je n'en ai jamais vu" (I. III, l. 136)
"Moins grand que Macbeth, et plus grand/Pas si heureux, mais plus heureux" (I. III, l. 166)
"Le démon a-t-il pu dire vrai ?" (I. III, l. 219)
"c'est étrange :/Et bien souvent pour nous gagner à notre perte/Les puissances obscures nous disent le vrai" (I. III, l. 238-240)
"rien n'est/Que cela qui n'est pas" (I. III, l. 258-259)
"Aucune science/Pour trouver par le visage la signifiance d'un esprit" (I. IV, l. 294-295)
"Si favorables, si défavorables choses, ensemble,/C'est difficile à concilier" (IV. III, l. 1978-1979)
"Je commence/À soupçonner le double-jeu de l'ennemi/Qui ment semblable à la vérité" (V. V, l. 2393-2394)
"qu'on n'écoute plus ces ennemis jongleurs [démons trompeurs (Leyris)]/Qui nous ont enroulés dedans le double sens,/Qui ont mis le mot de promesse à notre oreille,/Et le brisent, à notre espoir" (V. VIII, l. 2477-2480)

• Fatalité/libre arbitre

"La sollicitation surnaturelle/Ne peut être le mal, ni le bien" (I. III, l. 247-248)
"Si me veut roi Fortune,/Sans que je bouge, peut me couronner Fortune" (I. III, l. 262-263)
"Prince de Cumberland ! ceci est une marche/Sur quoi je trébucherai, ou que je devrai sauter" (I. IV, l. 338-339)
"que ce coup/Puisse être le tout-être et fin-de-tout" (I. VII, l. 478-479)
"Être ainsi, ce n'est rien,/Sans l'être en sûreté" (III. I, l. 1051-1052)

“Choses commencées dans le mal/Prennent force en soi par le mal” (III. II, l. 1235-1236)

• Ordre/désordre

“Macbeth a assassiné le sommeil” (II. II, l. 700)
“Tout l’océan du grand Neptune arrivera-t-il à laver ce sang de ma main ?” (II. II, l. 731-732)
“d’après l’heure/C’est le jour, mais nuit noire éteint la lampe errante ;/Est-ce la force de la nuit, ou est-ce la honte du jour,/Que l’obscurité enténèbre la figure de la terre/Quand la lumière devrait l’embrasser ?
Contre nature,/Comme l’action qui fut faite” (II. IV, l. 945-951)

CITATIONS DE *PROFESSION DE FOI DU VICAIRE SAVOYARD*

• La méthode

“Portant donc en moi l’amour de la vérité pour toute philosophie, et pour toute méthode une règle facile et simple qui me dispense de la vaine subtilité des arguments, je reprends sur cette règle l’examen des connaissances qui m’intéressent, résolu d’admettre pour évidentes toutes celles auxquelles, dans la sincérité de mon cœur, je ne pourrai refuser mon consentement.” (p. 56)
“J’existe, et j’ai des sens par lesquels je suis affecté. Voilà la première vérité qui me frappe et à laquelle je suis forcé d’acquiescer. Ai-je un sentiment propre de mon existence, ou ne la sens-je que par mes sensations ? Voilà mon premier doute” (p. 57)
“En suivant toujours ma méthode, je ne tire point ces règles des principes d’une haute philosophie, mais je les trouve au fond de mon cœur écrites par la nature en caractères ineffaçables” (p. 83).
“Les sentiments que vous venez de m’exposer, lui dis je, me paraissent plus nouveaux par ce que vous avouez ignorer que par ce que vous dites croire” (p. 96).
“Si mes réflexions vous amènent à penser comme je pense, que mes sentiments soient les vôtres, et que nous ayons la même profession de foi” (p. 124).

• **Les trois articles de foi**

"Tout mouvement qui n'est pas produit par un autre ne peut venir que d'un acte spontané, volontaire ; les corps inanimés n'agissent que par le mouvement, et il n'y a point de véritable action sans volonté. Voilà mon premier principe. Je crois donc qu'une volonté meut l'univers et anime la nature. Voilà mon premier dogme, ou mon premier article de foi" (p. 62-63)

"Si la matière mue me montre une volonté, la matière mue selon de certaines lois me montre une intelligence : c'est mon second article de foi. Agir, comparer, choisir sont les opérations d'un être actif et pensant : donc cet être existe" (p. 65).

"L'homme est donc libre dans ses actions, et, comme tel, animé d'une substance immatérielle, c'est mon troisième article de foi. De ces trois premiers vous déduirez aisément tous les autres, sans que je continue à les compter" (p. 74).

• **La volonté, principe actif**

"Vous me demanderez encore comment je sais donc qu'il y a des mouvements spontanés ; je vous dirai que je le sais parce que je le sens. Je veux mouvoir mon bras et je le meus, sans que ce mouvement ait d'autre cause que ma volonté. C'est en vain qu'on voudrait raisonner pour détruire en moi ce sentiment, il est plus fort que toute existence ; autant vaudrait me prouver que je n'existe pas." (p. 61).

• **L'harmonie, l'ordre naturel**

"Et que de sophismes ne faut-il point entasser pour méconnaître l'harmonie des êtres et l'admirable concours de chaque pièce pour la conservation des autres ?" (p. 66).

"C'est l'ordre inaltérable de la nature qui montre le mieux la sage main qui la régit ; s'il arrivait beaucoup d'exceptions, je ne saurais plus qu'en penser ; et pour moi, je crois trop en Dieu pour croire à tant de miracles si peu dignes de lui" (p. 103).

"De mon premier retour sur moi naît dans mon cœur un sentiment de reconnaissance et de bénédiction pour l'auteur de mon espèce, et de ce sentiment mon premier hommage à la divinité bienfaisante. J'adore la puissance suprême et je m'attendris sur ses bienfaits. Je n'ai pas besoin qu'on m'enseigne ce culte, il m'est dicté par la nature elle-même.

N'est-ce pas une conséquence naturelle de l'amour de soi, d'honorer ce qui nous protège, et d'aimer ce qui nous veut du bien ?

"Mais quand, pour connaître ensuite ma place individuelle dans mon espèce, j'en considère les divers rangs et les hommes qui les remplissent, que deviens-je ? Quel spectacle ! Où est l'ordre que j'avais observé ? Le tableau de la nature ne m'offrait qu'harmonie et proportions, celui du genre humain ne m'offre que confusion, désordre ! Le concert règne entre les éléments, et les hommes sont dans le chaos ! Les animaux sont heureux, leur roi seul est misérable ! Ô sagesse, où sont tes lois ? Ô Providence, est-ce ainsi que tu régis le monde ? Être bienfaisant, qu'est devenu ton pouvoir ? Je vois le mal sur la terre." (p. 70-71)

• Le mal, le désordre et la dysharmonie humains

"Le bon s'ordonne par rapport au tout et [...] le méchant ordonne le tout par rapport à lui" (p. 92).

"Ne m'a-t-il pas donné la conscience pour aimer le bien, la raison pour le connaître, la liberté pour le choisir ? Si je fais le mal, je n'ai point d'excuses ; je le fais parce que je le veux" (p. 95).

"En méditant sur la nature de l'homme, j'y crus découvrir deux principes distincts, dont l'un l'élevait à l'étude des vérités éternelles, à l'amour de la justice et du beau moral, aux régions du monde intellectuel dont la contemplation fait les délices du sage, et dont l'autre le ramenait bassement en lui-même, l'asservissait à l'empire des sens, aux passions qui sont leurs ministres, et contrariait par elles tout ce que lui inspirait le sentiment du premier. En me sentant entraîné, combattu par ces deux mouvements contraires, je me disais : Non, l'homme n'est point un : je veux et je ne veux pas, je me sens à la fois esclave et libre ; je vois le bien, je l'aime, et je fais le mal ; je suis actif quand j'écoute la raison, passif quand mes passions m'entraînent ; et mon pire tourment quand je succombe est de sentir que j'ai pu résister" (p. 71).

"C'est l'abus de nos facultés qui nous rend malheureux et méchants. Nos chagrins, nos soucis, nos peines nous viennent de nous. Le mal moral est incontestablement notre ouvrage, et le mal physique ne serait rien sans nos vices, qui nous l'ont rendu sensible." (p. 75)

"Homme, ne cherche plus l'auteur du mal ; cet auteur, c'est toi-même. Il n'existe point d'autre mal que celui que tu fais ou que tu souffres, et l'un et l'autre te vient de toi. Le mal général ne peut être que dans le désordre, et je vois dans le système du monde un ordre qui ne se dément point. Le mal particulier n'est que dans le sentiment de l'être qui souffre ; et ce sentiment, l'homme ne l'a pas reçu de la nature, il se l'est donné. La douleur a peu de prise sur quiconque, ayant peu réfléchi, n'a ni souvenir ni prévoyance. Ôtez nos funestes progrès, ôtez nos erreurs et nos vices, ôtez l'ouvrage de l'homme et tout est bien" (p. 76).

- **La conscience morale**

"Il est un degré d'abrutissement qui ôte la vie à l'âme ; et la voix intérieure ne sait pas se faire entendre à celui qui ne songe qu'à se nourrir." (p. 48).

"On nous dit que la conscience est l'ouvrage des préjugés, cependant, je sais pas mon expérience qu'elle s'obstine à suivre l'ordre de la nature contre toutes les lois des hommes." (p. 51-52).

"La suprême jouissance est dans le contentement de soi-même ; c'est pour mériter ce contentement que nous sommes placés sur la terre et doués de la liberté, que nous sommes tentés par les passions et retenus par la conscience" (p. 75).

"Toute la moralité de nos actions est dans le sentiment que nous en portons nous-mêmes. S'il est vrai que le bien soit bien, il doit être au fond de nos consciences comme dans nos œuvres, et le premier prix de la justice est de sentir qu'on la pratique" (p. 84).

"Il ne faut pour cela que vous faire distinguer nos idées acquises de nos sentiments naturels ; car nous sentons avant de connaître ; et comme nous n'apprenons point à vouloir notre bien et à fuir notre mal mais que nous tenons cette volonté de la nature, de même l'amour du bon et la haine du mauvais nous sont aussi naturels que l'amour de nous-mêmes. Les actes de la conscience ne sont pas des jugements, mais des sentiments" (p. 89).

"Conscience ! Conscience ! Instinct divin, immortelle et céleste voix ; guide assuré d'un être ignorant et borné, mais intelligent et libre ; juge infaillible du bien et du mal, qui rend l'homme semblable à Dieu, c'est toi qui fais l'excellence de sa nature et la moralité de ses actions ; sans toi je ne sens rien en moi qui m'élève au-dessus des bêtes, que le triste privilège de m'égarer d'erreurs en erreurs à l'aide d'un entendement sans règle et d'une raison sans principe" (p. 90).

• Les religions et la foi

"L'oubli de toute religion conduit à l'oubli des devoirs de l'homme" (p. 47).

"Quelle pureté de morale, quel dogme utile à l'homme et honorable à son auteur puis-je tirer d'une doctrine positive, que je ne puisse tirer sans elle du bon usage de mes facultés ?" (p. 98).

"Le culte que Dieu demande est celui du cœur ; et celui-là, quand il est sincère, est toujours uniforme. C'est avoir une vanité bien folle que de s'imaginer que Dieu prenne un grand intérêt à la forme de l'habit du prêtre, à l'ordre des mots qu'il prononce, aux gestes qu'il fait à l'hôtel, et à toutes ses génuflexions" (p. 99).

"Parmi tant de religions diverses qui se proscrivent et s'excluent mutuellement, une seule est la bonne, si tant est qu'une le soit. Pour la reconnaître, il ne suffit pas d'en examiner une, il faut les examiner toutes, et, dans quelque matière que ce soit, on ne doit pas condamner sans entendre" (p. 110).

"Chacun a ses traditions, son sens, ses coutumes, ses préjugés, qui font l'esprit de sa croyance, et qu'il y faut joindre pour en juger" (p. 111).

"Nous avons trois principales religions en Europe. L'une admet une seule révélation, l'autre en admet deux, l'autre en admet trois. Chacune déteste, maudit les autres, les accuse d'aveuglement, d'endurcissement, d'opiniâtreté, de mensonge. Quel homme impartial osera juger entre elles, s'il n'a premièrement bien pesé leurs preuves, bien écouté leurs raisons ?" (p. 111).

"Les deux tiers du genre humain ne sont ni juifs, ni mahométans, ni chrétiens ; et combien de millions d'hommes n'ont jamais ouï parlé de Moïse, de Jésus-Christ, ni de Mahomet !" (p. 114).

"Je regarde toutes les religions particulières comme autant d'institutions salutaires qui prescrivent dans chaque pays une manière uniforme d'honorer Dieu par un culte public, et qui peuvent toutes avoir leurs raisons dans le climat, dans le gouvernement, dans le génie du peuple ou dans quelque autre cause locale qui rend l'une préférable à l'autre" (p. 120).

"Le culte essentiel est celui du cœur. Dieu n'en rejette point l'hommage, quand il est sincère sous quelque forme qu'il lui soit offert" (p. 120).

• **Conclusion en forme d'aveu de modestie**

"En attendant de plus grandes lumières, gardons l'ordre public ; dans tout pays respectons les lois, ne troublons point le culte qu'elles prescrivent ; ne portons point les citoyens à la désobéissance ; car nous ne savons point si c'est un bien pour eux que de quitter leurs opinions pour d'autres, et nous savons très certainement que c'est un mal de désobéir aux lois" (p. 123).

"Bon jeune homme, soyez sincère et vrai sans orgueil ; sachez être ignorant : vous ne tromperez ni vous ni les autres [...] Dites ce qui est vrai, faites ce qui est bien ; ce qui importe est de remplir ses devoirs sur la terre ; et c'est en s'oubliant qu'on travaille pour soi. Mon enfant l'intérêt particulier nous trompe ; il n'y a que l'espoir du juste qui ne trompe point" (p. 126).

CITATIONS DES *ÂMES FORTES*

• **La comédie des valeurs morales : les "coulisses" du bien**

"Passons dans les coulisses." (p. 127)

"Je le regarde mieux. Je ne l'ai jamais vu. Il n'a pas l'air précisément méchant. Il semblerait, au contraire, tout à fait inoffensif. Je sais qu'il ne faut jamais se fier aux apparences. Mais là, quand même... ou alors il n'y a plus de tranquillité nulle part." (p. 119)

"Mais, avant toutes choses, voyons-le bien. Tout ce que je viens de vous dire peut se résumer en un mot : rusé. En deux mots : malhonnête. En trois mots : plaisant. Plaisant à tout le monde, arrachant toujours le morceau à cause de sa plaisance, sa gentillesse, sa rondeur ; une générosité où il ne perdait jamais la tête, une générosité pas très généreuse, mais où manquait le fond il y avait la forme. Et c'est là que nous en arrivons à quelque chose d'important." (p. 126)

"Ce Firmin-là, il faut bien nous souvenir qu'il a quarante-cinq ans à cette époque. Il a toujours su, mais maintenant il sait très bien avaler les couleuvres. Il est, comme on dit, passé maître. Passé maître en quantités de choses. Il est même roi, mais qui le sait ? Car il prend soin de ne jamais figurer. Il met soigneusement la main à être l'image même du bon homme. Et il l'est." (p. 133)

"Châtillon ne faisait pas de bruit. Tout le monde y battait doucement son beurre. Personne ne mettait de bâton dans les roues à personne. Il y avait un dimanche par semaine, comme partout. Tu avais un commerce : tu savais où étaient ton nord et ton sud. Les foires étaient les plus belles de la région. Rien qu'avec les vitrines, tu aurais pu nourrir l'armée d'Afrique. Tout ça, parce qu'on savait étouffer les cris." (p. 287)

"On était absolument obligé de me prendre pour ce que je n'étais pas." (p. 307)

• La bonté dévorante des époux Numance : les abîmes du bien

"Cet énigmatique libéral avait une femme, alors, là, la fleur des pois ! La bonté sur la terre, jolie comme un cœur et, tenez-vous bien : avec les mêmes yeux que lui. Absolument les mêmes. Cherchez, tournez, prenez-le par le bout que vous voudrez, pas la plus petite différence. La même petite pointe de bleu dans la même grande cuve d'eau claire. S'étaient-ils cherchés ? C'est possible. En tout cas, ils s'étaient trouvés. Et, quand je dis la bonté sur la terre c'est qu'il n'y a pas d'autres mots. C'était inscrit sur son visage. Mais, ce qui est écrit n'est pas toujours parole d'évangile, tandis que là, ça l'était. Vous savez qu'il y a un point où la bonté devient bête. Eh bien, cette femme allait jusque-là, et n'était pas bête !" (p. 145)

"Elle recommence à payer les notes de docteur, les notes de boulanger, les notes d'épicerie de cent ménages. Elle est marraine d'une marmaille à faire frémir. Elle en arrive même – (et il faudrait la peindre sur les murs d'une église) – à aller, avec son toujours joli visage, téter, à l'aide d'une pipe en terre, de nouvelles accouchées qui ont des abcès aux seins. Elle attaque la misère et la douleur partout où elle se trouve. C'est le Napoléon du malheur." (p. 148)

"[...] donner était sa jouissance à elle. Cette passion, pour n'être jamais satisfaite, pousse ceux qui l'ont à donner sans mesure. Ils finissent par tellement donner qu'on croit que ce sont eux qui reçoivent. Comme ils donnent trop on croit qu'ils reçoivent trop. Ils donnent tellement que par le fait même on est quitte." (p. 172)

"— Quelle arme terrible, dit madame Numance ! J'ai presque honte de m'en servir. — De quoi veux-tu parler ? — Du plaisir de donner. — Ah ! c'est une arme de roi, dit monsieur Numance." (p. 259-260)

• L'âme forte de Thérèse : par-delà le bien et le mal

"Toute au bonheur d'être adorée et par qui ? Par cette femme si propre dont elle enviait la vie, Thérèse passa une partie de la nuit à faire des comptes très égoïstes. Elle était allée trop bas dans les encoignures de portes, elle en avait été trop complètement sauvée par une générosité miraculeuse pour garder le moindre sentiment d'humanité. Elle revoyait tout le désordre auquel s'était livrée la femme admirée. Il lui fallait des preuves de sa victoire. Elle n'en trouvait pas de meilleures que les signes les plus terribles du désarroi. 'Elle avait perdu les sens', se disait-elle avec délices. On serait venu lui annoncer que madame Numance épuisée d'amour était devenue folle ou à l'article de la mort que son premier sentiment aurait été une joie délirante." (p. 206-207)

"Les péchés qu'on ne commet pas sont affreux ; ceux qu'on commet : zéro, poussière." (p. 190-291)

"Il y a un proverbe : "Bien mal acquis ne profite jamais". C'est de la blague. La vérité est : bien mal acquis, le troisième héritier n'en jouit pas. Tu as de la marge. Le troisième héritier, est-ce que vous vous en foutez, oui ou non ? Possède, et puis tu verras." (p. 291)

"Mets tes sous à couver, ça ne rapporte guère. Il te faut cent ans. Défonce le poulailler du voisin : ça, c'est de la volaille ! La nuit noire, quelle belle institution ! Ils disent conscience. Ils disent remords. D'accord. C'est de la monnaie. Payez et emportez. Si c'était gratuit, ce serait trop beau. Moi j'estime : du moment qu'on est chrétien, on a le droit de tout faire. Tu seras jugée. Alors, ne te prive pas. C'est de la banque. Il y en a qui sont pour le paradis. Très bien. Des goûts et des couleurs… mais, moi je suis modeste ; je me satisfais de peu. Après on verra." (p. 291)

"À la fin, j'imitais tous les sentiments sans rien sentir. Et même, j'utilisais ces imitations instinctivement quand elles étaient nécessaires. Quel bonheur ! Personne ne pouvait être mon maître !" (p. 306)

"Ce qui faisait la force de son âme c'est qu'elle avait, une fois pour toutes, trouvé une *marche à suivre*. Séduite par une passion, elle avait fait des plans si larges qu'ils occupaient tout l'espace de la réalité ; elle pouvait se tenir dans ces plans quelle que soit la passion commandante ; et même sans passion du tout. La vérité ne comptait pas. Rien ne comptait que d'être la plus forte et de jouir de la libre pratique de la souveraineté." (p. 350)

"Elle demanda à Firmin : 'Est-ce que tu es bien ? Es-tu heureux ?' Il lui répondit : 'Je n'ai jamais été aussi heureux de ma vie." Elle se dit : 'Parfait ! C'est exactement maintenant qu'il faut le tuer.' Elle se mit à réfléchir dans un état de volupté qu'elle n'avait encore jamais connu. 'Il faut, se dit-elle, qu'il se voie mourir. Ça va être un peu plus difficile. Mais, quelle différence !'" (p. 365)

• La nature vivante, indifférente et offerte : en deçà du bien et du mal

"Parfois un aigle tombait du sommet des montagnes comme une pierre vers quelque tache de couleur perdue dans les éteules, au-dessus desquelles il freinait subitement en ouvrant ses larges ailes qui claquaient comme des voiles de barque. Il s'éloignait en glissant, puis revenait vers son désir sur lequel les deux femmes le voyaient enfin plonger et s'abattre. Les soupirs des hautes forêts travaillées de vent, les gémissements des arêtes rocheuses, le sourd grondement des gorges, le clapotement des pierrailles dérochées dans quelque éboulis par le passage d'une bête animaient le monde immobile. L'épaisseur de l'air chaud où les rayons du soleil se cassaient comme verre donnait aux formes de toutes ces choses des contours imprécis et fuyants comme d'un plomb tombé dans le feu (avec lequel on va pouvoir faire autre chose que ce que c'était ; ce qu'on veut)." (p. 177)

"Les mésanges commençaient à piller les nids. Sous certains buissons je croyais pouvoir cueillir des pâquerettes : c'étaient des coquilles d'œufs de pinsons." (p. 273)

"— Pourquoi voudrais-tu que je ne sois pas fraîche comme la rose ?" (p. 370 : fin, conclusion de Thérèse)

AUTRES CITATIONS UTILES

• **Abécassis**, Éliette, *Petite métaphysique du meurtre*, 1998

La théologie, l'histoire, la psychologie sont des compréhensions du mal qui tendent, loin de lutter contre lui par la réflexion et la connaissance, à le perpétuer en tant qu'elles le justifient.

• **Bataille**, Georges, à propos de *La Littérature et le mal*, 1957

Si la littérature s'éloigne du mal, elle devient vite ennuyeuse.

Les hommes sont en même temps soumis à deux mouvements : de terreur qui rejette, et d'attrait qui commande le respect fasciné.

• **Baudelaire**, Charles, “Au lecteur”, *Les Fleurs du Mal*, 1857
C’est le Diable qui tient les fils qui nous remuent.

• **Baudrillard**, Jean,
Le Pacte de lucidité ou l’intelligence du mal, 2004
Il ne faut surtout pas confondre l’idée du Mal avec une quelconque existence objective du Mal. Celle-ci n’a pas plus de sens que celle du Réel.

• **Blanchot**, Maurice
(cité par Michel Faucheux, *Histoires du mal en Occident*, 2004).
Si les gens heureux n’ont pas d’histoire, le mal, lui, se nourrit de récits : il les suscite, il les nourrit. C’est qu’il y a un maléfice originel des œuvres du langage. Tout sens extrait par la parole procède d’un déni et d’un assassinat [...] Le sens de la parole exige donc, comme préface à toute parole, une sorte d’immense hécatombe, un déluge préalable, plongeant dans une mer complète toute la création.

• **Boileau**, *Art poétique*, 1674
Il n’est point de serpent, ni de monstre odieux/Qui, par l’art imité ne puisse plaire aux yeux ;/D’un pinceau délicat l’artifice agréable/Du plus affreux objet fait un objet aimable.

• **Borne**, Étienne, *Le Problème du mal*, 1963
Que l’angoisse du mal soit à l’origine de la fonction fabulatrice comme Bergson a nommé la puissance de l’esprit créatrice de mythes, l’hypothèse n’est pas invraisemblable.

• **Camus**, Albert
La Chute, 1956 : N’attendez pas le jugement dernier, il a lieu tous les jours.
Quatrième lettre à un ami allemand : Vous n’avez jamais cru au sens de ce monde et vous en avez tiré l’idée que tout était équivalent et que le bien et le mal se définissaient selon qu’on le voulait. Vous avez supposé qu’en l’absence de toute morale humaine ou divine les seules valeurs étaient celles qui régissaient le monde animal, c’est-à-dire la violence et la ruse.

• **Descartes**, *Méditations métaphysiques*, 1641
Je ne puis pas aussi me plaindre que Dieu ne m’a pas donné un libre arbitre, ou une volonté assez ample et parfaite, puisqu’en effet je l’expérimente si vague et si étendue qu’elle n’est renfermée dans aucune borne.

• **Diderot**, Denis, *Jacques le Fataliste*, 1771
On ne sait de quoi se réjouir, ni de quoi s’affliger dans la vie. Le bien amène le mal, le mal amène le bien.

• **Dostoïevski**, *Les Frères Karamazov*, 1880
Mon héros traite un sujet, selon moi, irréfutable : l'insanité de la souffrance des enfants, et il en déduit l'insanité de toute réalité historique.

• **Épictète**, *Manuel*, Ier siècle après- J.-C.
Quand tu vois quelqu'un pleurer parce qu'il est en deuil, ou que son fils est absent, prends garde à ne pas te laisser emporter par l'idée que les accidents qui lui arrivent ainsi du dehors sont des maux ; mais aussitôt tient prête cette pensée : ce qui meurtrit cet homme, ce n'est pas l'événement (car un autre n'en est pas meurtri), mais le jugement porté sur lui.

• **Épicure**, 341-270 avant J.-C., *Sentences vaticanes*
Nul plaisir n'est en lui-même un mal ; mais les causes productrices de certains d'entre eux apportent de surcroît bien plus de perturbations que de plaisirs.

• **Freud**, *Malaise dans la civilisation* 1929
Souvent le mal ne consiste nullement en ce qui est nuisible et dangereux pour le Moi, mais au contraire en ce qui lui est souhaitable et lui procure du plaisir. Là donc se manifeste une influence étrangère, qui décrète ce qu'on doit appeler le bien et le mal.

L'homme est tenté de satisfaire son besoin d'agression aux dépens de son prochain, d'exploiter son travail sans dédommagements, de l'utiliser sexuellement sans son consentement, de s'approprier ses biens, de l'humilier, de lui infliger des souffrances, de la martyriser et de le tuer. *Homo homini lupus* [l'homme est un loup pour l'homme] : qui aurait le courage, en face de tous les enseignements de la vie et de l'histoire, de s'inscrire en faux contre cet adage ?

• **Glucksmann**, André, *Entretien avec Guy Rossi-Landi*, 1997
Le bien et le mal ne sont pas des grandeurs parfaitement opposées l'une à l'autre ; le bien souvent accouche du mal et la capacité de voir le mal en face est ce qui nous ouvre la capacité d'un bien relatif.

• **Hobbes**, *De la nature humaine*, 1650
Chaque homme différant d'un autre par son tempérament ou sa façon d'être, il en diffère sur la distinction du bien et du mal.

• **Jonas**, Hans, *Le Concept de Dieu après Auschwitz*, 1999
Quel Dieu a-t-il pu laisser faire cela ?

• **Kant**, *La Religion dans les limites de la simple raison*, 1793
Il n'existe donc pas pour nous de raison compréhensible pour savoir d'où le mal moral aurait pu tout d'abord nous venir.

Qu'un penchant pervers de ce genre doive être enraciné dans l'homme, c'est là un fait dont nous pouvons nous épargner de donner une preuve formelle.

• **Leibniz**, *Essai de théodicée*, 1710
J'appelle monde toute la suite et toute la collection de choses existantes [...] et il y a une infinité de mondes possible dont il faut que Dieu ait choisi le meilleur, puisqu'il ne fait rien sans agir suivant la suprême raison

Nous savons d'ailleurs que souvent un mal cause un bien, auquel on ne serait point arrivé sans ce mal.

• **Lévi**, Primo, *Si c'est un homme*, 1947 [À propos des camps de concentration]
Ici, il n'y a pas de pourquoi.

• **Machiavel**, *Le Prince*, 1532
Si les hommes étaient tous bons, ce précepte ne serait pas bon ; mais comme ils sont méchants et ne l'observeraient pas à toi, toi non plus tu n'as pas à l'observer avec eux.

• **Montaigne**, *Essais,* 1580
Il faut souffrir doucement les lois de notre condition. Nous sommes pour vieillir, pour affaiblir, pour être malades, en dépit de toute médecine.

• **Nietzsche**
Le Gai Savoir, 1882 : La résolution chrétienne de considérer le monde comme laid et mauvais a rendu le monde laid et mauvais.

L'Antéchrist, 1888 : C'est perdre sa force que compatit.

• **Pascal**, *Pensées*, 1670
Le mal est aisé, il y en a une infinité, le bien est presque unique.

Mais quand j'ai pensé de plus près, et qu'après avoir trouvé la cause de tous nos malheurs, j'ai voulu en découvrir la raison, j'ai trouvé qu'il y en a une bien effective, qui consiste dans le malheur naturel de notre condition faible et mortelle, et si misérable, que rien ne peut nous consoler, lorsque nous y pensons de près.

• **Platon**, *Gorgias*, IVe siècle av. J.-C.
Nul ne fait le mal volontairement.

• **Plutarque**, Ier siècle après J.-C., “Isis et Osiris”, *Œuvres morales*
Si rien ne se fait sans cause et qu'un être bon ne puisse produire rien de mauvais, il faut qu'il y ait dans la nature un principe particulier qui soit l'auteur du mal, comme il y en a un pour le bien.

• **Queneau**, Raymond, *Les Enfants du limon*, 1938
La douleur, sous sa forme radicale et dépouillée – celle qui fait l'essence du supplice – est la pierre d'achoppement et le tombeau de toutes les philosophies.

• **Ricœur**, Paul, *Le mal*, 2004
Nous sommes conduits un degré plus loin, en direction d'un unique mystère d'iniquité, par le pressentiment que péché, souffrance et mort expriment de manière multiple la condition humaine dans son unité profonde.

• **Robespierre**, 1793
D'où naît le mal ?

• **Rousseau**, Jean-Jacques, *Les Confessions*, 1782
Ce sont presque toujours de bons sentiments mal dirigés qui font faire aux enfants le premier pas vers le mal.

• **Sade**, *La Philosophie dans le boudoir* 1795
La destruction étant une des premières lois de la nature, rien de ce qui détruit ne saurait être un crime. Comment une action qui sert aussi bien la nature pourrait-elle jamais l'outrager ?

• **Saint Augustin**, IVe siècle après J.-C., *Confessions*
Ai-je pu prendre ainsi plaisir à ce qui n'était pas licite pour la seule raison que ce n'était pas licite ?

• **Schopenhauer**,
Le Monde comme volonté et comme représentation, 1818
Quant à la vie de l'individu, toute biographie est une pathographie ; car vivre, en règle générale, c'est épuiser une série de grands et petits malheurs.

• **Stendhal**, *Lucien Leuwen,* 1834
Je passe sur ces deux années de bonheur, car il n'y a rien à en dire.

• **Voltaire**, *Dictionnaire Philosophique,* 1764
De tous les maux le plus grand sans doute est la mort.

Il serait bien plus important de trouver un remède à nos maux, mais il n'y en a point, et nous sommes réduits à rechercher tristement leur origine. C'est sur cette origine qu'on dispute depuis Zoroastre, et qu'on a, selon les apparences, disputé avant lui.

Éditions Atlande
F - 92200 Neuilly

Achevé d'imprimer sur les presses de Darantiere
à Quetigny (Bourgogne) en juin 2010.

Dépôt légal juin 2010.
N° d'impression : 10-0775